2010

中国农产品贸易发展报告

CHINA AGRICULTURAL TRADE DEVELOPMENT REPORT

农业部农产品贸易办公室
农业部农业贸易促进中心

中国农业出版社

《2010中国农产品贸易发展报告》

编 辑 委 员 会

主要撰写人员

（按姓氏笔画为序）

王　桦　王　莉　王东辉　王占禄　王秀清　王岫嵩

王学兰　甘雪勤　邓　飞　石有龙　左常升　龙　喜

田维明　邢晓荣　吕向东　刘艺卓　刘世洪　刘启正

刘桂珍　刘武兵　远　铜　李　莉　李　婷　李先德

李建伟　李蔚青　杜建斌　宋聚国　冷　杨　何秀荣

张云芝　张永霞　张军平　张丽艳　张雪春　张明杰

张晓婉　陆　红　陈述平　陈建新　周　全　孟　丽

赵军华　赵学尽　赵晓丹　封　岩　封槐松　贺鹏举

姜　楠　秦天放　徐锐钊　韩一军　曾寅初　焦　点

雷建维　潘　久

序 言

2009年是中国农业农村经济发展攻坚克难、砥砺奋进的一年。受国际金融危机蔓延和世界经济衰退的影响，世界农产品市场需求萎缩，国际农产品价格大幅波动，中国部分大宗农产品进口增加，优势农产品出口增速放缓，农业生产效益持续下滑，中国农业贸易遭遇到了很多新的情况。面对金融危机的冲击与复杂的国际环境，中国政府果断采取了一系列积极政策措施，不断增加“三农”投入，继续提高粮食最低收购价格，逐步建立健全重要农产品市场监测预警机制，加大主要农产品收储力度和营销促销力度，大力推进农业结构调整，农业农村经济发展保持了良好势头，取得了显著成绩。粮食生产实现了连续6年丰收，主要农产品供应充足，农民收入增长8.5%。农产品贸易总额虽然下降7.1%，但降幅低于全国货物贸易降幅6.8个百分点，其中农产品出口相对平稳，仅下降2.2%。

2010年，国际金融危机的不利影响仍将持续，世界经济复苏步履维艰，世界农产品市场的竞争将更为激烈，贸易环境将更加复杂，不确定性将进一步增加，高度开放的中国农业产业发展将面临越来越多的新挑战。中国农业农村经济发展将按照“稳粮保供给、增收惠民生、改革促统筹、强基增后劲”的基本思路，把建设现代农业作为加快转变农业发展方式的重大任务，不断夯实农业基础，继续调整优化结构，加快农业科技创新，提高农业对外开放水平，不断提升我国农业的综合素质和市场竞争力，促进中国农产品贸易健康稳定发展。

本年度报告利用翔实的数据回顾了2009年中国农产品贸易发展状况，总结了农业贸易谈判和贸易促进的进展情况，并就金融危机、国外农产品技术壁垒对中国农产品贸易的影响进行了全面的分析。希望本年度的研究报告能够继续为政策制定提供参考，为贸易研究提供资料，为贸易实务提供指导。

农业部部长 韩长赋

2010年9月

目　录

分论

专论

附录

总论
2010 中国农产品贸易发展报告

2009年国内外经贸环境变化

世界经济

2009年，金融危机的消极影响继续在全球蔓延，主要发达国家出现程度不等的经济衰退，与之伴随的是失业率上升、居民收入下降、消费需求萎缩。为了应对危机，各国普遍采取了放宽流动性供给、加大财政刺激力度的政策，力图尽早扭转经济下滑局面。在这些政策的作用下，全球经济于后半年出现复苏迹象，主要发达国家先后摆脱经济下滑，但失业率普遍居高不下，高额财政赤字导致多个国家发生主权债务危机，各国中央银行大量注入流动性产生潜在的通货膨胀压力。总体上看，全球经济复苏的基础并不稳固。

根据国际货币基金组织（IMF）发布的资料[①]，2009年全球经济增长率由上年的3.0%转为－0.6%，其中发达国家的经济增长率由0.5%转为－3.2%；新兴市场和发展中国家的经济虽然仍实现增长，但增长率由上年的6.1%下降到2.4%。在主要发达国家中，日本、德国、意大利和英国的经济衰退程度最为严重，经济增长率分别为－5.2%、－5.0%、－5.0%和－4.9%。发展中国家的经济绩效呈现巨大差别，独联体经济萎缩6.6%，墨西哥经济萎缩6.5%，中东欧国家经济萎缩3.7%，拉美地区经济萎缩1.8%，撒哈拉以南非洲地区的经济则实现了2.1%的增长，亚洲发展中国家的经济增长率更高达6.6%（表1）。2009年，中国成为全球经济最为耀眼的亮点，增长率高达9.1%，居世界前列。

① IMF：《世界经济展望》，2010年4月，经济增长率利用基于购买力平价的权重计算。

表1 2008—2009年世界经济增长情况

单位:%

年份	2008	2009	
		全年	第四季度
世界经济	3.0	-0.6	1.7
发达国家	0.5	-3.2	-0.5
美国	0.4	-2.4	0.1
欧元区国家	0.6	-4.1	-2.2
日本	-1.2	-5.2	-1.4
新兴市场和发展中国家	6.1	2.4	5.2
亚洲	7.9	6.6	8.6
撒哈拉以南非洲	5.5	2.1	—
西半球	4.2	-1.8	—

数据来源：IMF《世界经济展望》，2010年4月。

全球经济衰退对国际贸易产生了明显的不利影响。根据WTO发布的数据，2009年全球商品出口量下降12.2%，进口量下降12.9%，为1950年以来最大幅度的萎缩。主要发达国家的贸易萎缩幅度均高于全球平均值，发展中国家的进出口贸易也普遍下跌。国际贸易量下降与商品价格下跌结合在一起，使全球商品出口额下跌23%。世界各国同步出现经济衰退、部分国家采取贸易保护主义措施应对危机、全球供应链对冲击产生放大效应、金融危机使经济活动面临信贷约束等是导致此次全球贸易深度萎缩的重要因素（表2）。

表2 2008—2009年世界贸易量增长情况

单位:%

年 份	出 口		进 口	
	2008	2009	2008	2009
世界	2.1	-12.2	2.2	-12.9
亚洲	5.5	-11.1	4.7	-7.9
中国	8.6	-10.5	3.8	2.8
印度	14.4	-0.2	17.3	-4.4
日本	2.3	-24.9	-1.3	-12.8
美国	5.8	-13.9	-3.7	-16.5
欧盟27国	-0.1	-14.8	-0.8	-14.5

数据来源：WTO报告：“经历2009年的经济低迷后，2010年贸易增长9.5%”，2010年3月26日。

世界农产品市场

2009年全球农产品市场继续保持近年向好的发展态势。根据联合国粮农组织（FAO）统计资料，2009/2010年度全球谷物产量预计为22.51亿吨，比上年下降1.3%，为历史第二高水平。分国家类型看，发展中国家谷物生产比上年下降0.8%，发达国家下降2%。尽管全球经济出现衰退，谷物需求仍出现1.5%的增长，但需求量仍小于生产量，全球谷物储备增加到5.32亿吨，为近8年的最高值（表3）。

表3 近年世界谷物生产、使用、库存和贸易

单位：百万吨、%

年度		2007/2008	2008/2009	2009/2010	2009/2010年同比增长	年度		2007/2008	2008/2009	2009/2010	2009/2010年同比增长
生产	谷物	2 145	2 282	2 251	-1.3	库存	谷物	429	511	532	4.1
	小麦	625	684	682	-0.2		小麦	146	179	198	10.4
	大米	440	458	454	-0.9		大米	111	124	124	-0.5
	粗粮	1 080	1 140	1 115	-2.2		粗粮	172	208	211	1.3
使用	谷物	2 143	2 200	2 232	1.5	贸易	谷物	273	282	262	-7.2
	小麦	640	654	663	1.4		小麦	112	139	121	-13.4
	大米	436	445	454	2.1		大米	30	30	31	5.3
	粗粮	1 067	1 101	1 115	1.2		粗粮	131	113	110	-3.0

数据来源：FAO《作物展望与粮食形势》，2010年5月。

2009年期间，国际市场大宗商品价格逐步向危机前的水平收敛。能源、食品和农产品工业原料价格从2008年末的谷底回升，化肥价格则从2008年中的峰值继续回落，到第四季度趋于稳定。与2008年底的价格相比，能源价格上涨55%，食品价格上涨24%，农产品工业原料价格上涨88%，化肥价格下跌42%（图1）。

2009年期间主要农产品的价格变化模式出现显著差别。根据世界银行数据，国际市场糖价[①]从过去长期低迷的态势转为大幅上涨，年末价格比上年同期翻了一番。大米价格尽管从2008年中的高价位明显回落，但仍高于金融危机之前的水平，并且出现较大幅度的波动，泰国5%碎米率大米曼谷离岸价最低时为10月的每吨493美元，最高时为12月的每吨591美元。美国1号硬粒红小麦海湾

① 根据国际糖协定发布的原糖价格计算。同期美国国内市场原糖价格上升68%，欧盟市场原糖价格下跌8%。

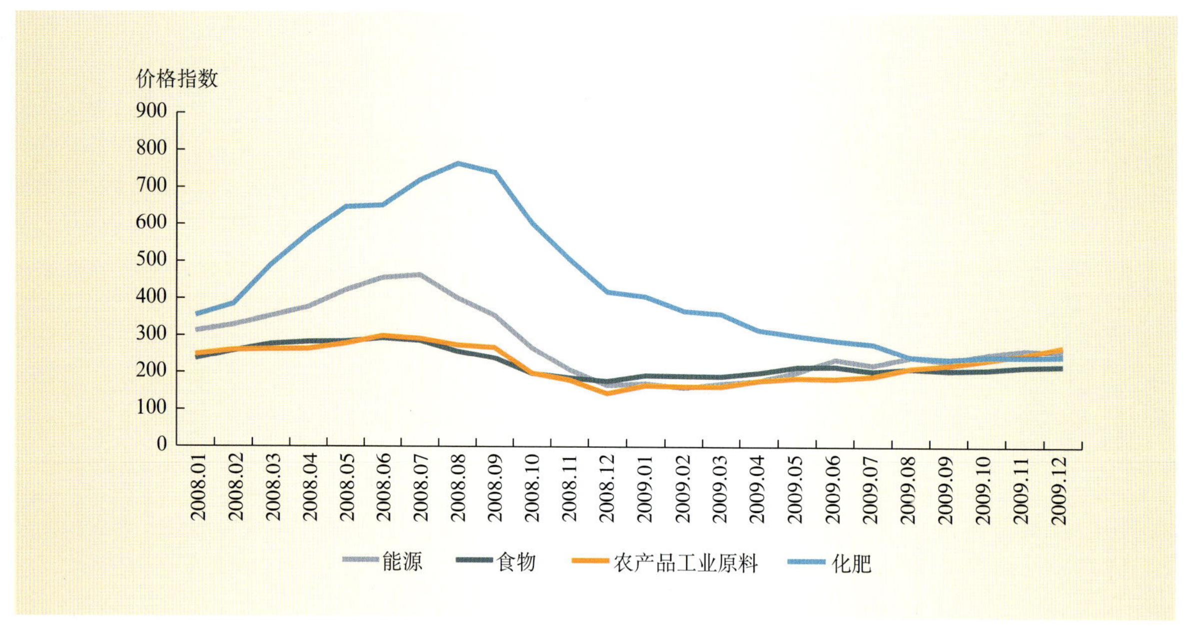

图1 2008—2009年国际市场初级产品价格指数变化情况

数据来源：世界银行。价格指数以2000年为100。

离岸价5月上升到每吨261美元的高峰，其后逐步回落并趋稳，年底时为206美元。美国2号黄玉米海湾离岸价年内波幅较小，最高价格为5月的每吨180美元，最低价格为9月的每吨150美元。大豆价格波幅相对较大，美国大豆鹿特丹港到岸价最高时为6月的503美元，最低时为3月的379美元。豆油价格呈现波动上升态势，荷兰豆油出厂价最低为3月的727美元，最高为年底的935美元。肉类产品价格相对稳定，牛肉价格趋于上升，禽肉价格趋于下降。在2008年金融危机爆发前后相对稳定的棉花价格①在2009年出现显著上涨，年底时A指数价格为每吨1 676美元，比上年同期上涨37%，比最低的3月价格上涨48%。天然橡胶价格上涨幅度更大，新加坡商品交易所年底价格比上年同期暴涨1.3倍（图2）。

全球经济衰退在一些国家引起贸易保护主义抬头，对农产品贸易发展造成消极影响。例如，欧盟和美国于2009年内相继宣布恢复对乳制品的出口补贴。尽管其补贴的数量和金额并未超过在WTO框架下承诺的义务，但在经济危机形势下实行这种倒退措施具有消极示范作用，损害到WTO多边贸易体系的有效性。欧盟和美国的这种作法受到广泛批评。

① 即Cotlook指数，是指每日国际上15个陆地棉品种折算成品级M级、长度1~1/32英寸，运到北欧的报价中五个最便宜报价的平均价。

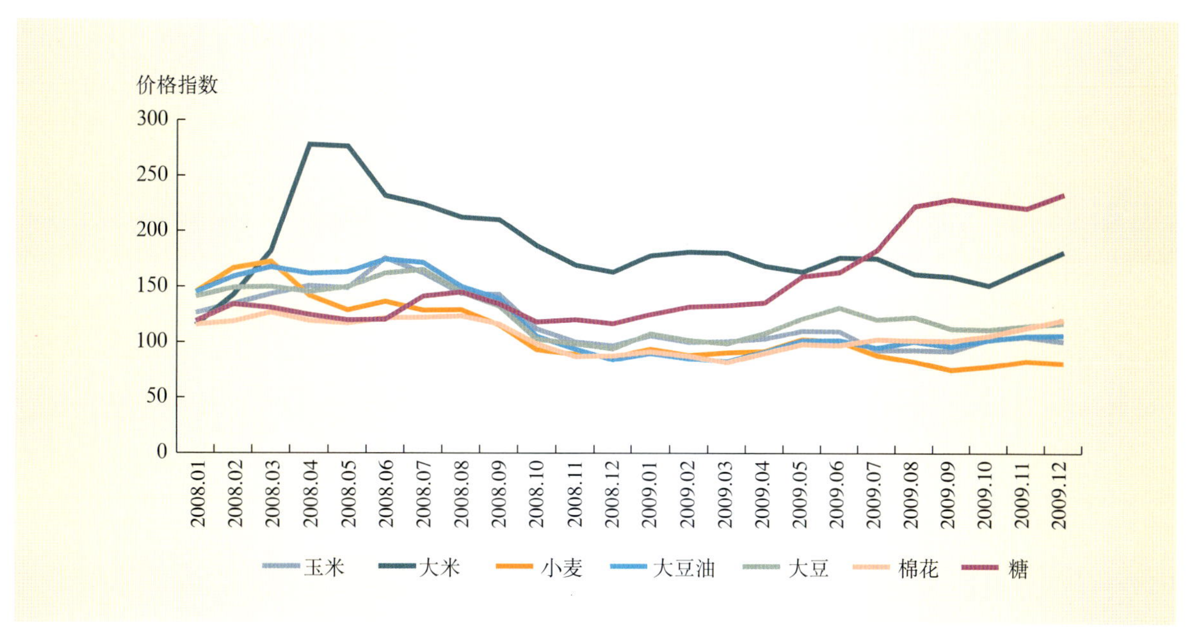

图2 2008—2009年国际市场主要粮油产品价格变化情况

数据来源：世界银行。价格指数以2007年平均价格为100。

中国宏观经济

2009年，中国的社会经济发展面临新世纪以来最为严峻的局面。全球金融危机导致世界经济严重衰退，作为中国经济增长重要拉动因素的“外需”急剧萎缩，外向型程度高的产业受到较强冲击。2008年后期，为了应对金融危机造成的不利影响，中国政府采取了“保增长、扩内需”的方针。2009年，中国政府将宏观经济发展方针进一步调整为“保增长、调结构、扩内需、惠民生”，采取了积极的财政政策和适度宽松的货币政策[①]，在世界上率先扭转经济增长下滑态势。WTO数据表明，中国于2009年超越德国成为世界最大的商品出口国，同时也是排在美国之后的第二大进口国。

根据国家统计局数据，2009年国内生产总值为34.1万亿元，按不变价格计算的增长速度为9.1%。分产业看，第一产业增加值3.5万亿元，增长4.2%；第二产业增加值15.8万亿元，增长9.9%；第三产业增加值14.8万亿元，增长9.3%。城乡居民收入稳定增长，其中城镇居民人均可支配收入17 175元，扣除价格因素后实际增长9.8%；农村居民人均纯收入5 153元，扣除价格因素后实际

① 2009年12月末，广义货币（M2）余额60.6万亿元，比上年末增长27.7%，增幅同比加快9.9个百分点；狭义货币（M1）22万亿元，增长32.4%，增幅同比加快23.3个百分点。

增长8.5%。全年社会消费品零售总额12.5万亿元，比上年增长15.5%。其中城市消费品零售额8.5万亿元，增长15.5%；县及县以下消费品零售额4.0万亿元，增长15.7%。2009年居民消费价格比上年下降0.7%，其中城市下降0.9%，农村下降0.3%；工业品出厂价格比上年下降5.4%。需要注意的是，居民消费价格和生产价格涨幅均在年底由负转正，通货膨胀压力开始显现。

2009年，世界经济严重衰退影响到中国的出口，中国政府实施的刺激经济措施则在一定程度上拉动进口。全年进出口总额22 073亿美元，比上年下降13.9%，其中出口12 017亿美元，下降16%；进口10 056亿美元，下降11.2%；当年实现贸易顺差1 961亿美元，比上年减少994亿美元。从月度变化看，进出口均呈现逐步复苏态势，出口额于12月首次出现同比增长，进口额同比增幅从11月起由负转正，12月的增幅高达56%（图3）。

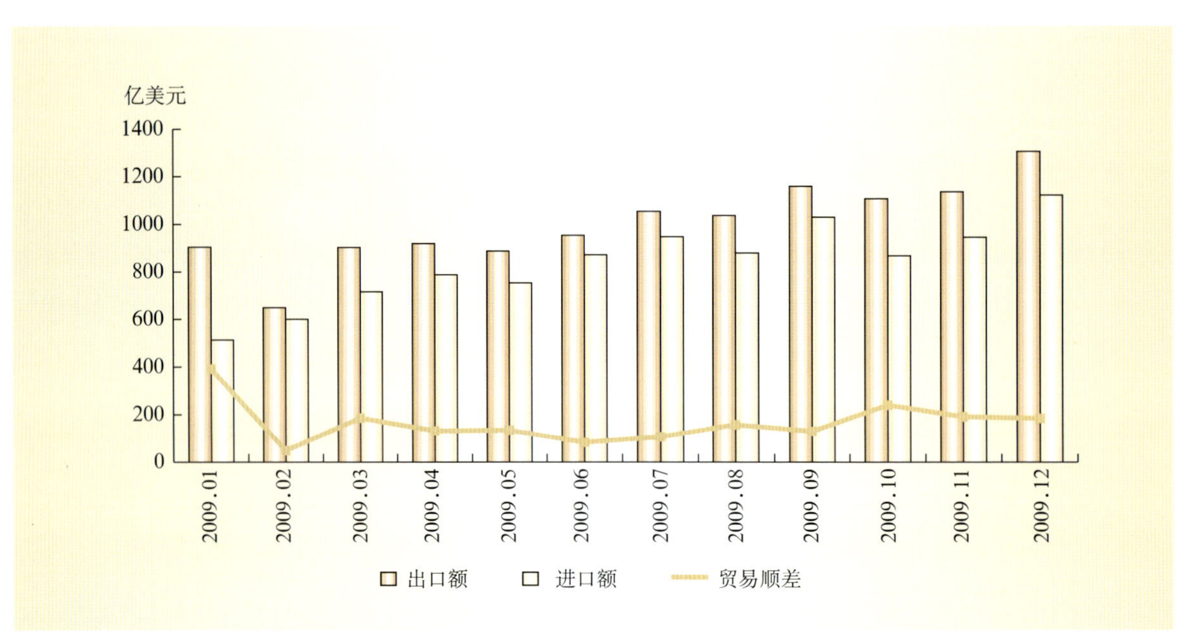

图3 2009年中国对外贸易发展变化情况

数据来源：中国海关总署。

2009年内，人民币对美元和港元的汇率保持稳定。对欧元的汇率在年初时升值，其后转为贬值，到年终再度升值，与2008年最后一周的平均汇率相比，年内升值幅度最高为3月初，升幅达12.2%，贬值幅度最高为11月下旬，跌幅达7.4%。对日元的汇率也出现较大波动，1月份略微贬值，2月起转为升值，4月初达到全年最大升幅，为9.7%，其后开始缓慢贬值，11月下旬达到7.4%的最大跌

幅，12月又呈现升值态势。2009年最后一周的平均汇率与2008年最后一周相比，人民币对美元、港币和日元分别升值0.1%、0.2%和1.6%，对欧元和英镑分别贬值1.7%和9.7%。

中国农业和农村经济

2009年，全球金融危机对中国农业和农村经济的负面影响逐步显现。日、美、欧等中国农产品[①]主要出口市场均出现程度不同的经济衰退，对中国农产品的需求随之萎缩，特别是深加工产品。各国在金融危机发生后采取的收紧信贷措施使一些进口企业出现支付问题，引起取消订单情况。2008年后半期国际市场农产品价格下跌传导到国内，形成价格下行压力，农业生产效益下滑。与此同时，金融危机对中国非农产品出口造成更大冲击，由于出口订单大幅减少，许多劳动密集型外向型企业出现倒闭、裁员，造成农民工就业减少和非农业收入下降。这种局面使农业发展和农民增收面临严重困难。

针对这种情况，中国政府进一步加大对农业和农村发展的支持力度，通过保就业、重民生、促增收来维护农民的生产积极性和农村稳定。2009年，中国政府大幅度提高了粮食最低收购价，对东北稻谷、玉米、大豆、南方中晚稻及油菜籽实行了临时收储政策，增大了对生猪和奶牛标准化规模养殖和养殖良种的补贴，全国新增千亿斤粮食生产能力建设规划也启动实施。根据财政部发布的数据，2009年，全年中央财政用于“三农”支出为7 253.1亿元，比上年增长21.8%；用于粮食直补、良种补贴、农机具购置补贴和农资综合补贴的支出1 274.5亿元，促进农村教育、卫生等社会事业发展支出2 723.2亿元，农产品储备费用和利息等支出576.2亿元。这些政策在促进农业生产发展和提高农民收入方面发挥了积极作用。

2009年农业生产稳定发展，粮食总产量达到53 082万吨，比上年增长0.4%，实现连续六年增产。棉花产量638万吨，比上年减少14.9%。油料产量3 154万吨，增长6.8%。糖料产量12 277万吨，减少8.5%。烤烟产量280万吨，增长6.7%。茶叶产量135.9万吨，增长8%。肉类总产量7 649万吨，比上年增长5.1%。其中，猪肉产量4 891万吨，增长5.8%；牛肉产量636万吨，增长3.6%；羊肉产量389万吨，增长2.4%。2008年爆发的三聚氰氨事

① 除特别注明外，本报告正文和图表中引用的中国农产品生产和贸易数据均未包括香港、澳门特别行政区和台湾省，其中农产品进出口数据来自中国海关统计（除月度数据外，其他数据均按年度下载）。由于海关进出口税则的调整，本报告中的个别进出口贸易数据与《2009中国农产品贸易发展报告》中的相关数据稍有出入。

件对奶业发展造成严重冲击，鲜奶生产从过去持续多年的高速增长局面发生逆转，2009 年总产量下降到 3 518 万吨，跌幅 1.0%。禽蛋产量 2 742 万吨，增长 1.4%。水产品产量 5 116 万吨，增长 4.5%。农村居民人均纯收入继续保持近年快速增长的势头，剔除价格因素后增长 8.5%，略高于上年的增幅。

中国农业贸易政策环境

（一）根据市场形势变化调整农产品进出口干预措施

2008 年后半年，国际市场农产品价格出现大幅下跌，国内市场也呈现供过于求的局面。面对市场形势的逆转，中国政府于 2008 年 12 月决定，在 2008 年 12 月到 2009 年全年期间，取消玉米、杂粮及其制粉的出口暂定关税，降低小麦、大米及其制粉等出口暂定关税。2009 年中，中国政府决定提高罐头、果汁、蚕丝、玉米淀粉等深加工农产品的出口退税率，取消小麦、大米、大豆及其制粉的出口暂定关税，取消部分化肥及化肥原料的特别出口关税。年内纺织品的出口退税率也多次上调。

2009 年，中国政府实施的提高主要粮食最低收购价格和部分粮油产品临时收储政策虽然有助于缓解粮油产品产区价格下行压力，但却导致加工企业更多地从国际市场获取原料，引起如大豆和油菜籽等一些农产品进口增加。

（二）加强农产品质量安全体系建设

2009 年，中国政府进一步加强农产品质量安全体系建设工作。《中华人民共和国食品安全法》于 2009 年 2 月 28 日通过，并自 6 月 1 日起实施，《中华人民共和国食品安全法实施条例》也于 2009 年 7 月 8 日起施行，为食品质量安全工作提供了法律依据和操作细则。

2009 年，农业部组织实施了农药市场监管年专项整治行动，加大了对农药市场秩序的清理整顿，使农药产品质量合格率得到明显提高。

（三）全面履行中国入世承诺的义务

2009 年，中国履行加入世界贸易组织的关税减让承诺，进一步降低了鲜草莓等 5 种商品的进口关税；继续对小麦、玉米、稻谷和大米、糖、羊毛、毛条、棉花等 7 种农产品和尿素、复合肥、磷酸氢二铵等 3 种化肥实施关税配额管理，其中，对关税配额外进口一定数量的棉花继续实施滑准税，税率维持不变；对尿素、复合肥、磷酸氢二铵继续实施 1% 的暂定配额税率；继续对冻鸡等 55 种商品实施从量税或复合税。调整后，中国农产品的平均税率为 15.2%。

（四）按照双边和区域性自由贸易协议扩大农产品市场开放

2009 年，中国依据与东盟、智利、

巴基斯坦、新西兰、新加坡等达成的自由贸易协定以及《亚太贸易协定》，对原产于东盟十国、智利、巴基斯坦、新西兰、新加坡、韩国、印度、斯里兰卡、孟加拉等国家的部分进口商品实施更为优惠的协定税率。中国也继续对原产于老挝、苏丹、也门等共41个最不发达国家的部分商品实施特惠税率。

（五）中国努力利用WTO机制保护自身利益

面对贸易保护主义抬头的局面，中国政府积极利用WTO有关规则保护自身利益。针对美国众议院2月25日通过的2009年综合拨款法案727条款通过限制政府经费用途的方式阻碍对中国禽肉产品进口的解禁工作，中国向WTO提交照会，指出美国的有关条款“严重违反WTO基本规则，影响中美禽肉正常贸易，损害中国家禽业界的利益。”4月17日中国政府提出磋商要求，6月23日通过常驻世界贸易组织（WTO）代表团致函WTO争端解决机构主席，要求WTO争端解决机构设立专家组，审查美国有关限制中国禽肉进口的措施。2009年9月，中国商务部根据国内白羽肉鸡企业的请求，决定对原产于美国的进口白羽肉鸡产品进行反倾销反补贴立案调查。

2009年中国农产品贸易发展

2009年，世界各国普遍陷入经济衰退和汇率波动是影响中国农产品贸易的最主要因素。

进出口规模和贸易收支平衡

2009年，全球经济衰退导致国际市场农产品价格普遍从2008年的高价位回落，进口需求呈现萎缩，特别是高附加值产品。另一方面，进口国购买力下降在一定程度上导致其将进口来源转向低价产品供给国。2009年，中国的贸易政策从抑制粮油等大宗产品出口转为鼓励出口。受这些因素综合影响，2009年中国的农产品出口额从上年度的405.3亿美元小幅下降到396.3亿美元。中国经济维持高速增长对农产品进口需求产生拉动作用，国际市场农产品价格下跌也使进口量增加，但进口额则由于国际市场价格暴跌而回落。2009年中国的农产品进口额为527亿美元，比上年降低10.4%。全年农产品贸易逆差为130.7亿美元，比上年减少近52亿美元。整体上看，2009年的农产品进口和出口均呈现量增额减的局面。

从分月的贸易额变化情况看，2009年内农产品出口额相对稳定，年终时出现较明显的增长势头。农产品进口额呈现较大幅度波动，但整体上也显现回升态势（图4）。

商品结构

2009年，居中国农产品出口额前五位的产品依次为水产品、蔬菜、水果坚果、畜产品和饮品类。居进口额前五位的产品依次为油籽、植物油、畜产品、水产品和棉麻丝（图5）。

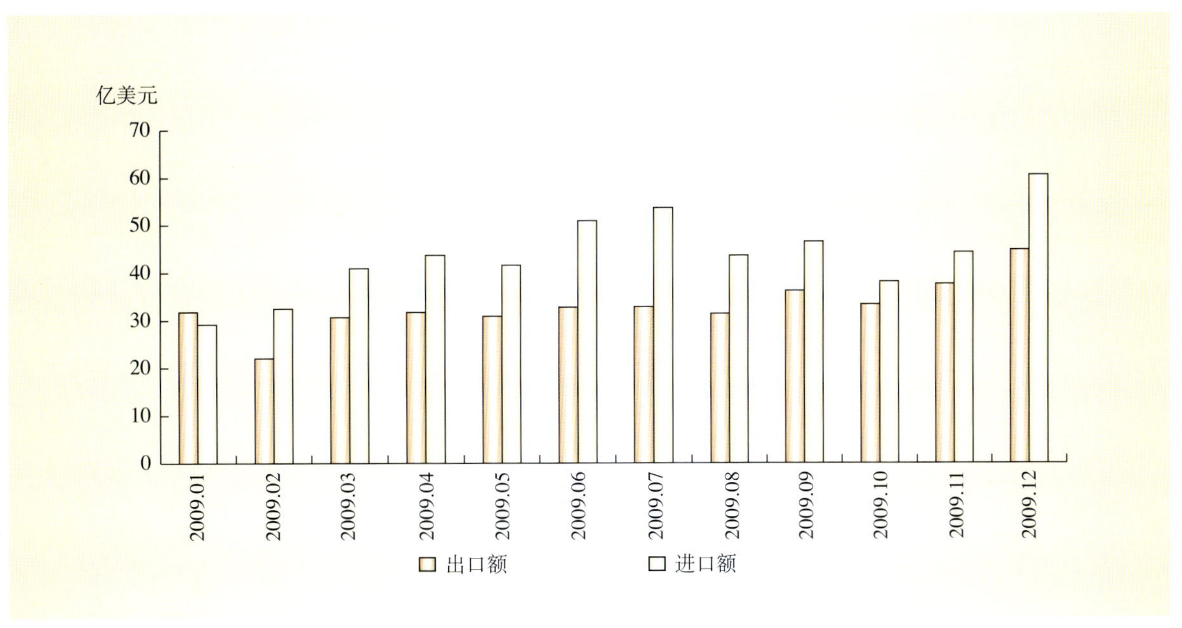

图4　2009年中国农产品对外贸易发展变化情况

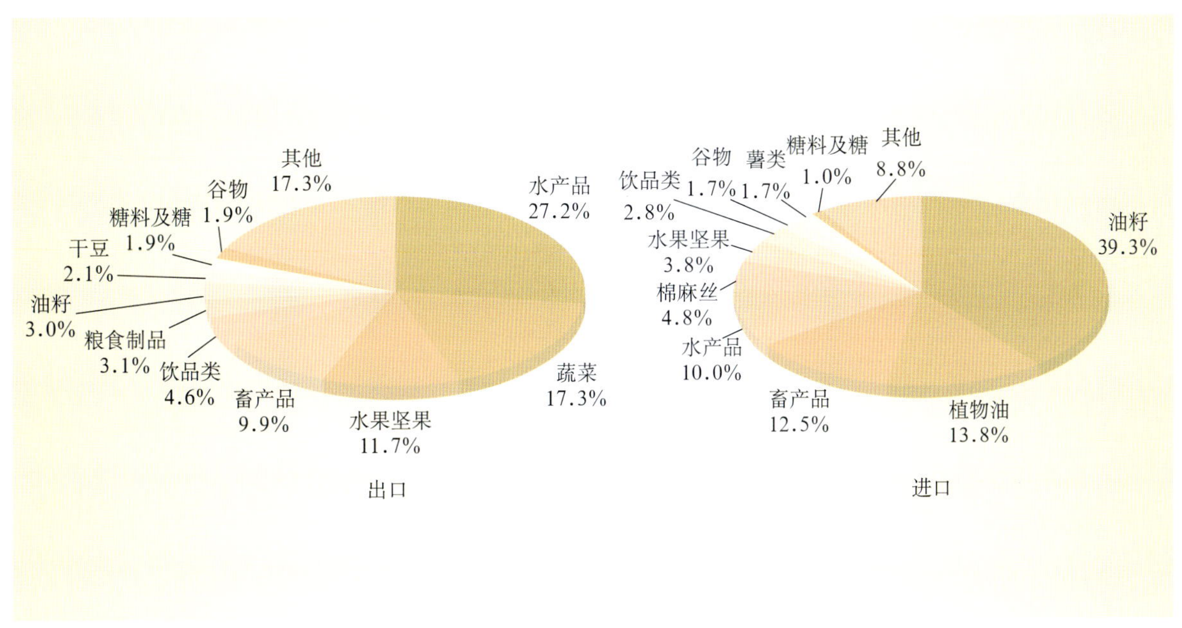

图5　2009年中国农产品进出口结构

2009年，中国政府取消了限制谷物出口的政策，但由于农业支持政策使国内市场谷物价格保持坚挺，而国际市场谷物价格则从上年的高价位显著回落，使得谷物产品在海外市场上缺乏价格竞争优势，出口量下降，进口量增加，谷物贸易由2005年以来的净出口转为净进口。海关统计数据显示，2009年谷物出口137万吨，比上年下降26.4%；进口315.1万吨，比上年增加1倍多。分品种看，大米出口量下降19.8%，进口量增长12.3%；玉米出口量下降49.1%，进口增长70.1%；小麦出口量下降93.3%，进口量则由3.2万吨急剧增加到89.4万吨；大麦进口增长61.5%。总体看，中国的谷物贸易规模仍处于低水平。

2009年，食用油籽和植物油贸易面临的市场环境与谷物相类似。全年食用油籽出口109.5万吨，比上年下降8.2%；进口4 632.3万吨，增长18.8%。分品种看，大豆出口35.6万吨，下降26.5%；进口4 254.6万吨，增长13.7%，再创历史最高水平。油菜籽进口328.4万吨，比上年增加1.5倍。食用植物油出口11.6万吨，比上年下降53.6%；进口950.3万吨，增长16.3%。尽管食用油籽和食用植物油价格下跌降低了进口成本，中国在这两类商品贸易上仍发生分别为195亿美元和65.1亿美元的高额赤字。

2009年，中国政府继续通过纺织品出口退税和进口棉花实行滑准税等措施扶持纺织业发展，但由于全球经济严重衰退，纺织品出口持续低迷，对棉花的需求进一步萎缩。在这一背景下，尽管中国棉花因灾大幅减产，但进口量仍延续上年的颓势降低到176万吨，比上年下降22.3%；出口量减少到9 949吨，降幅高达58.3%。

2009年，中国糖料和成品糖产量均显著下降成为影响食糖贸易的主要因素。当年食糖出口6.4万吨，与上年基本持平；进口106.4万吨，增长36.5%。

2009年，蔬菜出口68.8亿美元，比上年增长5.4%；进口1.8亿美元，下降4.1%。水果出口38.4亿美元，下降9.3%；进口16.5亿美元，增长36.8%。坚果出口7.8亿美元，与上年基本持平；进口3.4亿美元，增长29.9%。茶叶出口7.4亿美元，增长3.3%。

2009年，畜产品出口39.1亿美元，下降11.4%；进口66亿美元，下降14.6%。其中，家禽类产品出口10.2亿美元，增长3.6%，进口10.1亿美元，减少9.2%；生猪产品出口9亿美元，减少6.3%，进口52.7亿美元，减少52.2%。羊产品进口1.4亿美元，增长31.3%。值得注意的是，由于三聚氰氨事件严重损害了消费者对国产乳制品质量的信心，消费者趋于购买进口乳制品，导致乳制品进口显著增加。与此同时，中国的乳制品和含乳食品出口则受阻。全年进口乳制品10.3亿美元，增长19.5%；出口0.6亿美元，下降81.2%。

2009年，水产品出口108亿美元，增长1.2%，进口52.6亿美元，下降2.8%。其中，鲜冷冻鱼和对虾出口额

增长较快，出口额分别为41亿美元和11.7亿美元，分别增长20.8%和增加1.1倍。鱿鱼进口额2.8亿美元，下降20.9%。

进出口市场结构

2009年，中国农产品进出口市场结构变化的典型特征是，对多数发展中国家的出口保持增长，对发达国家的出口普遍显著萎缩；从发达国家的进口萎缩程度较小，而从发展中国家进口的萎缩程度较大。与非洲的贸易则是一个例外。

在出口方面，亚洲仍为最大市场，出口额235.3亿美元，比上年增长3.3%，所占份额由上年的56.2%提高到59.4%。对非洲的出口增长2.2%，份额由上年的3.8%上升到4%。其余各洲的市场份额均略有下降，其中欧洲下降2.1个百分点，北美洲下降0.7个百分点。进口方面，从北美洲和非洲的进口增长，从其余地区的进口下降，降幅最大的为南美洲，达26.9%。北美洲超过南美洲成为第一大进口来源地，前者的市场份额由上年的27.6%上升到31.7%，后者的市场份额由33.3%下降到27.1%。南美洲所占份额下降一是由于其对中国出口的主要产品大豆价格大幅下跌，二是由于阿根廷农业受灾减产，导致出口大幅减少（表4）。

表4 2009年中国农产品贸易区域分布

单位：亿美元、%

	贸易额				比上年增长		占比重	
	进出口	出口额	进口额	差额	出口	进口	出口	进口
合计	923.3	396.3	527.0	－130.7	－2.2	－10.4	100.0	100.0
亚洲	350.4	235.3	115.1	120.2	3.3	－9.3	59.4	21.9
非洲	28.0	15.9	12.1	3.8	2.2	22.5	4.0	2.3
欧洲	123.9	73.0	50.9	22.1	－12.4	－4.9	18.4	9.7
北美洲	221.2	54.0	167.2	－113.2	－6.7	3.1	13.6	31.7
大洋洲	45.8	7.1	38.7	－31.6	－6.6	－2.7	1.8	7.3
南美洲	154.0	11.0	143.0	－132.0	－16.6	－26.9	2.8	27.1

从分国别和地区贸易看，中国前五大出口市场仍为日本、美国、中国香港、韩国和德国，合计占全部出口额的51.8%。对日本的出口虽略有下降，但市场份额由上年的19%提高到19.4%；对中国香港的出口额增长3.3%，市场份额提高0.5个百分点；对美国、韩国和德国的出口均出现接近10%的下降，市

场份额相应萎缩（图6）。

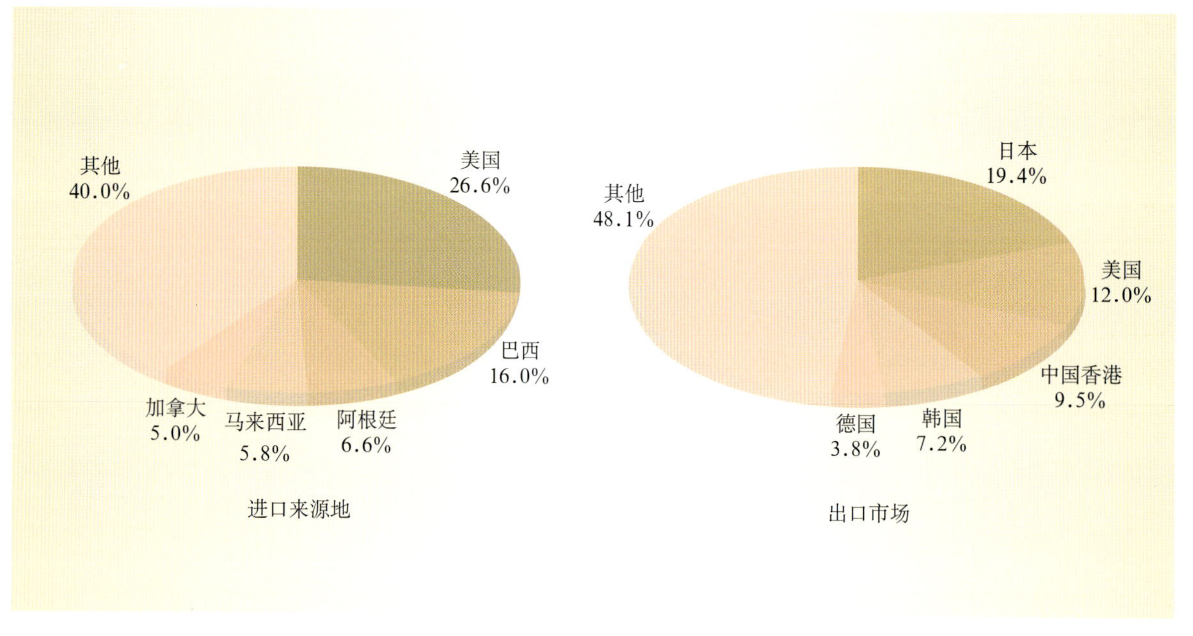

图6　2009年中国农产品出口市场和进口来源地结构

中国前五大进口来源地为美国、巴西、阿根廷、马来西亚和加拿大，其中加拿大从上年的第七名跃居第五名，取代了澳大利亚。在这五个国家中，从阿根廷的进口额由84.1亿美元急剧下跌到34.9亿美元，从马来西亚的进口额由41.4亿美元下跌到30.7亿美元，从加拿大的进口额则从17.6亿美元上升到26.5亿美元，从美国和巴西的进口额下降，但降幅较小。

中国—东盟双边农产品贸易实现了较好的发展，中国对东盟国家的出口呈现逆势增长，增幅高达17%，成为2009年中国农产品出口的亮点；从东盟的进口虽然下降5.4%，但低于中国农产品进口总额下降幅度。中国从新西兰的进口由10.2亿美元上升到13.5亿美元，增幅达32.2%。从智利的进口由6.1亿美元上升到8亿美元，增幅达31%。这些情况表明，自由贸易区建设对农产品贸易产生了较强的促进作用。

贸易方式变化

根据海关统计数据，2009年的农产品出口总额中，一般贸易出口额306.7亿美元，占农产品出口总额的77.4%，与上年持平；进料加工贸易出口额57.6亿美元，占14.5%，比上年下降0.4个百分点。农产品进口总额中，一般贸易

进口额 412 亿美元，占农产品进口总额的 78.2%，比上年提高 0.9 个百分点；进料加工贸易进口额 44 亿美元，占 8.3%，比上年提高 0.7 个百分点。

国内进出口地区结构变化

2009 年农产品出口额排前五位省份依次为山东、广东、福建、浙江和辽宁，其中福建由上年的第五位跃居第三位。五省合计占出口总额的 61.5%，比上年提高 1.2 个百分点。分区域看，中部地区出口逆势增长 2%，东部地区略降 0.3%，西部地区下降 2.8%，东北地区降幅最大为 12.4%。出口额实现增长的有河北、安徽、福建、江西、河南、湖北、湖南、广东、广西、贵州、云南、西藏、青海，其中青海和贵州均增长 30% 以上，农产品出口对落后地区的农业经济发展起到一定拉动作用。

农产品进口额排前五位的省（直辖市）依次为广东、江苏、山东、上海和天津，合计占进口总额的 67.8%，略低于上年水平。东北地区和西部地区进口增长，增幅分别为 3.3% 和 6.2%；东部地区和中部地区进口下降，降幅分别为 12.5% 和 7.2%。进口额超过 1 亿美元的省（自治区）中吉林、安徽、湖南、广西、云南、陕西和新疆继续保持增长，其中吉林增长 75.6%，湖南增长 38.2%，云南增长 36.4%，安徽增长 24.4%。进口额超过 1 亿美元的省份中北京、天津、河北、江苏、浙江、山东、河南、湖北和重庆下降幅度较大，降幅均超过 10%（图 7）。

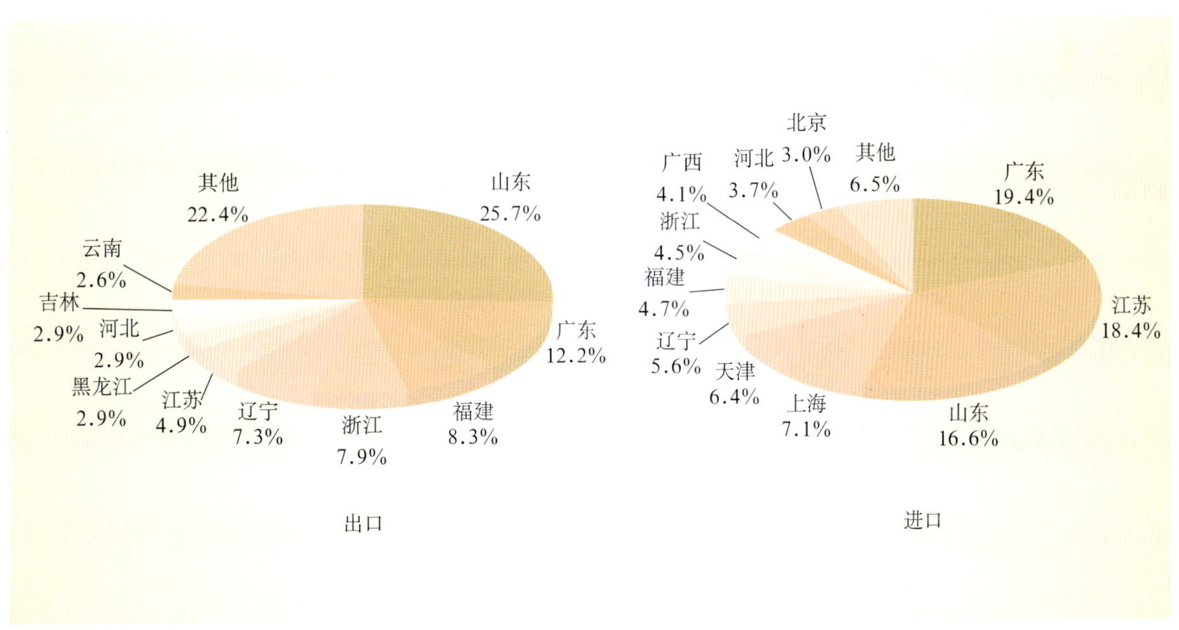

图 7　2009 年中国各省（自治区、直辖市）农产品进出口所占比重

2010年农产品贸易发展前景展望

2010年农产品贸易发展环境

（一）国际环境

从2009年下半年开始，世界主要国家陆续出现经济复苏迹象，然而2010年的世界经济增长前景并不乐观。主要问题有，各国劳动就业市场仍十分低迷，失业率居高不下；发达国家利用扩张性财政政策刺激经济导致发生高额赤字，政府债务负担不断加大，致使如冰岛、希腊、爱尔兰、葡萄牙、西班牙及一些东欧国家的主权信用评级被下调，这一危机甚至有可能向其他欧洲国家扩散；同样深陷财政赤字的美国一方面继续在国际上大量借贷，另一方面则向市场提供更多流动性，导致通货膨胀压力加大，其主权信用评级也面临下调的风险；日本多年来一直借助于扩张性财政政策刺激经济，尽管公共债务负担不断增大，但却未能摆脱经济衰退和通货紧缩困境。这些情况表明，全球金融危机并没有结束。此外，尽管世界各国强力实施的反危机措施取得了成效，但对于导致此次金融危机的深层次问题及相应的改革对策并未达成共识，现行财政和货币措施均不具有可持续性，各国都面临何时实行“退出战略”的艰难选择。

根据国际货币基金组织于2010年4月发布的世界经济展望，2010年世界经济预期增长4.2%，其中发达国家增长2.3%，新兴市场和发展中国家增长6.3%；世界商品和服务贸易量增长7%，其中发达国家进口和出口分别增长5.4%和6.6%，新兴市场和发展中国家进口和出口分别增长9.7%和8.3%。世界经济复苏将拉动初级产品国际市场价格回升，预期原油价格和非能源初级产品价格分

别上升29.5%和13.9%。WTO对今后的全球贸易前景也做出乐观的预期，认为2010年内全球贸易将恢复正常的发展轨道。在世界经济复苏、石油价格和汇率保持稳定的前提下，全球商品出口量可望增长9.5%，其中发达国家出口增长7.5%，其余国家增长11%。WTO也强调，预期的增长能否实现会受到多种偶然因素的影响。

与2009年相比，2010年农产品贸易面临的潜在危机因素减少，影响力减弱。需要关注的主要风险：一是公共债务高昂的国家有可能发生主权债务危机，这会严重影响消费者和金融机构的信心，降低其融资能力，从而可能出现购买力急剧萎缩的情况。二是在部分失业现象严重的国家，政府可能迫于特殊利益集团的压力而采取贸易保护主义措施，对贸易活动造成干扰。三是主要国家从现行的扩张性财政政策和货币政策退出会改变其宏观经济均衡，可能出现利率上升、总需求增长受到抑制、物价水平发生较大变化等情况，汇率也有可能出现政策调整导致的波动。四是发生局部性经济或政治危机的可能性仍较高，欧元区国家的主权债务问题、东亚、东南亚和中亚地区的政治动荡需要特别受到关注。

（二）国内环境

2010年，中国政府将保持经济平稳较快发展、加快转变经济发展方式作为主要工作任务，力争实现国内生产总值增长8%左右、居民消费价格涨幅3%左右的目标。为此，中国政府将继续实施积极的财政政策和适度宽松的货币政策，提高政策应对新形势、新情况的针对性和灵活性，把握好政策实施的力度、节奏和重点，处理好保持经济平稳较快发展、调整经济结构和管理通胀预期的关系，大力推动经济进入创新驱动、内生增长的发展轨道。把积极扩大居民消费需求继续作为本年度的一项重要工作，把逐步提高居民收入在国民收入分配中的比重、提高劳动报酬在初次分配中的比重纳入政策改革议程。在对外贸易方面，中国政府将进一步落实和完善出口退税、出口信贷、出口信用保险等各项政策措施，继续改善海关、质检、外汇等方面的服务，改善外贸发展的环境。促进进出口平衡发展也被确定为今后努力的方向。

2010年，中国政府继续把解决好“三农”问题作为全部工作的重中之重，进一步强化强农惠农政策，协调推进工业化、城镇化和农业农村现代化，巩固和发展农业农村好形势。中央财政将增大用于“三农”的财政支出，提高粮食直补、农资综合补贴、良种补贴、农机具购置补贴的力度，进一步提高主要粮食品种的最低收购价，继续实施重要农产品临时收储政策，让农民得到更多实惠。加强农业基础设施建设、大力发展农产品加工业、推进农业产业化经营、加快农业科技创新和推广、努力做到“两个千方百计”和“两个努力确保”[①]等，均作为2010年的重要工作任务。

农产品贸易发展形势展望

（一）世界经济复苏将改善中国农产品出口环境

2010年，全球经济复苏预期将拉动农产品进口需求，使中国农产品出口环境得到改善。预期高附加值农产品出口出现较快增长；纺织品出口预期也会有所回升，进而影响到棉花需求和贸易。由于发达国家的经济复苏落后于发展中国家，并且基础不够稳固，发展中国家农产品出口形势可能会更乐观一些。需要注意的是，一些国家已经出现通货膨胀苗头，如2010年1月土耳其和美国的生产价格指数同比增幅已经超过6%，印度的增幅超过8%，俄罗斯的增幅更超过16%。不同国家的通货膨胀差异会改变其在国际市场的竞争优势，进而影响到今后的贸易发展。

（二）国内政策产生拉动进口的效应

2010年，中国经济增长可望回复正常趋势，居民收入会随之提高。这一情况与政府实施扩大居民消费需求的政策结合在一起，将拉动国内市场农产品消费需求，农产品进口预期也将增加。中国政府的农业政策继续将促进农产品供给增长和结构优化作为重要目标，在正常气候下，农产品供给可望保持增长，国内市场农产品供需平衡预期不会发生大的变化。需要注意的是，粮食最低收购价格政策和临时收储政策在保障农民收益的同时提高了加工企业的使用成本，在一定条件下可能导致企业更多使用进口原料，造成拉动进口的效应。国内游资充斥则会加剧价格的波动。

（三）扩大双边和多边贸易开放将加大竞争压力

2010年为中国履行入世降税承诺的最后一年。按照协议，中国将降低鲜草莓等6种农产品的进口关税。根据中国—东盟自由贸易协议，2010年中国和东盟最初六国将对除敏感产品外的全部商品实行零关税。中国还将按照自由贸易协议对新西兰、智利、秘鲁等重要农产品出口国实行双边关税减让。此外，中国还给予41个欠发达国家的商品优惠关税待遇。这些双边贸易开放措施预期会对进口产生促进作用，使国内生产者面临更大的竞争压力。中国扩大对这些

① 即千方百计保持粮食产量稳定在1万亿斤以上，千方百计保持农民收入增长在6%以上，努力确保不发生区域性重大动物疫情，努力确保不发生重大农产品质量安全事件。

国家的农产品出口也有可能使进口方受到冲击，甚至引起贸易争端。就此而言，中国出口企业应着眼于长远稳定发展，注意避免恶性价格竞争行为。

（四）人民币汇率继续面临调整压力

2010年内人民币汇率如何调整会继续受到广泛关注。目前美国国会和政府都在以不同方式加大对中国政府的压力，力图促使人民币升值，以缓解其面临的竞争压力。美国的做法在国际上引起不同反响。从2009年的贸易情况看，中国虽然仍有较大贸易顺差，但顺差规模显著下降。2010年，中国政府将进出口平衡发展作为贸易政策的内容之一，提出要稳定各项进口促进政策和便利化措施。落实这一方针可能使中国的外贸盈余下降，从而在一定程度上缓解升值压力。

（五）全球农产品价格预期趋稳

2009年全球农业生产形势良好，主要农产品供给得到保障，粮食库存回升到较高水平，这使平抑市场波动的杠杆得到加强。能源价格在2008年底暴跌后逐步回升，从2009年中开始基本稳定在每桶70～80美元的水平。化肥价格也回落到较低水平。此外，金融危机爆发后各国加强了对投机资金的管制，这有助于避免价格暴涨暴跌情况。若2010年没有出现新的严重冲击，国际市场农产品价格可望保持相对稳定。

（六）中国农产品贸易将出现进出口同时增长局面

根据上述分析，2010年中国农产品出口和进口均存在有力的拉动因素，预期进口和出口均出现增长局面，中国农产品贸易仍将为逆差状态。

分论

2010 中国农产品贸易发展报告

分产品贸易

2009年，谷物、棉花、食用油籽、食用植物油、食糖、蔬菜、水果坚果、茶叶、畜产品、水产品等十类农产品贸易额占中国农产品贸易总额的80.06%，其中出口额占农产品出口总额的73.25%，进口额占农产品进口总额的85.18%。蔬菜、水果坚果、茶叶和水产品为净出口，谷物、棉花、食用油籽、食用植物油、食糖和畜产品为净进口。

居出口额前五位的农产品依次为水产品、蔬菜、水果坚果、畜产品和食用油籽，分别占农产品出口总额的27.26%、17.35%、11.65%、9.87%和2.85%。与上年相比，谷物、棉花、食用油籽、食用植物油、水果坚果和畜产品出口额均下降，降幅分别为5.81%、55.09%、20.3%、61.61%、7.8%和11.35%；其他大类农产品出口额均增长，增长幅度最大的为食糖，增长18.2%。

居进口额前五位的农产品依次为食用油籽、食用植物油、畜产品、水产品和棉花，分别占农产品进口额的39.24%、12.66%、12.52%、9.99%和4.2%。与上年相比，棉花、食用油籽、食用植物油、蔬菜、茶叶、畜产品和水产品进口额均下降，降幅较大的棉花为37.96%，食用植物油下降25.82%；谷物、食糖、水果坚果进口额增长，增幅分别为22.56%、18.75%和35.54%。

谷 物

（一）贸易概况

2009年中国谷物出口量136.95万吨，比上年下降26.43%，出口量占当年全国谷物总产量的0.28%；出口额7.39亿美元，下降5.81%；进口量315.1万吨，增加1.04倍，进口额8.99亿美元，增长22.56%；净进口量178.15万吨，呈现贸易逆差。

1. 产品结构

中国谷物国际贸易中，稻谷产品、小麦产品、玉米产品和大麦产品等四大品种出口量占谷物出口总量的85.69%，进口量占谷物进口总量的97.87%，出口额占谷物出口总额89.12%，进口额占谷物进口总额98.24%。其中稻谷产品是主要出口品种，大麦产品是主要进口品种。

稻谷产品。2009年出口量78.53万吨，比上年下降19.19%，占谷物出口总量的57.34%；出口额5.25亿美元，增长8.56%；进口量35.68万吨，增长8.22%；进口额2.16亿美元，增长3.46%。

小麦产品。2009年出口量24.5万吨，比上年下降20.92%，占谷物出口总量的17.89%；出口额0.98亿美元，下降8.93%；进口量90.41万吨，增加20倍；进口额2.12亿美元，增加13.32倍。

玉米产品。2009年出口量12.91万吨，比上年下降52.79%，占谷物出口总量9.43%；出口额0.32亿美元，下降60.25%；进口量8.45万吨，增长68.88%；进口额0.21亿美元，增长63.21%。

大麦产品。2009年出口量为1.41万吨，比上年下降2.8%；出口额400万美元，下降17.5%；进口量173.85万吨，增长61.51%，占谷物进口总量的55.17%；进口额4.35亿美元，下降10.28%。

2. 贸易区域

2009年中国谷物进出口贸易市场结构变化不大。出口市场主要在亚洲周边国家和地区，进口来源地主要是澳大利亚、加拿大和法国。

出口市场。2009年中国谷物出口量明显下降，出口市场仍集中在亚洲周边国家和地区。2009年中国对韩国和日本的谷物出口量分别为20.96万吨和18.61万吨，比上年下降3.26%和17.49%，对韩国和日本的谷物出口量合计占中国谷物出口总量的28.89%，所占比重比上年增长5.13%。对其他国家或地区如朝鲜、中国香港、中国台湾等谷物出口量相对较少，分别占谷物出口总量的12.97%、12.35%和2.96%（表5）。

表 5　2008—2009 年中国谷物主要出口市场

单位：万吨、%

出口市场	2008 年		2009 年	
	出口量	占谷物出口总量比重	出口量	占谷物出口总量比重
韩国	21.67	11.64	20.96	15.30
日本	22.56	12.12	18.61	13.59
朝鲜	12.56	6.75	17.77	12.97
中国香港	17.45	9.38	16.92	12.35
南非	2.31	1.24	7.47	5.45
尼日利亚	5.35	2.87	6.75	4.93
利比里亚	14.67	7.88	4.75	3.47
中国台湾	15.91	8.55	4.05	2.96

进口来源地。2009 年中国谷物进口来源地主要是澳大利亚、加拿大和法国，自上述三国谷物进口量分别为 119.8 万吨、61.32 万吨和 41.64 万吨，合计占中国谷物进口总量的 70.7%（表 6）。

表 6　2008—2009 年中国谷物主要进口来源地

单位：万吨、%

进口来源	2008 年		2009 年	
	进口量	占谷物进口总量比重	进口量	占谷物进口总量比重
澳大利亚	79.32	51.49	119.80	38.02
加拿大	21.95	14.25	61.32	19.46
法国	8.14	5.28	41.64	13.22
美国	0.64	0.42	40.30	12.79
泰国	32.14	20.86	34.77	11.03
老挝	2.69	1.75	6.30	2.00
英国	0.00	0.00	5.08	1.61
缅甸	3.53	2.29	4.38	1.39

从具体品种来看，稻谷和小麦产品出口量占谷物出口总量比重较高，分别为 57.34% 和 17.89%，其中稻谷产品主要出口到韩国和日本等国家，小麦产品主要出口到中国香港和朝鲜等国家和地区。大麦和小麦产品进口比重较高，分别为 55.17% 和 28.69%，其中大麦产品主要来自澳大利亚、加拿大和法国，小麦产品主

要来自美国和澳大利亚（表7和表8）。

表7 2009年中国稻谷和小麦产品主要出口市场

单位：万吨、%

稻谷产品				小麦产品			
出口市场	出口量	比上年增长	占比重	出口市场	出口量	比上年增长	占比重
韩国	17.04	5.38	21.70	中国香港	12.55	-3.85	51.20
日本	8.35	153.30	10.63	朝鲜	4.03	506.26	16.43
尼日利亚	6.75	26.22	8.60	阿富汗	0.81	74.95	3.31
南非	7.07	264.97	9.00	泰国	0.71	3.63	2.88
朝鲜	5.37	167.38	6.84	中国澳门	0.64	1.64	2.59

表8 2009年中国大麦和小麦产品主要进口来源地

单位：万吨、%

大麦产品				小麦产品			
进口来源地	进口量	比上年增长	占比重	进口来源地	进口量	比上年增长	占比重
澳大利亚	82.63	12.68	47.53	美国	39.61	54 782.18	43.81
加拿大	49.07	123.87	28.22	澳大利亚	32.81	842.42	36.29
法国	41.63	412.49	23.95	加拿大	12.26	53 087.22	13.55
丹麦	0.28	-92.95	0.16	英国	5.07		5.61
比利时	0.24	86.90	0.14	日本	0.35	-7.38	0.39

3. 价格变动

2009年中国谷物出口价格呈明显上涨态势，而进口价格显著下跌，各品种价格涨跌幅度略有不同。谷物平均出口价格为每吨540美元，比上年上涨28.1%；进口均价为每吨285美元，比上年下跌39.97%（表9）。

表9 2009年中国主要谷物品种进出口价格

单位：美元/吨、%

产品	出口价格	比上年增长	进口价格	比上年增长
谷物	540	28.10	285	-39.97
玉米产品	245	-15.81	253	-3.36
稻谷产品	668	34.35	604	-4.40
小麦产品	401	15.16	234	-31.83
大麦产品	283	-15.12	250	-44.44

从月度情况看，谷物出口价格波动明显，2 月份均价最高为每吨 658 美元，8 月份最低为 419 美元。与上年相比，出口价格除 7—9 月份外，其余月份均高于上年同期。进口价格在 2 月份下跌后变动相对平稳，除 1 月份外，其余月份价格均在 240 ~ 310 美元之间，均低于上年同期（图 8、图 9）。

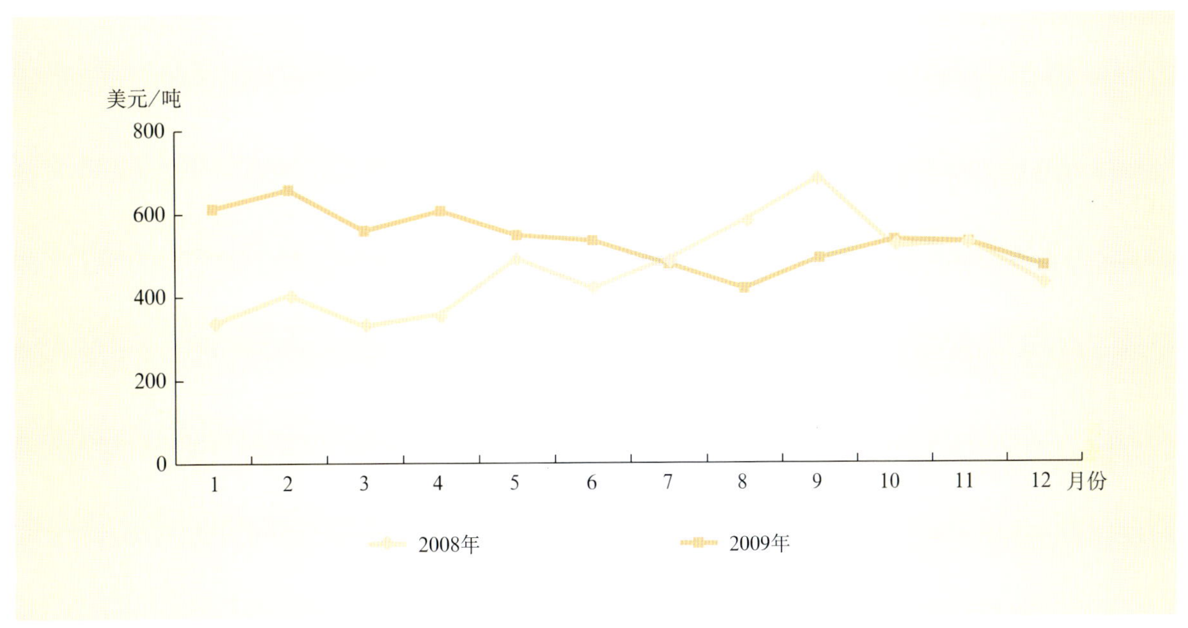

图 8　2008—2009 年中国谷物出口月度价格比较

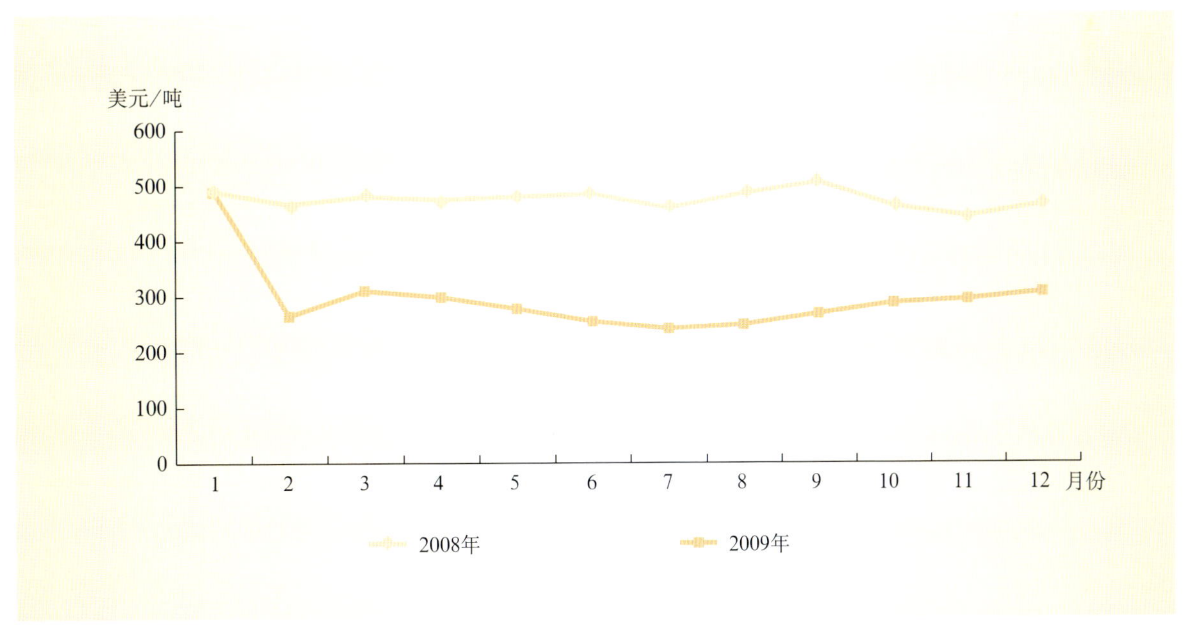

图 9　2008—2009 年中国谷物进口月度价格比较

4. 自给率变动

2009 年，中国粮食产量实现连续六年增产，粮食总产量达到 53 082 万吨，其中谷物产量约为 48 156 万吨，当年谷物净进口量 178.15 万吨，按当年生产总量/（当年生产总量 + 当年净进口量）× 100%计算，谷物自给率接近 100%，与上年基本持平。

（二）影响因素

1. 国内谷物价格提高，出口动力减弱

2009 年，中国再次大幅提高小麦、稻谷的最低收购价格，同时进一步加大玉米临时收储计划，国内谷物价格稳中有升，与国际市场价差不断缩小。如 2009 年国外玉米平均到岸税后价格为每吨 1 853 元，比国内玉米价格每吨高出 88 元，而 2008 年平均每吨比国内玉米价格高出 877 元。2009 年国际小麦到岸税后价平均每吨 2 362 元，比国内产区优质麦价格每吨高 98 元。价差比上年大幅缩小。国内外谷物价差缩小，使得国内谷物出口动力明显减弱。

2. 国际谷物价格下跌，谷物进口大幅增加

2009 世界谷物产量达到 22.51 亿吨，虽然比上年减少 1.3%，但仍为历史第二高产年，同时谷物库存量大幅增加，达到 5.32 亿吨，比上年增长 4.1%。世界谷物产量和库存量增加，供应关系明显改善，加上受金融危机影响需求较为低迷，导致国际谷物价格大幅下跌。2009 年，美国墨西哥湾硬红冬麦（蛋白质含量 12%）离岸价平均每吨 235 美元，比上年下跌 12.93%；美国墨西哥湾 2 号黄玉米离岸价平均每吨为 166 美元，下跌 11.92%。由于国际谷物价格下跌，导致 2009 年中国谷物进口大幅增加。

棉　　花

（一）贸易概况

2009 年棉花贸易规模进一步缩小。全年棉花出口量 0.99 万吨，比上年下降 58.27%；出口额 1 989 万美元，下降 55.09%。进口量 175.97 万吨，下降 22.28%；进口额 22.12 亿美元，下降 37.96%，这是棉花进口量连续第三年下降，进口量和进口额都仅相当于 2006 年的 44%。

1. 产品结构

未梳棉花（也被称为“原棉”）是棉花贸易的主要产品，其次是棉短绒。其中未梳棉花占中国棉花进口总量的 87%，占棉花出口总量的 83%。

2. 贸易区域

进口来源地。美国、印度、乌兹别克斯坦、澳大利亚、布基纳法索、巴西、贝宁等国家是中国棉花的主要进口来源地。

2009 年，主要进口来源地的结构发生了变化。与上年相比，尽管美国、印

度仍居进口来源地的第一和第二位，但因从两国进口量降幅均达30%以上，二者所占份额分别较上年下降6个百分点和7个百分点。而从布基纳法索、巴西和土库曼斯坦棉花进口则快速增长，增幅均达1倍以上。布基纳法索和巴西在主要进口来源地中分别由上年的第七和第九位跃升为第五和六位，土库曼斯坦已进入前十（表10）。可见，棉花进口主要依赖美国的局面有所改善。

出口市场。2009年中国棉花出口市场依然是周边亚洲国家，贸易格局稍有变化。2009年对朝鲜出口棉花3 500吨，比上年增长23.45%；对韩国出口约1 070吨，增加2.3倍；对中国台湾出口990吨，增长8.83%。对上述国家和地区的出口量合计占中国棉花出口总量的近一半。而对泰国、印度、日本等国家的出口则出现大幅度下降。

3. 价格变动

2009年国际棉花价格水平总体较低。根据中国棉花网的价格行情信息，2009年前4个月国际棉花价格（国际棉花指数SM）每磅*基本在60美分水平，比上年同期低25%。进入5月份棉花价格开始回升，达到65美分，该价格一直持续到9月。从10月份起，棉花价格不断上涨，到12月价格超过80美分，高出上年同期22美分（图10）。

国际棉价较低减少了中国棉花进口成本。2009年棉花进口平均单价为每吨1 257美元，比上年下降20.18%。这是2009年棉花进口额下降幅度显著大于进口量下降幅度的主要原因。

表10 2009年中国棉花主要进口来源地

单位：万吨、百万美元、%

进口来源地	进口量	比上年增长	进口额	比上年增长	占棉花进口比重	
					进口量	进口额
美国	68.25	-31.36	892.23	-46.48	38.79	40.34
印度	33.97	-45.23	458.01	-52.78	19.30	20.71
乌兹别克斯坦	17.00	-16.11	187.57	-35.31	9.66	8.48
澳大利亚	10.25	32.79	148.81	11.07	5.82	6.73
布基纳法索	8.51	126.75	115.07	84.21	4.84	5.20
巴西	6.31	153.66	74.49	90.99	3.59	3.37
贝宁	5.13	6.60	68.99	-16.20	2.92	3.12
巴基斯坦	3.74	84.61	32.32	164.73	2.13	1.46
喀麦隆	3.00	30.89	41.11	6.60	1.70	1.86
土库曼斯坦	2.00	133.92	8.92	-19.09	1.14	0.40
以上合计	158.16		2 027.52		89.88	91.66

* 磅为非法定计量单位，1磅=0.453 592千克。

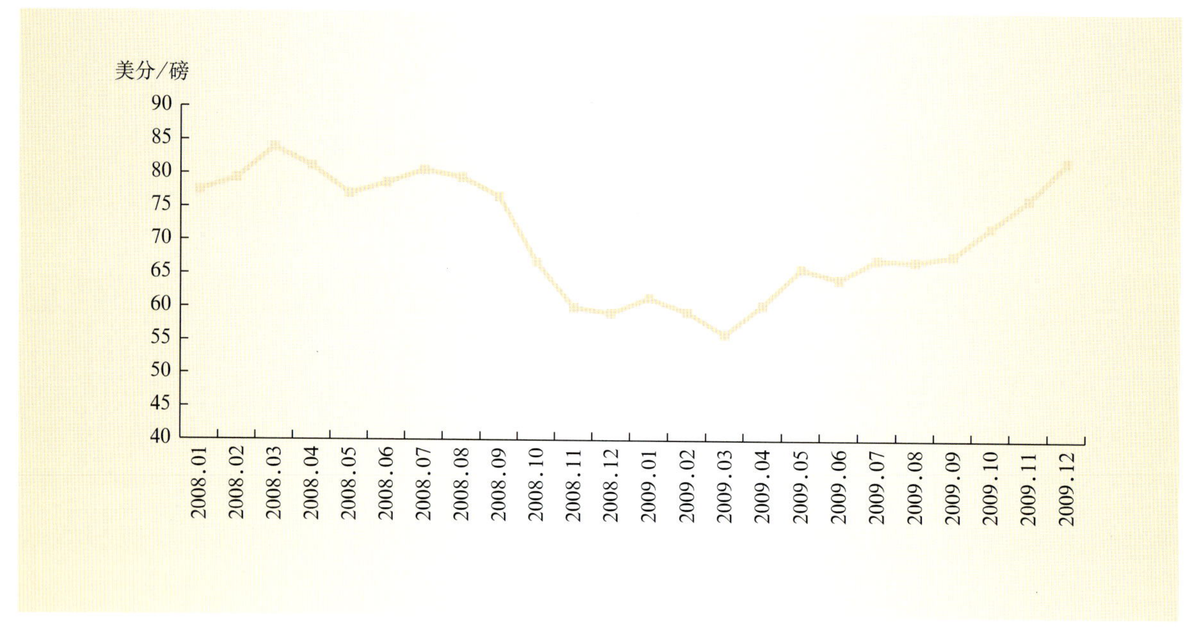

图 10　2008—2009 年国际棉花价格走势

数据来源：中国棉花网。

4. 自给率变动

2009 年，受灾害影响，棉花产量为 638 万吨，比上年减产 14.9%，但由于全球经济严重衰退，中国纺织品出口持续低迷，对棉花需求进一步萎缩，2009 年棉花净进口量为 174.97 万吨，按当年生产总量/（当年生产总量 + 当年净进口量）×100% 计算，棉花自给率为 78.48%。

（二）影响因素

1. 纺织品服装出口负增长，棉花需求不旺

2008 年下半年全球性金融危机爆发，严重打击美国、欧洲、日本等国家的经济增长，纺织品服装需求明显下降，中国的纺织品服装出口受到较大影响。这种影响一直持续到 2009 年。

在 2009 年的 1—2 月份，中国纺织品服装出口额比上年同期下降 15%。尽管此后在国家强有力的政策支持下，纺织品服装出口行业渡过难关，但是直到 12 月出口形势才有所好转。2009 年全年纺织品出口额为 599.92 亿美元，比上年下降 8.28%；服装出口额为 1 070.8 亿美元，比上年下降 10.63%。中国纺织品服装出口结束近连续十年的快速增长，首次出现负增长。受纺织品服装出口不畅的影响，国内棉花消费量需求不旺，进口需求减弱，从而造成本年度棉花进口量下降。

2. 国家宏观调控政策成效显著

2008 年下半年正逢国内棉花丰收上市时，棉花消费却因金融危机的影响出现下降，从而导致棉花价格持续走跌，

特别是籽棉收购价格，棉农植棉收益严重受损。为了稳住棉花价格，保护棉农利益，稳定国内棉花生产，国家及时出台了棉花收储政策，入市收购棉花，在8、10、12月份先后执行四次收储，截至2009年4月10日共收储272万吨，且采取收储价格与籽棉收购价格挂钩的收储方式。一方面稳住了市场，另一方面也增加了棉花库存，为新年度的宏观调控做好准备。

2009年4月棉价开始逐步上扬，棉花结构性缺口开始显现，为了保证纺织业的发展，国家从5月底开始抛储。截至2009年12月25日，国家共投放市场262.3万吨储备棉，保证了市场供应，基本满足了纺织需求。此外，棉花进口政策积极配合储备政策，实现宏观调控目标。谨慎发放棉花进口配额，同时，继续执行滑准税，以稳定国内棉花价格。

食用油籽

（一）贸易概况

2009年，中国食用油籽贸易继续快速增长，主要呈现以下特点：一是进口量大幅增长，创历史新高。全年食用油籽进口量达4 632.35万吨，比上年增加731.97万吨，增幅达18.77%，成为历史上第三个进口年增量超过700万吨的年份，其中大豆、油菜籽和芝麻等三大主要进口食用油籽品种进口量均创历史最高水平。二是出口量下降，全年食用油籽出口量109.49万吨，比上年减少9.33万吨，减幅8.18%，其中花生出口扭转连续三年下降的局面而增长，大豆和葵花籽出口下降。三是价格较上年大幅下降，导致进出口额均有所减少，全年食用油籽进口额达206.78亿美元，比上年减少21.99亿美元，减幅为9.61%；出口额11.31亿美元，比上年下降20.3%。四是食用油籽在农产品贸易中的比重不断增加，全年食用油籽进口额占农产品进口总额的比重高达39.24%，创历史新高。

1. 产品结构

2009年，大豆、油菜籽和芝麻仍为中国主要进口食用油籽产品，三种产品进口量均大幅增长，都达到历史最高水平；主要出口产品中，花生出口量增加，扭转连续三年下降的局面，大豆和葵花籽出口量下降。

（1）主要进口产品。

大豆。2009年中国进口大豆4 254.56万吨，比上年增加511.15万吨，增幅13.65%，进口量创历史新高，增量较上年有所减少。由于价格大幅回落，导致大豆进口额下降，2009年大豆进口额187.91亿美元，比上年减少30.34亿美元，减幅13.9%。

油菜籽。2008年以来，中国油菜籽

进口大幅增长，2009年增幅进一步加大，进口量和进口额均达到历史最高水平。2009年中国进口油菜籽328.39万吨，比上年增加198.09万吨，增幅达1.5倍；全年油菜籽进口额13.9亿美元，比上年增加6.36亿美元，增幅达84.3%。

芝麻。2004年以来中国芝麻进口增加，由原来的净出口国变为净进口国。2009年芝麻进口量31.13万吨，比上年增加9.7万吨，增幅45.28%，进口量达历史最高；进口额3.88亿美元，比上年增长55.38%（表11）。

（2）主要出口产品。

花生。花生是中国传统的油料出口产品，主要出口花生仁及花生制品。2003年以来，受进口国技术措施不断增加等因素的影响，中国花生出口量持续减少，2008年下降至近8年来最低的一年。2009年由于印度尼西亚和菲律宾等东南亚新兴市场的开拓，花生出口近9年来首次出现增长，全年出口量为56.57万吨，比上年增长10.12%，但由于市场价格下降，全年花生出口额6.63亿美元，比上年下降14.49%。

大豆。中国大豆出口量较小，2009年出口下降，为近5年来的最低水平。出口大豆35.63万吨，比上年下降26.48%；出口额2.45亿美元，下降33.11%。

葵花籽。近年来中国葵花籽出口保持在11万~13万吨的水平，2009年出口葵花籽12.2万吨，比上年下降8.1%，出口额1.43亿美元，下降15.64%（表12）。

表11　2009年中国以进口为主的食用油料品种贸易情况

单位：万吨、亿美元、%

产品	进口量	出口量	净进口量	净进口量比上年增长	进口额	出口额	净进口额	净进口额比上年增长
食用油籽	4 632.35	109.49	4 522.86	19.60	206.78	11.31	195.47	-8.93
大豆	4 254.56	35.63	4 218.93	14.18	187.91	2.45	185.46	-13.57
油菜籽	328.39	0.02	328.37	152.03	13.90	0.01	13.90	84.28
芝麻	31.13	3.78	27.35	62.53	3.88	0.69	3.18	101.18

表12　2009年中国以出口为主的食用油料品种贸易情况

单位：万吨、亿美元、%

产品	出口量	进口量	净出口量	净出口量比上年增长	出口额	进口额	净出口额	净出口额比上年增长
花生	56.57	0.35	56.22	11.70	6.63	0.05	6.58	-13.79
葵花籽	12.20	0.23	11.97	-8.54	1.43	0.22	1.21	-22.92

2. 贸易区域

（1）进口来源。中国食用油籽进口来源地相对集中。

大豆。主要从美国、巴西和阿根廷三国进口大豆。2009 年从美国和巴西进口增加，从阿根廷进口下降。其中从美国进口 2 180.5 万吨，比上年增加 637.41 万吨，占中国大豆进口总量的 51.25%，比上年提高 10 个百分点，达到 2001 年以来的最大份额；从巴西进口 1 599.34 万吨，增加 434.01 万吨，占 37.59%，比上年提高 6.46 个百分点；从阿根廷进口 374.42 万吨，减少 610.43 万吨，占 8.8%，下降 17.51 个百分点。

油菜籽。进口主要来自加拿大。2009 年从加拿大进口 321.21 万吨，比上年增加 192.99 万吨，增加 1.5 倍，占油菜籽进口总量的 97.81%。从澳大利亚进口 4.35 万吨，占 1.33%。

芝麻。进口来源地较多，主要来自非洲和东南亚各国，从不同国家进口量年度间变化较大。2009 年从埃塞俄比亚进口 13.96 万吨，比上年增加 2.54 倍，占芝麻进口总量的 44.86%，较上年提高 26.47 个百分点；从缅甸进口 3.89 万吨，下降 51.47%，占 12.49%，减少 24.89 个百分点。还有部分来自坦桑尼亚、莫桑比克、苏丹和印度等国（表 13）。

表 13　2009 年中国主要食用油籽品种进口来源地

单位：%

大豆		油菜籽		芝麻	
进口来源地	占进口总量比重	进口来源地	占进口总量比重	进口来源地	占进口总量比重
美国	51.25	加拿大	97.81	埃塞俄比亚	44.86
巴西	37.59	澳大利亚	1.33	缅甸	12.49
阿根廷	8.80	乌克兰	0.35	坦桑尼亚	9.71
合计	97.64	合计	99.49	合计	67.06

（2）出口市场。

花生。主要出口周边及欧洲国家。其中日本一直是中国最大的花生出口市场，2009 年对印度尼西亚和菲律宾等东南亚新兴市场出口增加。全年对日本出口花生 6.72 万吨，比上年增加 1.02 万吨，增幅 17.81%，占花生出口总量的 11.88%。对印度尼西亚出口 4.91 万吨，增加 2.54 倍，占 8.68%。另外，对韩国、菲律宾、西班牙的花生出口都在 3 万吨以上。

大豆。主要出口到韩国和日本等周边国家及美国。2009 年对日韩出口大幅减少，其中对日本出口量达到历史最低水平，对美国出口略增。2009 年对韩国出口 17.6 万吨，比上年减少 8.86 万吨，减幅 33.48%，占出口总量的 54.6%，份额下降 5.2 个百分点。对日本出口 5.06 万吨，减少 3.55 万吨，降幅 41.24%，是历史最低水平，占出口总量的 17.78%。对美国出口 5.03 万吨，增加 0.18 万吨，增幅 3.72%，占 10.01%。

葵花籽。出口市场较为分散。2009 年，居中国葵花籽出口市场前三位的国家依次是德国、阿拉伯联合酋长国和越南，出口量分别为 2.46 万吨、1.61 万吨和 1.22 万吨（表 14）。

表 14　2009 年中国主要食用油籽品种出口市场

单位:%

花生		大豆		葵花籽	
出口市场	占出口总量比重	出口市场	占出口总量比重	出口市场	占出口总量比重
日本	11.88	韩国	54.60	德国	20.13
印度尼西亚	8.68	日本	17.78	阿拉伯联合酋长国	13.18
韩国	6.45	美国	10.01	越南	9.99
菲律宾	5.86	朝鲜	7.21	荷兰	8.29
西班牙	5.69	越南	5.70	伊朗	6.74
合计	38.56	合计	95.30	合计	58.34

3. 价格变动

2009 年，在全球油料增产、国际金融危机、美元贬值和石油价格回升等多重利空因素的综合影响下，国际食用油籽价格呈现波动走势：一季度和三季度下跌，二季度和四季度反弹，3 月最低，6 月最高。但与 2008 年相比，2009 年国际食用油籽价格波动幅度较为平缓，且总体水平下降，因此中国主要食用油籽品种进出口平均价格也低于上年，大豆、油菜籽进口价格和花生出口价格降幅均超过 20%，芝麻进口价格保持稳定。

进口价格。2009 年除芝麻进口价格上涨近 7% 外，大豆和油菜籽进口价格均下降，降幅在 25% 左右。从月度价格变化看，大豆 8 月最高，为每吨 496 美元，1 月最低，为每吨 395 美元，与最高价价差 100 美元，低于上年的 240 美元；油菜籽 6 月最高，为每吨 448 美元，3 月最低为每吨 375 美元，价差 73 美元（图 11）。

出口价格。2009 年花生、大豆、芝麻和葵花籽的出口价格均有下降，其中花生降幅最大，达 20% 以上，其余品种降幅均在 10% 以下（表 15）。

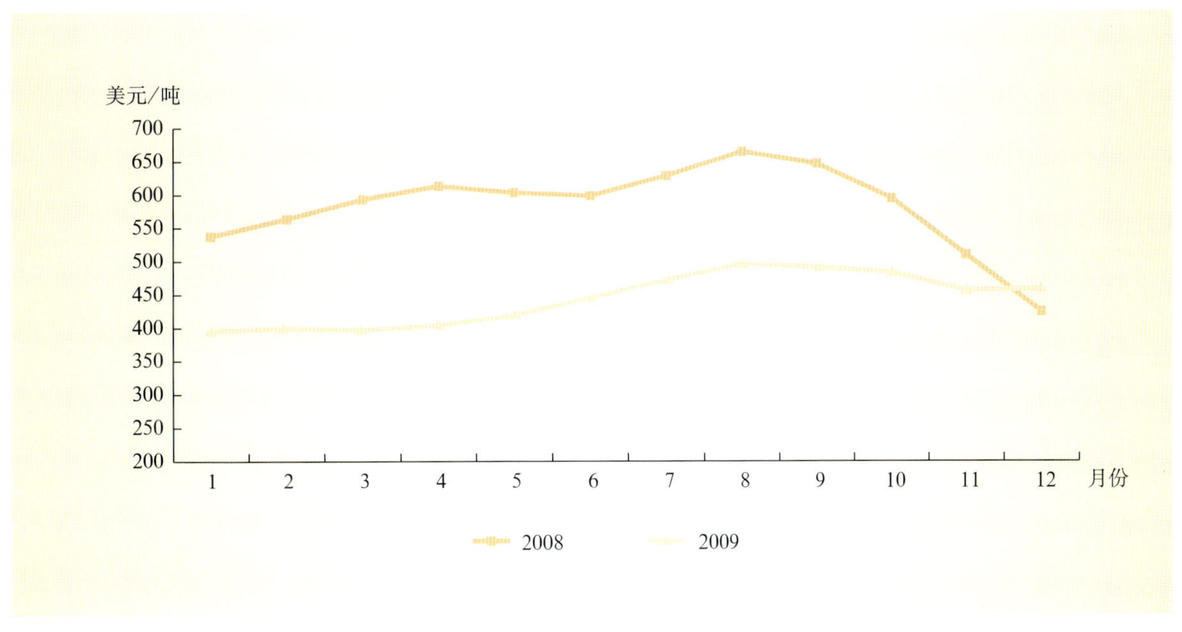

图11　2008—2009年中国大豆月度进口价格

表15　2009年中国主要食用油籽品种进出口价格

单位：美元/吨、%

产品	进口平均价格	比上年增长	出口平均价格	比上年增长
大豆	442	-24.24	688	-9.02
油菜籽	423	-26.87	—	—
芝麻	1 245	6.95	1 830	-7.68
花生	—	—	1 172	-22.35
葵花籽	—	—	1 171	-8.21

4. 自给率变动

受主产区大豆种植比较效益下降的影响，2009年中国大豆种植面积减少，总产量在1 498万吨左右，比上年减少3.63%。其余食用油籽种植面积比上年增加83万公顷，产量达到3 154万吨，比上年增长6.8%。全年食用油籽总产量4 652万吨，净进口量4 523万吨，按当年生产总量/（当年生产总量+当年净进口量）×100%计算，食用油籽自给率为50.7%。

（二）影响因素

1. 进口油籽价格低且压榨利润高，刺激进口量大幅增加

进口食用油籽以大豆和油菜籽为主，2009年大豆和油菜籽进口均价分别比上年下降24.2%和26.9%，进口量明显增加，特别是油菜籽，进口量是上年的2.5

倍。主要原因是进口油菜籽到岸税后价比国产油菜籽价格每吨至少低几十元，且进口的油菜籽水分含量低，出油率、出粕率及合格率均远高于国内油菜籽。进口油菜籽95%以上来自加拿大，经济效益要比国产油菜籽每吨高出400元左右。高性价比导致国内市场对进口油菜籽的需求大增，进口量急剧增加。

2. 针对有害生物威胁，采取进口检疫措施

中国出入境检验检疫机构多次从进口加拿大、澳大利亚油菜籽中截获有害生物——油菜茎基溃疡病菌。专家风险评估认为，该病菌是一种真菌病害，对中国油菜生产安全构成严重威胁。为此，根据《中华人民共和国进出境动植物检疫法》及其实施条例的有关规定，经与加拿大、澳大利亚等有关方面协商，对进口油菜籽实施紧急检疫措施。从加拿大、澳大利亚进口本生产季节收获的油菜籽，实施过渡性检疫措施。从2009年11月15日起，加拿大、澳大利亚官方检验检疫部门应对输华油菜籽实施油菜茎基溃疡病菌批批检测，并在植物检疫证书附加声明栏中注明检测结果。

3. 国内需求增长，拉动进口增强

随着中国人口的增加、生活水平的不断提高及畜牧饲养方式的转变，加上国内压榨行业快速发展，对油料需求增长较快，拉动进口增加。

食用植物油

(一) 贸易概况

2009年中国食用植物油进口量大幅增加，创历史新高，受价格下降的影响，进口额下降；出口大幅下降，为近5年来的最低水平。全年共进口食用植物油950.31万吨，比上年增加133.16万吨，增幅达16.3%；进口额66.71亿美元，比上年减少23.22亿美元，减幅为25.82%。出口食用植物油11.56万吨，比上年减少13.37万吨，减幅53.64%，为2005年以来的最低；出口额1.56亿美元，比上年下降61.61%。全年净进口食用植物油938.75万吨，增长18.5%；贸易逆差65.15亿美元，下降24.12%。

1. 产品结构

中国进口的主要食用植物油产品是棕榈油、豆油和菜籽油，三者进口量合计占中国食用植物油进口总量的97.87%，主要出口产品是豆油、玉米油和花生油，合计占89.09%（图12）。

（1）主要进口产品

棕榈油。2009年进口大幅增长，进口量和增量均创历史最高水平。受价格下降的影响，进口额较上年下降。进口棕榈油644.17万吨，比上年增加115.9万吨，增幅21.94%，为2004年以来的最大增幅；进口额42.22亿美元，减少

9.96亿美元，减幅19.09%。其中，进口棕榈硬脂132.72万吨，比上年增长1.09倍，主要是由于2009年中国对棕榈硬脂实行2%的暂定关税。

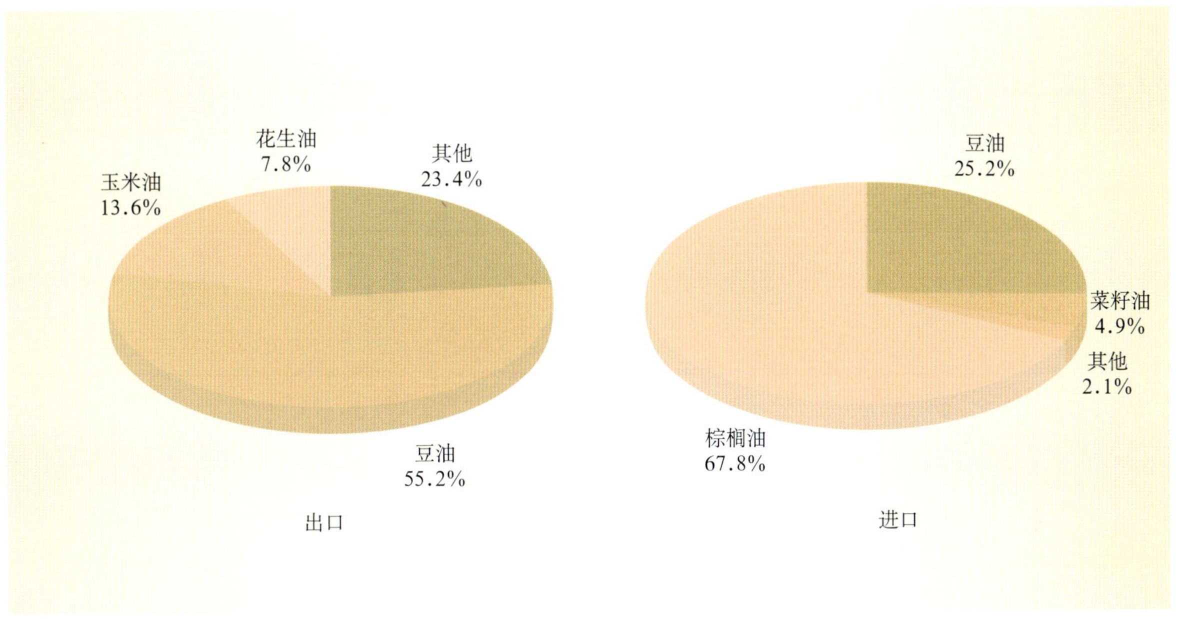

图12 2009年中国食用植物油进出口产品结构

豆油。2009年进口量连续第二年下降，受价格下降的影响，进口额较上年大幅下降。进口量为239.12万吨，比上年减少19.44万吨，降幅7.52%；进口额18.44亿美元，减少14.9亿美元，降幅44.7%。

菜籽油。2009年菜籽油进口量大幅增加，进口量达46.76万吨，首次突破40万吨，创历史最高水平，比上年增加19.78万吨，增幅73.3%；进口额3.78亿美元，增长6.35%（图13）。

（2）主要出口产品

豆油。2009年出口6.92万吨，比上年减少48.32%；出口额0.76亿美元，减少58.99%。

玉米油。2009年出口1.7万吨，减少79.85%；出口额0.21亿美元，减少85.79%。

花生油。2009年出口0.98万吨，减少8.46%；出口额0.22亿美元，减少20.49%（表16）。

2. 贸易区域

2009年，中国食用植物油主要进口来源地按进口额大小依次为东盟、阿根廷、巴西、加拿大和美国。主要出口市场依次为中国香港、朝鲜、日本、东盟和阿曼（图14）。

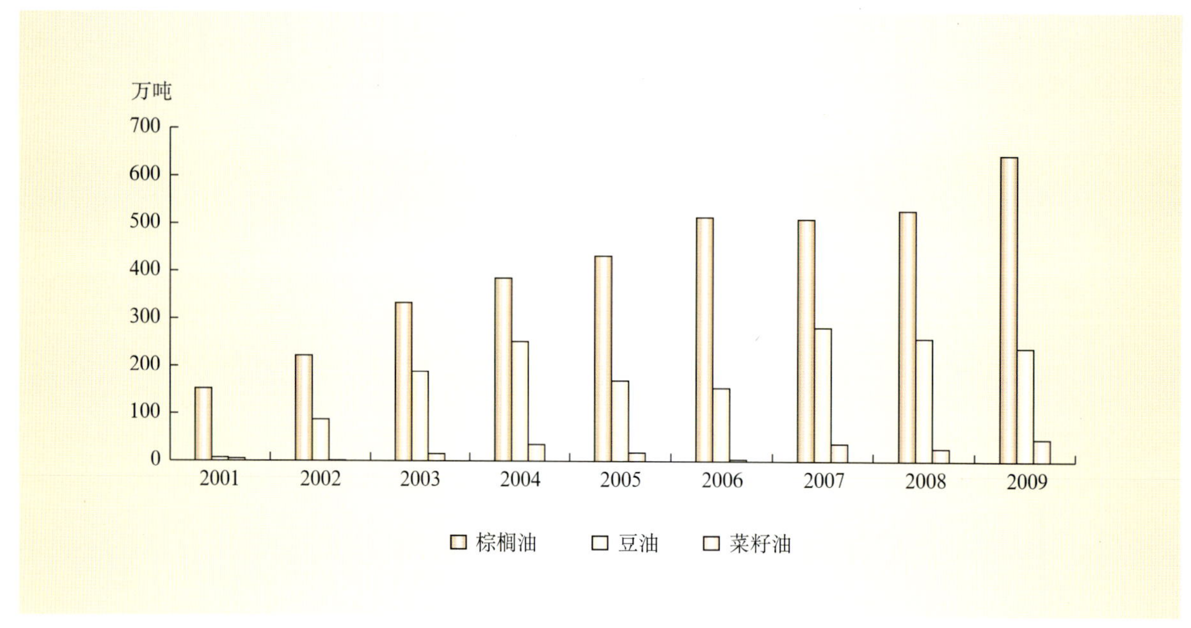

图 13　2001 年以来中国主要食用植物油品种进口量变化

表 16　2009 年中国主要食用植物油品种进出口情况

单位：万吨、亿美元、%

产　品	进口量	出口量	净进口量	净进口量比上年增长	进口额	出口额	净进口额	净进口额比上年增长
食用植物油	950. 31	11. 56	938. 75	18. 50	66. 71	1. 56	65. 15	－24. 12
棕榈油	644. 17	0. 05	644. 12	21. 96	42. 22	0. 01	42. 21	－19. 07
豆油	239. 12	6. 92	232. 20	－5. 29	18. 44	0. 76	17. 68	－43. 86
菜籽油	46. 76	0. 91	45. 85	74. 51	3. 78	0. 13	3. 65	5. 98

（1）进口来源地

棕榈油。2009 年从马来西亚和印度尼西亚的进口量均增加，其中从印度尼西亚进口增幅较大，在中国棕榈油进口中的份额增加。从马来西亚进口 392. 38 万吨，比上年增加 36. 55 万吨，增幅 10. 27%，占中国棕榈油进口总量的 60. 91%；从印度尼西亚进口 250. 57 万吨，增加 82. 23 万吨，增幅 48. 84%，占 38. 9%。

豆油。主要从阿根廷、巴西和美国进口，2009 年从阿根廷进口增加，从巴西和美国进口量大幅下降。从阿根廷进口 183. 51 万吨，比上年增加 11. 4 万吨，增幅 6. 63%，占豆油进口总量的 76. 74%；从巴西进口 49. 9 万吨，减少 18. 96 万吨，减幅 27. 53%，占 20. 87%；从美国进口 5. 39 万吨，减少 12. 14 万吨，减幅 69. 25%，占 2. 25%。

菜籽油。主要从加拿大进口。2009 年从加拿大进口 43. 75 万吨，比上年增加 19. 04 万吨，增幅 76. 98%，占中国菜籽油进口总量的93.56%。从阿拉伯联合酋长国进口1.74万吨，增加2.46倍，占3.72%。从阿根廷进口1.24万吨，占2.65%（表17）。

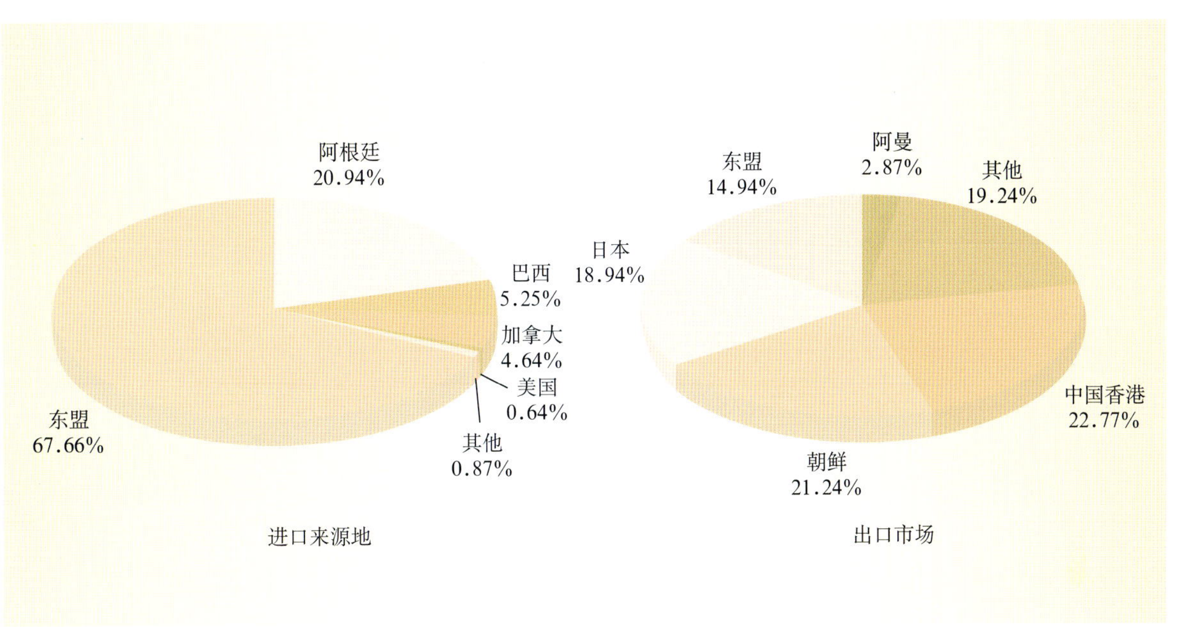

图14 2009年中国食用植物油进口来源地和出口市场结构

表17 2009年中国主要食用植物油品种进口来源地

单位:%

棕榈油		豆　油		菜籽油	
进口来源地	占进口总量比重	进口来源地	占进口总量比重	进口来源地	占进口总量比重
马来西亚	60.91	阿根廷	76.74	加拿大	93.56
印度尼西亚	38.90	巴西	20.87	阿拉伯联合酋长国	3.72
印度	0.16	美国	2.25	阿根廷	2.65
合计	99.97	合计	99.87	合计	99.93

（2）出口市场。中国食用植物油出口量非常小，且出口市场较多。

豆油。出口集中在周边国家和地区。其中，朝鲜和日本是主要市场，对其分别出口2.44万吨和2.12万吨，分别占出口总量的35.26%和30.58%。

玉米油。居出口市场前三位的依次是新加坡、阿曼和马来西亚，对其分别出口0.47万吨、3 312.64吨和3 264.28吨，分别占出口总量的27.83%、19.48%和19.2%。

花生油。主要出口市场是中国香港，

对其出口量为 0.81 万吨，占出口总量的 82.54%。

3. 价格变动

2009 年国际价格波动呈现如下特点：一季度，受全球经济悲观预期和美国大豆增产预期双重影响，国际食用植物油价格下探。二季度，受阿根廷等南美国家大豆实际减产和中国进口需求增加双重因素的影响，国际食用植物油价格出现大幅反弹。三季度，受美国大豆实际增产、2010 年南美大豆预计大幅增产和石油价格大幅下跌等因素的影响，国际食用植物油价格再次下跌。四季度，受国际油价反弹和南美气候干旱因素的影响，食用植物油价格再次出现反弹。2009 年中国食用植物油进出口价格较上年大幅下降，进口和出口价格分别下降 36% 和 17%。其中棕榈油和菜籽油平均进口价格下降幅度超过 30%，豆油达到 40%，大大高于食用油籽进口价格下降幅度。

2009 年棕榈油、豆油和菜籽油进口价格均有下降，降幅在 30% ~40% 之间（图 15）。从月度价格变化看，棕榈油 6 月份价格最高，为每吨 746 美元，1 月份价格最低为 496 美元，与最高价价差 250 美元，远低于上年的 706 美元；豆油 11 月份价格最高每吨为 852 美元，3 月份价格最低每吨为 716 美元，与最高价价差 136 美元，低于上年的 460 美元。

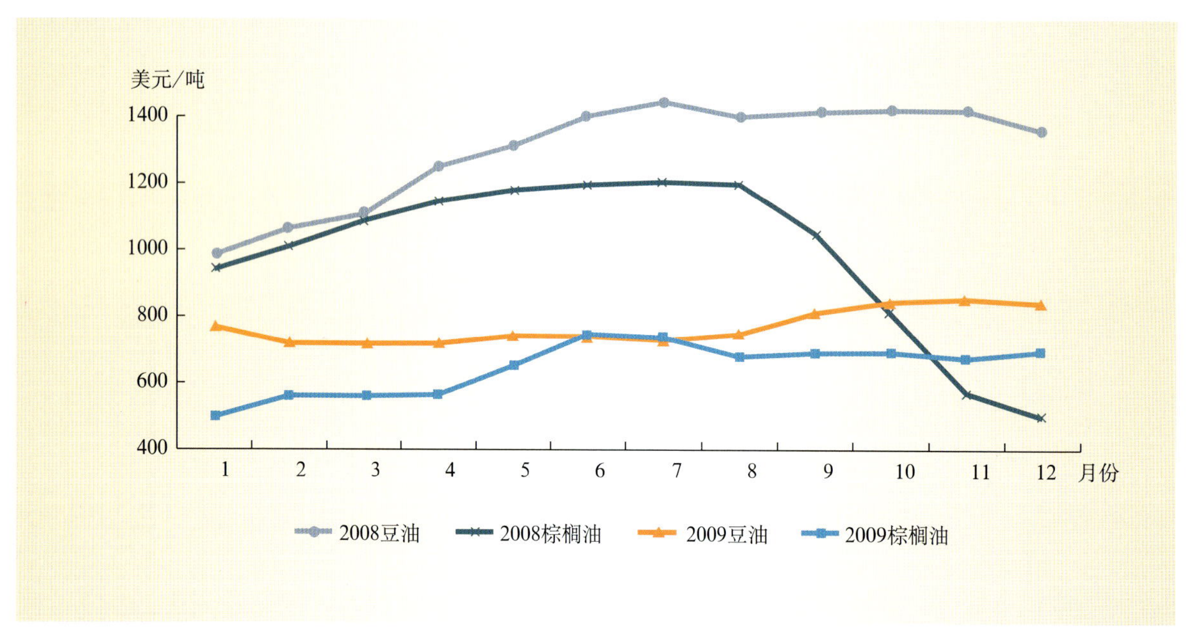

图 15　2008—2009 年中国豆油和棕榈油月度进口价格

2009 年食用植物油出口均价下降，除菜籽油降幅低于 10% 外，豆油和玉米油出口价格降幅在 20% 以上（表 18）。

表18 2009年中国主要食用油进出口价格

单位：美元/吨、%

产 品	进口平均价格	比上年增长	出口平均价格	比上年增长
棕榈油	655	-33.65	—	—
豆油	771	-40.20	1 096	-20.64
菜籽油	808	-38.63	1 454	-8.45
玉米油	—	—	1 262	-29.49

4. 自给率变动

2008年以来，由于国家出台扶持油料生产政策和措施，加上收购价格大幅走高，油料作物种植面积大幅提高，2009年全国油料产量实现连续第二年增长。2009年全国油料①种植面积1 365万公顷，比上年增加83万公顷；油料产量3 154万吨，增产6.8%。但是2009年中国大豆和棉籽产量下降，加上食用植物油消费稳定增长，食用油自给率在42%左右，与上年持平。

（二）影响因素

1. 国内需求增长，产需缺口扩大

受食用和工业消费增加的影响，中国食用植物油消费继续保持增长，加上国内油料压榨行业快速发展，对原料需求增加，估计2009年国内消费量约2 350万吨，比上年增长2.17%。虽然2009年全国油料产量连续第二年实现增长，但国内油籽生产发展仍难以满足需求的快速增加，产需缺口长期存在，需要通过进口油籽和食用植物油来弥补。

2. 大豆和棕榈油进口增加替代部分豆油进口

近年来，由于豆油和豆粕消费持续增长，大豆进口大幅增长，2009年进口大豆折油765万吨，比上年增加95万吨，增幅14.18%，使得国内豆油供应大幅增长，替代部分豆油进口。同时，由于进口棕榈油价格具有较大优势，2009年有5个月进口棕榈油价格每吨比进口豆油低1 000元以上，最大价差每吨低1 700元，导致棕榈油进口快速增加，豆油进口有所减少。

食　糖

（一）贸易概况

2009年食糖②国际贸易一改上年进出口大幅度下降的局面，双双显著增长。进口量106.45万吨，比上年增长

① 中国油料生产统计中包括油菜籽、花生、芝麻、葵花籽等，不包括大豆和棉籽等食用油籽。

② 这里的食糖包括未加香料或色剂的甘蔗原糖、砂糖、绵白糖、其他精制糖、甜菜原糖、加香料或色剂的糖。

36.51%，进口额3.78亿美元，增长18.75%。出口6.39万吨，增加2.38%，出口额3 400万美元，增加18.24%。

1. 产品结构

2009年进口的食糖主要是未加香料或色剂的甘蔗原糖和砂糖，进口量分别为91.67万吨和14.69万吨，分别占中国食糖进口总量的86.1%和13.8%。中国还进口少量的绵白糖和其他精制糖，但数量微乎其微。与上年比较，仅有甘蔗原糖的进口出现大幅度增长，进口量比上年增长72.91%，由于其所占比重大，因此直接引起食糖进口总量的增长；其他食糖产品的进口则都比上年明显减少，砂糖下降40.75%，绵白糖下降55.83%，精制糖下降38.93%，甜菜原糖下降63.96%。

中国出口的食糖主要是砂糖和精制糖。2009年砂糖出口量2.96万吨，比上年下降3.7%，占食糖出口总量的46.3%；精制糖出口量2.95万吨，比上年增长19.83%，占食糖出口总量的46.18%（表19）。

表19 2009年中国食糖及其产品进出口情况

单位：万吨、%

产　品	进口量	比上年增长	出口量	比上年增长
食糖	106.45	36.51	6.39	2.38
甘蔗原糖，未加香料或者色剂	91.67	72.91	0.42	-32.16
加香料或色料的甘蔗糖，甜菜糖及化学纯蔗糖	0.00	-7.00	0.04	-56.04
砂糖	14.69	-40.75	2.96	-3.70
绵白糖	0.05	-55.83	0.03	167.80
未列名精制糖	0.02	-38.93	2.95	19.83
甜菜原糖，未加香料或着色剂	0.00	-63.96	0.00	

2. 贸易区域

2009年，古巴、巴西、泰国和韩国等是中国的食糖进口主要来源地。从古巴进口食糖43.84万吨，比上年增长7.44%，由于国际糖价下跌，进口额反而下降13.19%，为1.64亿美元；自巴西食糖进口量大幅增加，由上年的290多吨增加到23.6万吨，已超越泰国成为中国的第二大进口来源地；从泰国进口食糖13.36万吨，增加1.5倍；从韩国进口12.4万吨，比上年略有下降。此外，从危地马拉、阿根廷和南非进口量也大幅增加，分别为5万吨、3.39万吨和3万吨。从巴基斯坦和越南进口量骤降（表20）。

值得关注的是，从印度进口食糖大幅下降，进口量由上年的15.99万吨下降到150千克，印度已失去了上年作为第二大进口来源地的位置。

表 20 2009 年中国食糖主要进口来源地和出口市场

单位：万吨、%

主要进口来源地	进口量	所占比重	主要出口市场	出口量	所占比重
古巴	43.84	41.19	中国香港	2.85	45.30
巴西	23.60	22.17	斯里兰卡	0.76	12.08
泰国	13.36	12.55	新加坡	0.43	6.82
韩国	12.40	11.65	日本	0.39	6.19
危地马拉	5.00	4.70	巴基斯坦	0.33	5.30
阿根廷	3.39	3.19	马来西亚	0.32	5.04
南非	3.00	2.82	美国	0.28	4.48
缅甸	1.32	1.24	蒙古	0.25	3.91
澳大利亚	0.38	0.36	印度尼西亚	0.11	1.75
马来西亚	0.07	0.07	也门	0.11	1.67
合计		99.93			92.54

中国食糖主要出口市场是一些亚洲国家和地区。2009 年中国香港仍居出口市场第一位，对其出口量为 2.85 万吨，与上年基本持平，占中国食糖出口总量的 45.3%。与上年相比，对新加坡和马来西亚等传统市场出口量大幅增加，增幅分别为 1.24 倍和 1.21 倍，而对日本出口则呈下降态势，降幅为 20.12%。值得关注的是，2008 年以前中国主要是从巴基斯坦进口食糖，但是 2009 年中国不仅没有从其进口，反而对其出口了 0.33 万吨食糖。

3. 价格变动

2009 年中国进口食糖的平均价格为每吨 388 美元，比上年下降 3.3%。

从各月价格变化情况看，2009 年食糖进口价格的走势与上年相同即逐月呈上升态势，但是总体水平低于上年。年初食糖进口价格较低，2 月份平均价格每吨只有 257 美元，比上年同期下降 10.6%。此后价格迅速上涨，到 4 月份每吨上涨到 352 美元，增加近 100 美元。从 6 月份开始，食糖价格出现明显的上涨趋势，9 月份价格已经上涨到 440 美元。年底随着国际食糖价格高企，食糖进口的单价出现大幅度上涨，12 月份每吨食糖的进口价格超过 600 美元，远远高于上年同期水平（图 16）。

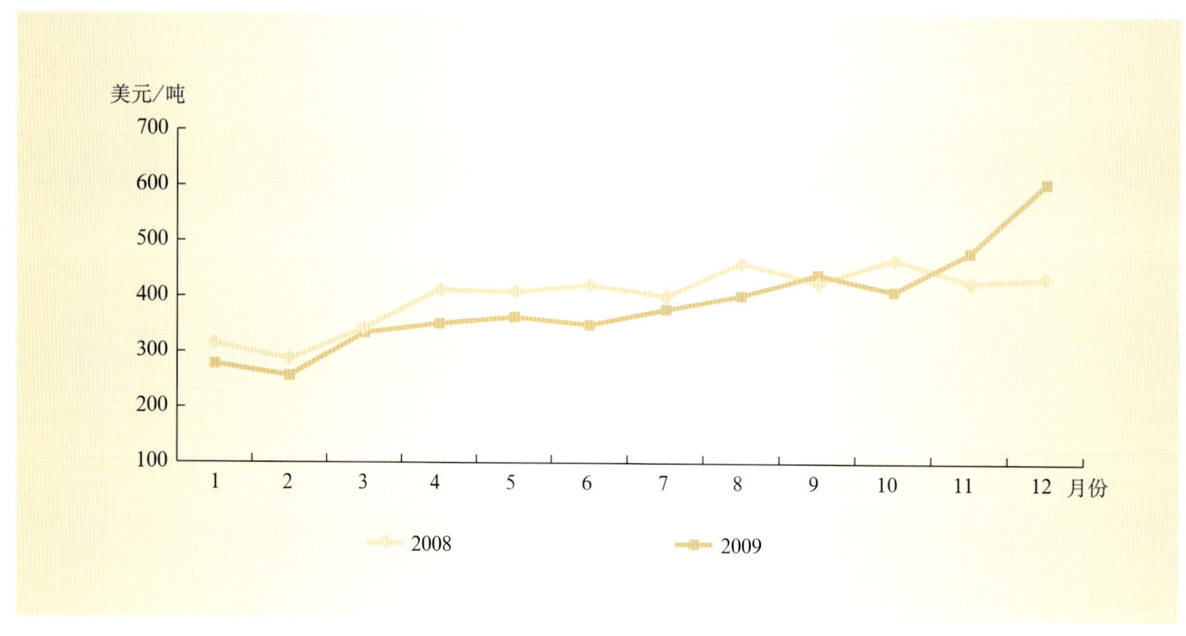

图 16 2008—2009 年中国进口食糖月平均价格变化情况

4. 自给率变动

由于中国人的饮食习惯，食糖主要是用作调味品，消费水平一直较低。2003 年以来中国食糖消费出现较大增长，食品工业、饮料业、饮食业等用糖行业的快速发展是推动中国食糖消费大幅度增长的主要原因。

根据《2010 年中国农业发展报告》数据，2009 年中国食糖产量为 1 231万吨。据海关统计数据，2009 年中国食糖净进口量为 100.06 万吨，按当年生产量/（当年生产量 + 当年净进口量）×100% 计算，食糖自给率为 93%。

（二）影响因素[①]

1. 国内食糖产量大幅下降

受 2008 年年初雨雪冰冻以及台风、洪灾和 2009 年部分蔗区干旱等自然因素的影响，2008/2009 榨季中国糖料出苗率低，长势较差、糖分偏低，加之农资价格过高，农民生产资料投入不足，单产普遍大幅下降，导致糖料和食糖产量均大幅减产。2009 年度食糖产量为 1 321 万吨，比上年度减少 112 万吨，减幅达 7.8%。

2. 国内食糖消费逐步恢复

进入 2009 年，乳制品等用糖产业生产逐步恢复。据国家统计局对规模以上企业的统计，2009 年初，乳制品和冷冻饮品产量较快回升；进入第二、三季度之后，各类含糖食品生产明显从金融危

① 本节分析主要参考徐欣、韩杨：“2008/2009 榨季食糖市场形势分析与 2009/2010 榨季展望”，农业展望。

机的阴影中走了出来。1—9月，糖果、速冻主食品、冷冻饮品、果汁和蔬菜汁饮料类累计产量比上年同期增长10%以上。随着用糖产业的生产恢复，国内食糖消费开始回暖。在4月份之后产销率持续高于2007/2008榨季同期。截至2009年9月末，该制糖期全国累计销售食糖1 206.15万吨，累计销糖率97.03%，比上年同期增加7.4个百分点。由于2008/2009榨季中国食糖产量大幅减少，而食糖消费量增加，形成了供小于求的格局，从而促使食糖进口大幅增加。

蔬　菜

（一）贸易概况

2009年，中国蔬菜进出口贸易发展平稳，进出口量略减，贸易总额和贸易顺差小幅增长。全年蔬菜进出口总量为813.6万吨，贸易总额为70.6亿美元，比上年分别增长-2.3%和5.2%。其中，出口量803.9万吨，下降2.1%，出口额连续第十一年保持增长，再创历史新高，达到68.8亿美元，增长5.4%，占全国农产品出口总额的17.4%，所占比重比上年增加1.5个百分点；进口量为9.7万吨，进口额为1.8亿美元，分别比上年下降14.9%和4.1%；贸易顺差67亿美元，居农产品之首，比上年增长5.9%（表21）。

1. 产品结构

2009年，蔬菜出口以鲜冷冻蔬菜和加工保藏蔬菜为主的格局未发生变化。鲜冷冻蔬菜出口量和出口额分别增长1%和26.2%，占蔬菜出口总额的比重提高到41.3%，超过加工保藏蔬菜跃居第一；加工保藏蔬菜出口连续几年增长之后2009年出现滑坡，出口量和出口额分别下降7.4%和10.1%，占出口总额的比重下降到39.1%，退居第二；干蔬菜出口量下降2.4%，出口额增长4.2%；蔬菜种子仅占蔬菜出口总额的1.2%，但是出口额增长较快（表21）。

表21　2009年中国蔬菜出口情况

单位：万吨、亿美元、%

产　品	出口量	比上年增长	出口额	比上年增长	占出口总额比重
合计	803.9	-2.1	68.8	5.4	
鲜冷冻蔬菜	497.4	1.0	28.4	26.2	41.3
加工保藏蔬菜	261.6	-7.4	26.9	-10.1	39.1
干蔬菜	44.5	-2.4	12.7	4.2	18.4
蔬菜种子	0.5	5.7	0.8	26.4	1.2

进口蔬菜以加工保藏蔬菜和蔬菜种子为主。尽管蔬菜种子进口量较上年有所下降，但由于进口价格上涨，进口额达到0.8亿美元，比上年增长7.2%，占蔬菜进口总额的42.1%。其他进口蔬菜包括鲜冷冻蔬菜、加工保藏蔬菜和干蔬菜的进口额普遍下降，降幅分别为12%、11.8%和5.7%（表22）。

表22 2009年中国蔬菜进口情况

单位：万吨、亿美元、%

产品	进口量	比上年增长	进口额	比上年增长	占进口总额比重
合计	9.7	-14.9	1.8	-4.1	
鲜冷冻蔬菜	2.6	-9.8	0.2	-12.0	10.8
加工保藏蔬菜	5.9	-19.2	0.7	-11.8	37.3
干蔬菜	0.5	4.5	0.2	-5.7	9.8
蔬菜种子	0.7	-4.4	0.8	7.2	42.1

按照出口额排序，前十大出口蔬菜产品依次是鲜或冷藏的蒜头、番茄酱罐头、姜、干香菇、小白蘑菇（洋蘑菇）罐头、鲜或冷藏的胡萝卜及萝卜、干燥或脱水的大蒜、鲜或冷藏的洋葱、辣椒干、鲜或冷藏的马铃薯（种用除外）。中国蔬菜出口产品集中度较高，其中前十大产品出口量合计447.9万吨，占蔬菜出口总量的55.7%，出口额合计33.4亿美元，占蔬菜出口总额的49.3%。此外，出口额超过1亿美元的产品还有芦笋罐头，出口6.6万吨，出口额1亿美元。前十大产品中，除番茄酱罐头和干燥或脱水的大蒜出口额基本稳定外，其他产品的出口额增减幅度较大，其中，增幅较大的产品依次是干香菇、鲜或冷藏的蒜头、鲜或冷藏的马铃薯和姜，分别增长1.1倍、75%、37.5%和32.7%；降幅较大的产品是小白蘑菇（洋蘑菇）罐头和辣椒干，分别下降41.7%和21.1%。前十大产品出口额的排序除干燥或脱水大蒜与上年位次相同外，其余均发生了变化。其中，位次变化较大的有：干香菇由上年的第九位升至第四位；辣椒干由上年的第五位降为第九位；鲜或冷藏的马铃薯（种用除外）近年来首次进入前十；芦笋罐头上年居第六位，2009年则退出前十（表23）。

2. 贸易区域

2009年，中国蔬菜出口市场的区域集中度仍然较高，对亚洲和欧洲的出口额占中国蔬菜出口总额的80%。由于与东盟的蔬菜贸易规模不断扩大，亚洲作为中国蔬菜主要出口市场的地位更加稳固，对亚洲的蔬菜出口扭转了上年出口额下降的不利局面，出口额增长12.4%，

表 23　2009 年中国蔬菜出口额居前十位的产品

单位：万吨、亿美元、%

产　　品	出口量	比上年增长	出口额	比上年增长	占出口总额比重
鲜或冷藏的蒜头	153.3	4.8	10.1	75.0	14.9
番茄酱罐头	80.5	-1.4	8.1	2.5	11.9
姜	34.0	28.0	2.8	32.7	4.2
干香菇	2.2	52.8	2.8	111.2	4.1
小白蘑菇（洋蘑菇）罐头	22.9	-31.8	2.5	-41.7	3.6
鲜或冷藏的胡萝卜及萝卜	42.9	3.1	1.7	12.2	2.5
干燥或脱水的大蒜	14.6	-5.2	1.5	1.8	2.3
鲜或冷藏的洋葱	50.4	-4.0	1.5	16.1	2.1
辣椒干	8.9	-7.7	1.4	-21.1	2.1
鲜或冷藏的马铃薯（种用除外）	38.2	11.9	1.1	37.5	1.7
合计	447.9		33.4		49.3

占蔬菜出口总额的 60.5%；对欧洲和大洋洲的蔬菜出口下滑，出口额分别比上年下降 13.9% 和 4.7%；对非洲的蔬菜出口呈现量额齐增的良好局面，出口量和出口额分别比上年增长 15.2% 和 23.9%；对北美洲和南美洲的蔬菜出口额分别比上年增长 2.6% 和 12.9%（表 24）。

按照出口额排序，居中国蔬菜出口前十位的国家（地区）依次是日本、美国、马来西亚、韩国、俄罗斯、印度尼西亚、泰国、中国香港、德国和越南。与上年相比，对越南出口额大幅增加，是新进入前十位的国家，意大利则退出了前十位。前十大市场中，日本仍是中国蔬菜最重要的出口市场，对日本蔬菜出口量略减，出口额小幅增加，占中国蔬菜出口总额的 21.8%。对马来西亚、印度尼西亚、泰国和越南等 4 个东盟国家的出口额增长幅度均较大，排位均比上年有所上升，对 4 国出口额合计达 11.9 亿元，占对东盟蔬菜出口额的 88.1% 和对亚洲蔬菜出口额的 28.7%。对韩国、俄罗斯和德国的蔬菜出口出现不同程度萎缩，出口量分别比上年下降 14.5%、14.2% 和 14.7%，出口额下降 9.4%、6.4% 和 22.6%（表 25）。

表24 2009年中国对各大洲蔬菜出口情况

单位：万吨、亿美元、%

区　域	出口量	比上年增长	出口额	比上年增长	占出口总额比重
亚洲	538.4	-0.4	41.6	12.4	60.5
欧洲	138.0	-10.3	13.4	-13.9	19.5
北美洲	54.6	-0.8	6.5	2.6	9.5
非洲	34.4	15.2	3.6	23.9	5.2
南美洲	30.0	-6.1	2.8	12.9	4.0
大洋洲	8.4	-12.1	0.9	-4.7	1.4

表25 2009年中国蔬菜主要出口国家和地区

单位：万吨、亿美元、%

国家（地区）	出口量	比上年增长	出口额	比上年增长	占出口总额比重
日本	113.3	-4.0	15.0	3.7	21.8
美国	46.0	0.6	5.6	2.9	8.2
马来西亚	59.3	7.8	4.6	27.7	6.6
韩国	65.0	-14.5	4.1	-9.4	6.0
俄罗斯	53.0	-14.2	3.1	-6.4	4.5
印度尼西亚	43.2	-0.3	2.9	45.2	4.2
泰国	22.1	18.6	2.6	39.4	3.8
中国香港	60.6	-4.9	2.0	2.5	2.9
德国	13.3	-14.7	1.9	-22.6	2.8
越南	50.1	7.0	1.9	45.4	2.8

3. 价格变动

2009年，出口蔬菜价格上涨，平均出口价格比上年上涨8.8%，达到每吨855美元。不同蔬菜小类的出口价格变化趋势不一，鲜冷冻蔬菜出口价格扭转了上年的下跌趋势，比上年上涨24.9%；而加工保藏蔬菜价格则出现回落，下跌2.9%；干蔬菜价格上涨7.2%，蔬菜种子价格较高，且涨幅达19.7%。主要蔬菜产品出口价格普遍上涨，出口额超过1亿美元的所有11个产品中只有小白蘑菇（洋蘑菇）罐头、辣椒干和芦笋罐头等3个产品的价格出现小幅下降，其他产品的价格均有所上涨，其中，鲜或冷藏的蒜头和干香菇的价格涨幅较大，分别上涨67%和38.3%（表26）。

表26 2009年中国部分蔬菜产品出口价格

单位：美元/吨、%

产　品	出口价格	比上年增长
蔬菜	855	8.8
鲜冷冻蔬菜	570	24.9
其中 鲜或冷藏的蒜头	660	67.0
姜	827	3.7
加工保藏蔬菜	1 029	-2.9
其中 番茄酱罐头	1 002	3.9
小白蘑菇（洋蘑菇）罐头	1 074	-14.4
干蔬菜	2 847	7.2
其中：干香菇	12 703	38.3
蔬菜种子	17 817	19.7

（二）影响因素

1. 金融危机影响市场需求

2009年，国际金融危机对中国蔬菜出口的影响因主要市场受危机影响程度的不同而异。发达国家受金融危机较为严重，经济不景气，影响到蔬菜需求，中国对发达国家的蔬菜出口量比上年下降，据海关统计，中国对欧盟、日本、韩国的蔬菜出口量比上年分别下降3.4%、4.0%和14.6%；东盟、非洲、南美洲大部分国家受金融危机影响较轻，蔬菜需求增长，中国对这些国家或地区的蔬菜出口量普遍保持增长态势。此外，随着经济形势的变化，蔬菜出口额也发生较大变化。2009年前五个月，中国蔬菜出口额均低于上年同期水平，下半年随着全球经济形势回暖，蔬菜出口贸易恢复增长，2009年后七个月的蔬菜出口额均高于上年同期。

2. 竞争优势促进市场开拓

中国蔬菜出口具有的竞争优势主要体现在以下几方面：

一是关税优势。中国东盟自贸区的建设，尤其是“早期收获计划”的实施，使中国蔬菜享受零关税待遇，在竞争中占据绝对的价格优势，中国对东盟蔬菜出口量和出口额比上年分别增长4.6%和31.9%。

二是生产能力和区位优势。中国蔬菜面积世界第一，生产种类、茬口丰富，设施产业发达，加上充足的劳动力，形成了蔬菜品种全、价格低、周年供应能力强的竞争优势，同时，中国与日本、韩国、俄罗斯和东盟国家接壤或邻近，随着交通条件改善，中国蔬菜更容易向近邻国家输出。

三是国际关系优势。近年来，随着非洲国家政局的稳定，大多数非洲国家人口和经济水平增长，蔬菜需求增加，但非洲国家蔬菜生产能力弱，需要大量进口蔬菜来满足需求，中国与非洲国家良好的政治关系，频繁的经济文化交流带动了中非蔬菜贸易的开展，2009 年中国对 13 个非洲国家的蔬菜出口额增加 1 倍以上。

3. 成本增加导致利润空间缩小

通关检测依然是世界各国限制蔬菜进出口的主要技术措施，欧盟、日本、韩国和加拿大等国还在不断强化检测手段，实施更为复杂严苛的新农残标准，而且标准的修订步伐明显加快，对上述国家出口蔬菜的通关风险保持在较高水平，造成出口检验任务繁重，增加了出口成本，缩小企业利润空间，限制了蔬菜贸易规模的扩大。

4. 品牌缺乏限制出口效益

中国蔬菜尽管出口量大，但由于企业规模相对较小，且产品品种多，因而很难形成自主品牌，大多数出口企业仅是国外商家的原料供应商，产品缺少独特性和技术优势，限制了出口企业增效、菜农增收。

水果坚果

（一）贸易概况

2009 年水果坚果进出口继续保持双增长，但出口增速放缓。全年贸易量 810.15 万吨，比上年增长 19.03%，贸易总额 66.05 亿美元，增长 5.71%。其中出口量 552.8 万吨，增长 10.41%，出口额 46.18 亿美元，下降 3.93%；进口量 257.35 万吨，增长 43.03%，进口额 19.87 亿美元，增长 27.48%。贸易顺差 26.31 亿美元，下降 21.84%。

1. 产品结构

（1）水果出口。2009 年水果出口量 525.61 万吨，比上年增长 8.53%；出口额 38.37 亿美元，下降 9.28%。

从产品结构看，鲜冷冻水果出口量和出口额呈增长趋势，出口 332.56 万吨，比上年增长 14.37%，出口额 19.23 亿美元，增长 12.29%。水果汁出口量增额减，出口 88.18 万吨，增长 13.39%，出口额 7.38 亿美元，下降 40.1%。水果罐头和其他加工水果出口量和出口额均呈下降趋势。其中水果罐头出口 58.98 万吨，下降 11.84%，出口额 4.97 亿美元，下降 12.77%；其他加工水果出口 45.89 万吨，下降 6.11%，出口额 6.8 亿美元，下降 5.06%。

鲜柑橘、葡萄、桃、菠萝等水果出口增长显著，鲜苹果、鲜梨、猕猴桃出口与上年持平，香蕉出口继续下降。苹果汁出口持平，但柑橘汁出口增快。柑橘罐头出口量十年来首次下降（表 27）。

表27 2009年中国主要水果产品出口情况

单位：万吨、万美元、%

产　品		出口量	比上年增长	出口额	比上年增长
鲜冷冻水果	鲜柑橘	111.18	28.97	59 222.92	35.41
	葡萄	10.01	58.14	8 581.02	80.89
	桃	4.00	52.55	1 634.76	40.07
	菠萝	0.25	37.00	147.73	44.05
	鲜苹果	117.14	1.57	71 209.23	1.92
	鲜梨	46.28	3.61	22 047.34	2.46
	猕猴桃	0.17	4.79	189.96	23.56
	香蕉	1.32	-12.65	666.52	-2.58
水果汁	苹果汁	79.99	15.43	65 578.28	-41.93
	柑橘汁	2.02	19.92	1 424.28	-1.05
	菠萝汁	0.97	65.89	1 252.29	96.80
罐头	柑橘罐头	32.05	-9.31	26 055.22	-7.89
	桃罐头	12.78	-13.82	12 496.52	-13.31
	菠萝罐头	6.45	-16.03	4 219.84	-32.49
	梨罐头	5.38	-13.29	4 815.97	-10.43
加工水果	葡萄干	4.14	34.64	6 535.80	37.91
	红枣	0.87	9.56	1 732.03	42.12
	柿饼	0.50	-11.69	909.85	-14.41
	蜜枣	0.50	-6.67	816.16	16.94

（2）水果进口。2009年水果进口量244.15万吨，比上年增长36.22%，进口额16.5亿美元，增长36.75%。其中鲜冷冻水果进口206.86万吨，增长38.05%，进口额12.72亿美元，增长40.67%。

从进口种类看，中国进口的水果主要是热带水果，以香蕉、鲜龙眼、鲜榴莲、鲜火龙果、鲜荔枝、山竹、芒果、红毛丹、鲜梅及李、菠萝、莲雾为主，进口量占水果进口总量的55.15%，进口额占46.73%。水果罐头进口1.29万吨，增长0.48%，进口额1 235.15万美元，增长1.09%；其他加工水果进口27.54万吨，增长26.89%，进口额2.26亿美元，增长36.19%；水果汁进口8.46万吨，增长32.25%，进口额1.4亿美元，增长12.5%（表28）。

表28 2009年中国主要水果产品进口情况

单位：万吨、万美元、%

产 品		进口量	比上年增长	进口额	比上年增长
鲜冷冻水果	鲜苹果	5.41	27.57	5 354.97	19.89
	鲜柑橘	9.16	14.63	7 412.31	10.25
	葡萄	8.97	73.86	17 080.00	80.35
	猕猴桃	2.68	42.95	3 296.68	47.97
	香蕉	49.13	35.61	17 901.57	29.16
	鲜龙眼	25.59	30.29	15 725.60	26.76
	鲜榴莲	19.61	41.13	12 431.21	33.89
	鲜火龙果	19.50	64.93	9 433.50	70.29
	山竹	9.17	123.18	14 428.37	107.41
	鲜荔枝	3.71	55.55	2 060.61	150.21
	芒果	3.31	59.04	828.70	42.51
	红毛丹	1.51	263.79	796.85	208.71
	鲜梅及李	1.43	69.81	1 759.66	55.96
	菠萝	1.21	11.88	747.31	17.34
	莲雾	0.47	14.19	956.37	15.94
水果汁	柑橘汁	6.49	36.37	10 584.30	8.38
	葡萄汁	0.88	87.62	1 595.15	93.45
罐头	菠萝罐头	0.68	22.72	598.11	36.00
	桃罐头	0.57	-18.07	599.25	-19.70
加工水果	葡萄干	1.17	-6.44	1 833.97	-6.71
	龙眼干、肉	13.37	75.56	8 874.73	65.76

（3）坚果出口。2009年坚果出口27.19万吨，比上年增长3.85%，出口额7.81亿美元，增长0.22%；出口产品主要以瓜子、栗子和核桃为主，占出口总量的66.24%（表29）。

（4）坚果进口。2009年坚果进口13.2万吨，比上年增长20.64%，进口额3.37亿美元，增长29.89%；进口产品以腰果、开心果、核桃、夏威夷果为主，进口量合计占坚果进口总量的68.11%（表29）。

表 29　2009 年中国主要坚果进出口情况

单位：万吨、万美元、%

出口					进口				
产品	出口量	比上年增长	出口额	比上年增长	产品	进口量	比上年增长	进口额	比上年增长
瓜子	11.70	32.33	26 425.52	44.75	腰果	3.67	35.61	9 916.23	26.81
栗子	5.78	4.65	10 878.50	3.13	开心果	2.15	-27.22	7 746.06	1.09
核桃	0.53	-55.49	2 421.08	-64.07	核桃	1.62	133.15	2 900.46	129.18
					夏威夷果	1.55	26.32	1 756.60	57.67

2. 贸易区域

（1）水果。2009 年中国水果主要出口市场和进口来源地变化不大。

按出口量大小排序，居中国水果出口市场前五位的国家仍是越南、美国、俄罗斯、印度尼西亚和日本，对上述市场出口量合计 267.81 万吨，比上年增长 10.21%，占出口总量的 50.95%；出口额 19.07 亿美元，比上年下降 13.36%，占出口总额的 49.7%。中国水果出口量尽管增加，但出口额显著减少，特别是对受金融危机影响较大的欧美国家的水果出口额均呈负增长。而对周边其他国家和地区、非洲和中东地区水果出口量和出口额基本保持增长态势（表 30）。

水果的进口来源地主要是越南、泰国、菲律宾、缅甸和美国，自上述国家水果进口量合计占水果进口总量的 86.79%（表 30）。

表 30　2009 年中国水果主要出口市场和进口来源地

单位：万吨、万美元、%

出口市场					进口来源地				
国家（地区）	出口量	比上年增长	出口额	比上年增长	国家（地区）	进口量	比上年增长	进口额	比上年增长
越南	78.17	42.77	25 783.94	43.19	越南	62.23	29.36	20 361.72	40.68
美国	73.37	2.60	70 573.56	-29.05	泰国	60.34	60.95	50 090.98	60.91
俄罗斯	48.75	-9.02	29 733.60	-18.95	菲律宾	37.74	10.57	17 267.33	19.62
印度尼西亚	39.86	25.12	26 105.35	31.36	缅甸	29.97	60.69	2 784.56	53.63
日本	27.66	-11.64	38 473.20	-16.34	美国	21.62	46.57	25 956.47	45.75
马来西亚	25.27	-6.49	18 821.08	-1.68	智利	11.31	71.28	17 952.17	68.52
泰国	24.45	13.56	19 324.37	21.10	巴西	5.49	11.04	7 124.77	-18.02
荷兰	20.22	1.11	16 387.04	-26.15	新西兰	2.25	4.71	2 869.70	13.83
菲律宾	19.06	28.36	13 673.33	30.50	印度尼西亚	2.14	33.67	2 047.31	8.25

（续）

出口市场					进口来源地				
国家（地区）	出口量	比上年增长	出口额	比上年增长	国家（地区）	进口量	比上年增长	进口额	比上年增长
德国	17.80	16.38	14 873.89	-12.09	南非	1.25	2.66	1 135.92	-10.42
中国香港	17.72	-2.55	7 693.47	-0.56	以色列	1.14	83.04	2 293.23	105.35
加拿大	12.75	7.41	12 238.71	-9.79					
哈萨克斯坦	12.38	-5.78	6 365.40	-4.39					
孟加拉国	10.67	124.81	5 977.76	114.62					

从地区看，中国与东盟水果贸易发展迅速，其中对东盟水果出口量和出口额增幅均在20%以上，出口量占中国水果出口总量的36.65%；自东盟水果进口量和进口额增幅更大，在40%左右，进口量占中国水果进口总量的79.12%，进口额占进口总额的56.36%。其中从越南、泰国、菲律宾和缅甸的进口量合计190.28万吨，占自东盟水果进口总量的98.5%，进口额9.05亿美元，占97.3%。中国与欧盟的水果贸易则是出口下降，进口增加，进口量增幅达20%以上。中国自北美自由贸易区水果进口大幅增加，进口量和进口额增幅均在45%以上，但中国水果对其出口量虽比上年略增，出口额则呈两位数下降，降幅为26.88%（表31）。

表31 2009年中国与三大区域水果贸易情况

单位：万吨、万美元、%

区域	出口				进口			
	出口量	比上年增长	出口额	比上年增长	进口量	比上年增长	进口额	比上年增长
欧盟	56.26	-0.65	49 153.45	-21.91	1.97	21.95	6 285.15	10.36
北美贸易区	87.93	2.58	84 230.06	-26.88	22.30	46.14	27 297.17	45.44
东盟	192.64	22.65	108 452.03	21.54	193.17	37.35	92 994.98	44.39

分品种看，鲜苹果、鲜柑橘和鲜梨的出口国家和地区分别为82个、69个和75个。周边国家和地区依然是三大水果的主要出口市场，而且对其中多数国家三大品种的出口量增速也较快（表32、表33、表34）。

表 32 2009 年中国鲜苹果主要出口和增速较快的市场

单位：万吨、%

主要出口市场	出口量	比上年增长	增速较快市场	出口量	比上年增长
俄罗斯	18.23	-22.86	巴基斯坦	0.42	269.00
越南	16.28	27.27	约旦	0.41	163.04
印度尼西亚	10.65	-6.35	孟加拉国	9.25	118.55
泰国	9.97	14.57	印度	3.87	77.11
孟加拉国	9.25	118.55	尼泊尔	2.57	69.09

表 33 2009 年中国鲜柑橘主要出口和增速较快的市场

单位：万吨、%

主要出口市场	出口量	比上年增长	增速较快市场	出口量	比上年增长
越南	32.78	29.97	阿拉伯联合酋长国	1.22	497.41
印度尼西亚	18.70	69.84	哈萨克斯坦	2.34	89.36
马来西亚	12.72	-7.66	菲律宾	9.52	76.72
俄罗斯	12.02	28.92	伊朗	1.48	71.74
菲律宾	9.52	76.72	印度尼西亚	18.70	69.84

表 34 2009 年中国鲜梨主要出口和增速较快的市场

单位：万吨、%

主要出口市场	出口量	比上年增长	增速较快市场	出口量	比上年增长
越南	9.87	26.69	伊朗	2.19	573.22
印度尼西亚	9.16	3.42	巴基斯坦	0.91	106.61
泰国	4.16	6.81	印度	1.10	56.38
马来西亚	3.52	-23.58			
俄罗斯	3.15	-20.59			

分地区看，水果出口最多的省（自治区）是山东、陕西、福建、广东和广西，出口量合计占水果出口总量的61.59%，出口额占水果出口总额的59.92%（表35）。

表 35　2009 年中国水果主要出口省（自治区）

单位：万吨、亿美元、%

省（自治区）	出口量	比上年增长	出口额	比上年增长
山东	122.91	-4.15	11.03	-20.02
陕西	73.11	25.53	4.45	-24.77
福建	53.41	20.93	4.23	19.76
广西	38.72	24.05	1.36	18.79
广东	35.59	0.33	1.92	-2.73

水果出口的主要贸易方式是一般贸易、边境小额贸易和进料加工贸易，三种贸易方式合计占整个水果出口总量的 99.35%，占出口总额的 97.75%（表 36）。

表 36　2009 年中国水果的主要贸易方式

单位：万吨、亿美元

贸易方式	出口量	出口额	进口量	进口额
一般贸易	333.32	26.12	150.57	13.41
边境小额贸易	126.99	5.09	75.39	1.86
进料加工贸易	61.94	6.30	1.84	0.50
来料加工装配贸易	1.82	0.45	1.67	0.26
保税区仓储转口货物贸易	0.68	0.35	1.23	0.20

（2）坚果。2009 年中国坚果的主要出口市场是日本、韩国、越南、叙利亚和美国，出口量 11.16 万吨，占出口总量的 41.04%；出口额 3.1 亿美元，占出口总额的 39.69%（表 37）。

2009 年中国坚果的主要进口来源地为美国、越南、韩国、俄罗斯和澳大利亚，进口量 10.48 万吨，占进口总量的 79.39%；进口额 2.67 亿美元，占进口总额的 79.23%（表 37）。

表 37　2009 年中国坚果主要出口市场和进口来源地

单位：万吨、万美元、%

出口市场					进口来源地				
国家（地区）	出口量	比上年增长	出口额	比上年增长	国家（地区）	进口量	比上年增长	进口额	比上年增长
日本	3.31	3.38	10 721.26	6.03	美国	4.36	38.20	11 248.87	58.30
韩国	2.00	-15.81	2 476.29	-25.42	越南	3.57	33.50	9 857.31	31.91

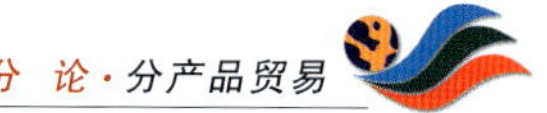

（续）

出口市场					进口来源地				
国家（地区）	出口量	比上年增长	出口额	比上年增长	国家（地区）	进口量	比上年增长	进口额	比上年增长
越南	1.99	108.16	3 396.46	119.81	韩国	0.92	-2.65	1 345.96	0.05
叙利亚	1.94	64.03	3 786.82	69.16	俄罗斯	0.82	117.55	3 202.25	241.25
美国	1.92	-8.40	10 595.89	0.85	澳大利亚	0.81	1.47	1 086.25	29.40
阿拉伯联合酋长国	1.81	20.48	3 555.04	7.30					
德国	1.64	18.59	7 381.76	-2.15					
荷兰	1.49	23.29	7 117.30	30.86					

坚果出口的主要贸易方式是一般贸易、来料加工装配贸易和进料加工贸易，这三种方式占坚果出口总量的95.44%，占出口总额的95.13%；进口的贸易方式以一般贸易、来料加工装配贸易、进料加工和边境小额贸易为主，占进口总量的98.03%，占进口总额的97.92%（表38）。

表38 2009年中国坚果主要贸易方式

单位：万吨、亿美元

贸易方式	出口量	出口额	进口量	进口额
一般贸易	22.72	6.24	3.53	1.02
边境小额贸易	1.99	0.34	3.35	0.88
来料加工装配贸易	1.24	0.54	2.65	0.59
进料加工贸易	1.20	0.65	3.41	0.81

3. 价格变动

（1）水果。2009年中国水果平均出口价格每吨730美元，比上年减少16.38%。其中鲜冷冻水果、水果罐头、水果汁的平均价格都呈负增长，其他加工水果的平均价格持平。

水果的平均进口价格676美元，比上年下降3.73%。其中鲜冷冻水果、水果汁的进口平均价格分别减少2.86%和14.93%，水果罐头进口平均价格持平，其他加工水果进口平均价格增长7.55%（表39）。

表39 2009年中国水果产品平均进出口价格

单位：美元/吨、%

产品	出口		进口	
	平均价格	比上年增长	平均价格	比上年增长
水果平均	730	-16.38	676	-3.73
鲜冷冻水果	578	-1.83	615	-2.86
其中　猕猴桃	1 086	17.95	1 229	68.32
葡萄	857	14.45	1 904	3.74
鲜苹果	608	0.31	990	-6.06
鲜柑橘	533	5.06	809	-3.82
鲜梨	476	-1.16	—	—
桃	409	-8.14	—	—
香蕉	506	11.47	364	-4.87
菠萝			617	4.89
鲜龙眼			614	-2.78
鲜榴莲			634	-5.09
鲜火龙果			484	3.58
山竹			1 574	-7.05
鲜荔枝			555	60.99
芒果			250	-10.24
水果罐头	843	-0.96	957	0.56
其中　柑橘罐头	813	1.61		
水果汁	836	-47.16	1 654	-14.93
其中　苹果汁	820	-49.70		
柑橘汁			1 632	-20.52
其他加工水果	1 481	1.15	820	7.55

在东盟各国中，越南是中国水果的第一大进口来源国，泰国是进入中国市场水果种类最多的国家，菲律宾是贸易最稳定的国家，缅甸是与中国水果贸易增速最快的国家。缅甸水果以种类多、产量高、价格低的优势逐渐成为中国最重要的贸易伙伴之一，中国热带水果品种与东盟国家相比，处于一定的劣势（表40）。

表 40 2009 年中国自东盟主要国家水果主要品种进口价格比较

单位：万吨、美元/吨

产品	越南		泰国		菲律宾	
	进口量	平均价格	进口量	平均价格	进口量	平均价格
香蕉	1.92	117	1.76	484	35.21	439
龙眼	11.59	408	14.00	785		
荔枝	2.30	280	1.41	1 006		
芒果			0.16	1 693	0.08	1 488
火龙果	19.50	484	0.01	559		
榴莲			19.61	634		
柑橘			0.50	959		
莲雾			0.45	2 054		
菠萝					1.13	600

（2）坚果。2009 年中国坚果平均出口价格为每吨 2 871 美元，比上年下降 17.76%。出口产品中栗子、瓜子的平均出口价格均高于上年，但核桃价格跌幅较大，平均下降 19.27%。

坚果的平均进口价格每吨 2 551 美元，比上年增长 8.04%，但核桃、腰果和巴旦杏的平均进口价格均低于上年，栗子、开心果和夏威夷果的进口价格高于上年（表 41）。

表 41 2009 年中国坚果进出口价格

单位：美元/吨、%

产品	出口		进口	
	平均价格	比上年增长	平均价格	比上年增长
坚果	2 870.94	-17.76	2 550.90	8.04
核桃	4 554.96	-19.27	1 795.57	-1.72
栗子	1 883.52	22.23	1 695.25	9.02
瓜子	2 257.90	9.39		
开心果			3 595.25	38.92
腰果			2 699.34	-6.50
巴旦杏			2 299.24	-29.04
夏威夷果			1 131.17	24.82

（二）影响因素

1. 国外支持力度加大

2009 年中国水果进口量和进口额均大幅增长，这与主要进口来源地东盟、美国和智利等国家或地区实施的支持政策密切相关。

（1）东盟。2009 年中国从东盟进口的水果量比 2003 年增加 1.8 倍，东盟水果出口量增加与各国政府采取的支持政策密切相关。越南针对国际市场变化，制定的出口方针是：稳住东盟市场，积极开拓美国和欧盟市场，积极发展同中国的经贸关系。在政策上，加大对农业的补贴，利用黄箱政策和绿箱政策提高国际竞争力。泰国政府为方便过境贸易，减轻企业的负担，出台新规定，凡向中国出口水果的出口商不必申请农药残留检验和申请出口证明书，使泰国水果输入中国市场更加方便快捷，促使出口额进一步提高，出口品种也将随之增加。

（2）美国。美国政府的补助主要是对水果贸易机构和出口商提供出口营销支持。通过市场准入项目（MAP）以及其他一些项目，向境外市场的营销活动直接和间接提供了这些活动包括零售商品促销、以生物技术和食品安全为教育目的的研讨会等。

（3）欧盟。欧盟对水果生产和营销均通过生产者组织向水果生产者和销售商实施补贴和支持。生产者组织对供给与价格管理、市场销售项目、质量控制和构建良好的营销环境等活动进行补贴。

（4）智利。智利对鲜果出口通过资金支持实施积极的营销战略和技术支撑。通过按比例补助、技术援助、境外代理和市场信息服务等形式向出口贸易活动提供服务。

2. 国内需求增加

受金融危机影响，2008 年下半年水果价格持续走低，南北水果一起拥上市场，争相降价，市场库存减少。2009 年春节后，国内水果价格开始向上浮动，并逐月升高。其中，以苹果最为突出，从上年采摘时低开低走，到春节过后价格逐渐回升，直到 4 月中旬，真正形成了苹果高价销售局面，这种局面一直维持到新苹果采摘。在苹果价格的带动下，梨、桃、葡萄、樱桃等大部分水果价格稳步上涨，基于国内市场需求增加，国外市场低迷，更多销售企业转向国内市场。

茶　叶

（一）贸易概况

2009 年，中国茶叶进口下降，出口增长。全年茶叶进出口总量 31.36 万吨，比上年增长 1.1%，其中出口量 30.89 万吨，增长 1.66%；进口量 4 713 吨，下降

24.35%；进出口总额7.64亿美元，增长2.91%，其中出口额为7.4亿美元，增长3.31%；进口额2 442万美元，下降7.96%。贸易顺差7.15亿美元。

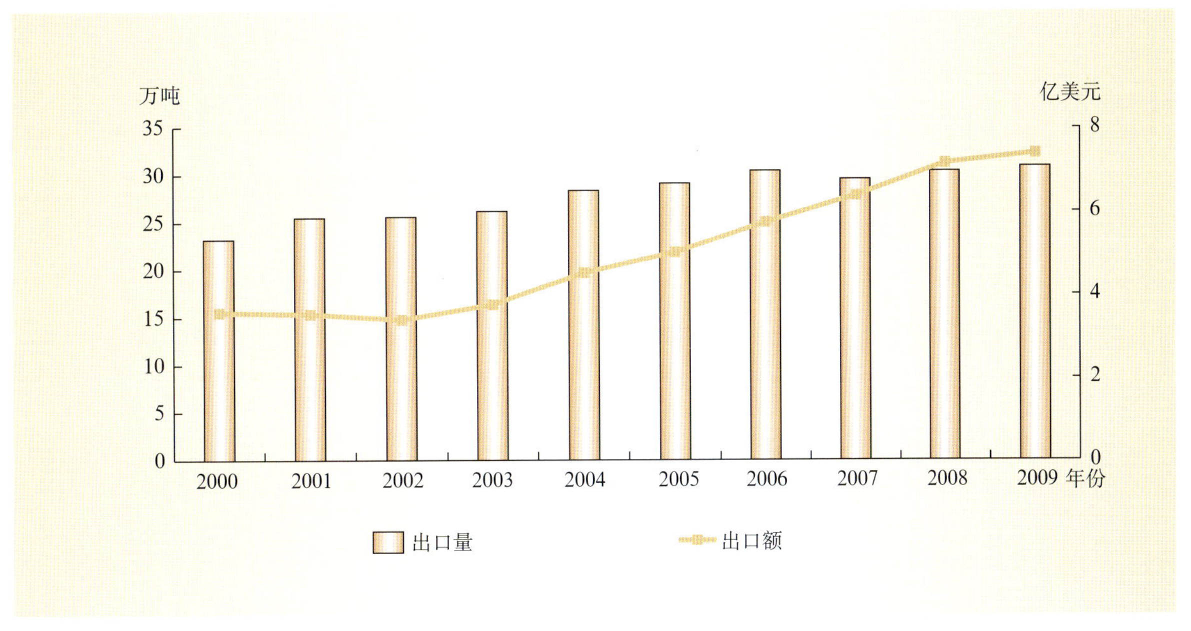

图17　2000—2009年中国茶叶出口变化情况

1. 产品结构

（1）出口产品。以绿茶为主，2009年绿茶出口量和出口额双增长，均占70%以上，比重与上年基本持平。乌龙茶出口增幅最大，出口量和出口额均增长8%以上。红茶[①]出口量与上年持平，出口额稍有增长。普洱茶和花茶出口量和出口额均呈两位数下降，其中普洱茶降幅较大，出口额下降近50%（表42）。

（2）进口产品。以红茶为主，进口量和进口额分别占茶叶总进口的66.25%和49.09%。乌龙茶和绿茶均为进口量降额增，其中乌龙茶进口额增幅较大，为35.85%。其余茶产品进口量和进口额均呈下降态势（表43）。

2. 贸易区域

（1）出口市场。按出口额大小依次排序为摩洛哥、欧盟、日本、美国、中国香港。对前五大市场出口额合计3.55亿美元，占中国茶叶出口总额的48.02%（表44），所占比重较上年下降1个百分点。上述市场中，对摩洛哥出口额呈两位数增长，所占比重增加近2个百分点；对其他市场的出口额均呈下降态势，占比重也随之下降。在欧盟市场中，对德国、法国和英国的茶叶出口额分别占对欧盟茶叶出口总额的33.95%、21.92%和21.48%。

① 农产品贸易数据库调整后，原来包含在红茶中的乌龙茶和普洱茶已被剥离出来并与红茶并列成细类。

表 42　2009 年中国出口茶叶产品结构

单位：百吨、百万美元、%

产　品	出口量	比上年增长	出口额	比上年增长	占茶叶出口比重	
					出口量	出口额
茶叶	3 089.18	1.66	739.82	3.31		
绿茶	2 293.26	2.69	524.52	7.70	74.24	70.90
乌龙茶	241.32	8.34	66.86	8.09	7.81	9.04
红茶	400.90	-0.47	64.37	3.24	12.98	8.70
花茶	59.15	-11.98	29.63	-13.84	1.91	4.01
普洱茶	34.87	-19.68	19.57	-46.79	1.13	2.64
马黛茶	0.01	-89.12	0.04	-8.98	0.00	0.01
其他*	59.69	-14.01	34.82	3.49	1.93	4.71

* HS 第 21 章税号 21012000 以茶和马黛茶的萃取物为基本成分的制成品，下同。

表 43　2009 年中国进口茶叶产品结构

单位：百吨、百万美元、%

产　品	进口量	比上年增长	进口额	比上年增长	占茶叶进口比重	
					进口量	进口额
茶叶	47.13	-24.35	24.42	-7.96		
红茶	31.23	-22.59	11.98	-7.27	66.25	49.09
乌龙茶	2.58	-1.06	2.44	35.85	5.47	9.98
绿茶	7.11	-24.69	2.23	12.76	15.08	9.13
花茶	0.38	-68.86	0.40	-56.11	0.81	1.65
马黛茶	0.24	-4.01	0.05	-33.37	0.50	0.22
普洱茶	0.04	-64.20	0.03	-42.92	0.09	0.12
其他	5.56	-33.23	7.28	-17.12	11.80	29.81

表 44　2009 年中国茶叶主要出口市场

单位：百吨、百万美元、%

出口市场	出口量	比上年增长	出口额	比上年增长	占比重	
					出口量	出口额
摩洛哥	584.85	16.24	142.83	17.70	18.93	19.31
欧盟	191.06	-9.13	65.05	-9.60	6.18	8.79
日本	197.22	-10.27	57.78	-8.98	6.38	7.81
美国	203.22	-12.04	46.65	-10.33	6.58	6.31
中国香港	111.82	-11.13	42.98	-17.86	3.62	5.81
合计	1 288.61		355.29		41.70	48.02

若按出口量大小排序，前五大主要市场的结构则发生变化。除摩洛哥和美国与按出口额排序相同分别稳居第一和第四外，乌兹别克斯坦和俄罗斯将分别代替欧盟和日本，位居第二和第三，日本将由第三位降至第五，欧盟将降至第六位，中国香港则位居第九。2009 年中国茶叶对乌兹别克斯坦出口 2.23 万吨，比上年下降 3.84%，出口额 2 636 万美元，下降 0.77%，分别占茶叶出口量和出口额的 7.23% 和 3.56%。值得关注的是，对俄罗斯的出口量大幅增长，出口 2.07 万吨，增长 23.08%，出口额 3 562 万美元，增长 4.34%。

分品种看，绿茶主要出口市场按出口额所占比重依次为摩洛哥 27.13%、欧盟 7.49%、阿尔及利亚 6.58%、毛里塔尼亚 6.18%、乌兹别克斯坦 4.9%，对前五大市场出口额合计 2.74 亿美元，占绿茶出口总额的 52.28%。乌龙茶主要出口市场为日本和中国香港，其中日本占乌龙茶出口总额的 50% 强。红茶主要出口市场为美国、欧盟和俄罗斯，其中对俄罗斯出口大幅增长，出口量增幅达 50% 以上，对美国和欧盟出口均有下降。花茶主要出口到日本、美国和欧盟。

从中国茶叶出口主要省（直辖市）看，浙江、福建、安徽、湖南和上海仍居前五位，出口额累计 6.3 亿美元，占茶叶出口总额的 85.13%。其中浙江出口额为 4.03 亿美元，占总额的 54.42%，较上年下降近 3 个百分点。浙江出口的绿茶占中国绿茶出口总额的 71.3%；福建以出口乌龙茶为主，出口额占乌龙茶出口总额的近 3/4。福建和安徽出口额呈两位数增长，安徽出口额增幅近 50%；与之相反，上海茶叶出口额则呈两位数下降，降幅近 40%。

（2）进口来源地。与上年相比，居前五位的进口来源地构成有所变化。由于茶叶主产国斯里兰卡和肯尼亚受旱灾影响，茶叶产量下降，出口量减少，中国自两国茶叶进口量大幅下降，特别是自肯尼亚进口量下降近 45%。斯里兰卡和肯尼亚已由上年的第一和第二位分别降为第二和第四位；自日本茶叶进口量虽不大，但因价格较高，进口额已超逾斯里兰卡位居第一，中国台湾居第三，东盟降为第五（表 45）。

从中国进口茶叶主要省（直辖市）看，居前五位的仍为上海、广东、福建、安徽和浙江，进口额累计 2 233 万美元，占中国茶叶进口总额的 91.45%，其中上海占 41.6%。与上年相比，上述 5 省（直辖市）中，除广东和安徽进口额呈两位数下降外，其余增幅均在 20% 以上。

表 45　2009 年中国茶叶主要进口来源地

单位：百吨、百万美元、%

进口来源地	进口量	比上年增长	进口额	比上年增长	占茶叶进口比重	
					进口量	进口额
日本	2.34	24.32	4.64	66.55	4.96	18.99
斯里兰卡	12.21	-13.67	4.59	-16.26	25.90	18.80
中国台湾	5.27	-14.26	3.59	35.39	11.19	14.69
肯尼亚	7.21	-44.41	2.96	-3.71	15.30	12.13
东盟	10.95	-4.24	2.02	13.27	23.24	8.27
合计	37.98		15.78		80.58	72.89

3. 贸易方式

中国茶叶贸易以一般贸易方式为主。2009 年，茶叶出口贸易中，一般贸易方式的出口额占茶叶出口总额的 94.96%，其次为进料加工贸易，占 3.34%；进口贸易中，一般贸易方式的进口额占进口总额的 67.46%，进料加工贸易占 14.17%，两种方式合计占 81.63%。

4. 价格变动

（1）国际市场价格持续上涨。世界银行商品价格数据显示，2009 年国际市场茶叶拍卖价呈两位数增长，平均价格每吨 2 723美元，较上年上涨 12.5%，增幅下降 6.4 个百分点。分月度看，除 1—3 月份国际市场茶叶拍卖均价低于上年同期外，其余月份均高于上年同期，其中价格较高的 11 月和 12 月份每吨均价高出上年同期 1 000美元以上，涨幅达 55% 以上（图 18）。

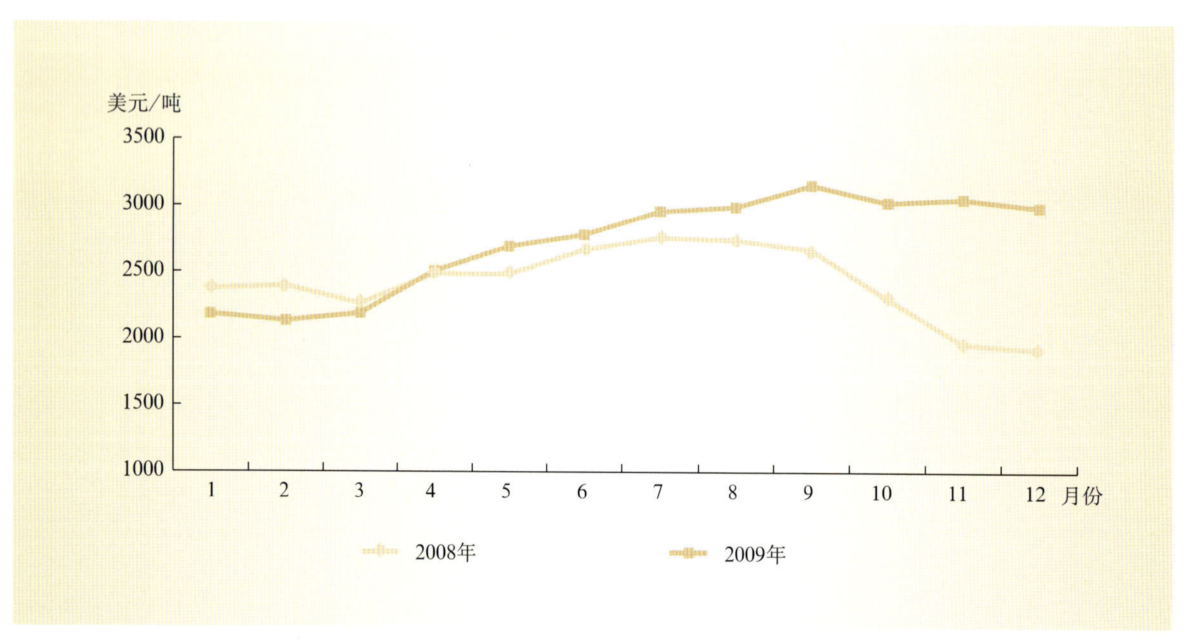

图 18　2008—2009 年国际市场茶叶拍卖月度价格比较

数据来源：世界银行商品价格数据库。

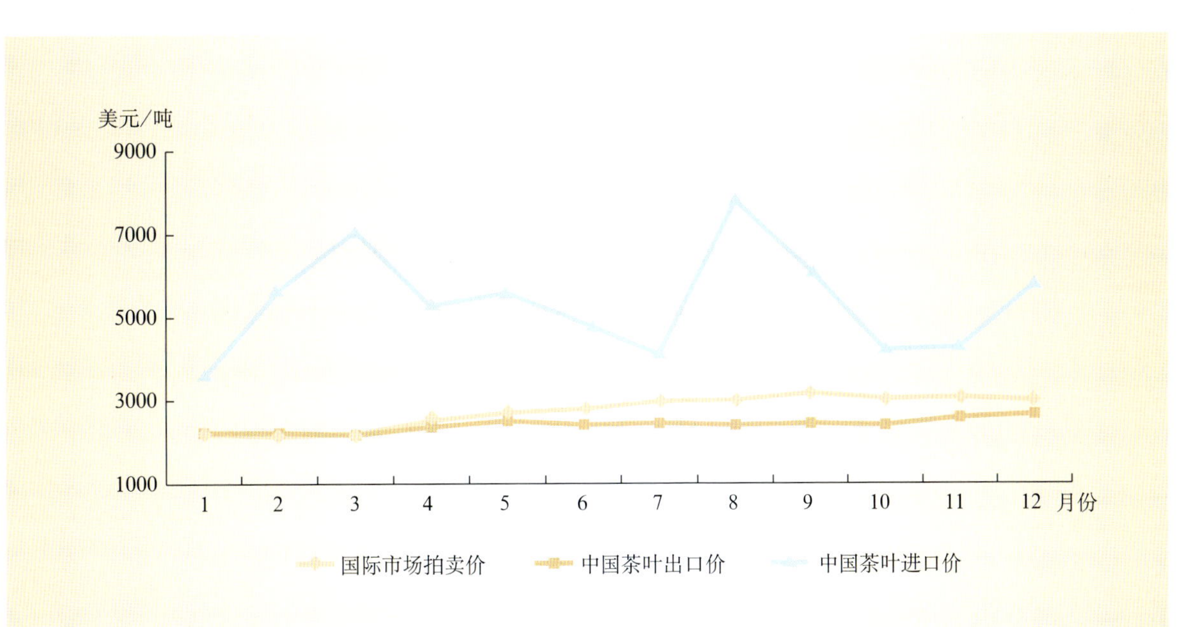

图 19 2009 年中国茶叶进出口价格与国际市场拍卖价格比较

数据来源：国际市场拍卖价数据来源于世界银行商品价格数据库。中国茶叶进出口价格据中国海关数据计算。

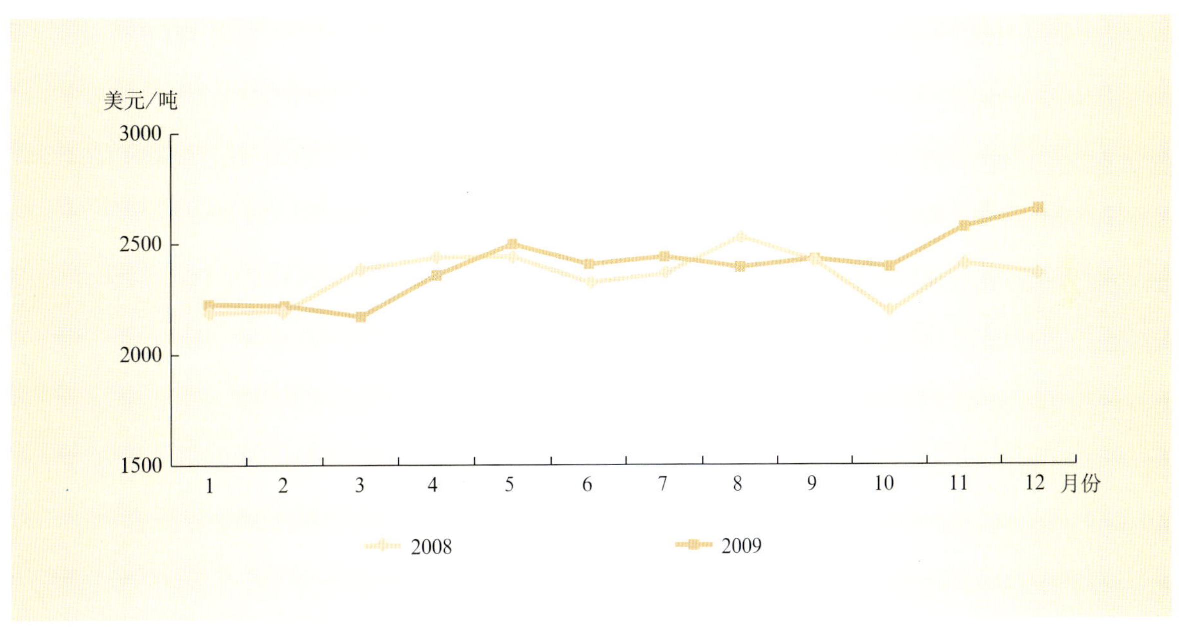

图 20 2008—2009 年中国茶叶出口月度价格比较

（2）中国茶叶进出口价格均呈上涨趋势，茶叶进口价格明显高于出口价格和国际市场拍卖价。2009 年中国茶叶出口价格每吨 2 395 美元，比上年上涨 1.7%①，比国际市场拍卖价低 12%；茶

① 数据库调整后，根据出口额和出口量计算的 2008 年茶叶出口年均价格与《2009 年中国农产品贸易发展报告中》中第 57 页的茶叶价格数据有差异。

叶进口均价每吨 5 181 美元，上涨 21.7%，比国际市场拍卖价高 89.4%。

分月度看，中国茶叶除 1—2 月份出口价格略高于拍卖价外，其余月份均比其低，其中 9 月份价差达 700 美元以上；中国茶叶进口均价月度间波动较大，其中 8 月份最高，每吨为 7 792 美元，高出国际市场拍卖价 4 800 多美元，10 月份价差最低，为 1 200 美元左右（图 19、图 20 和图 21）。

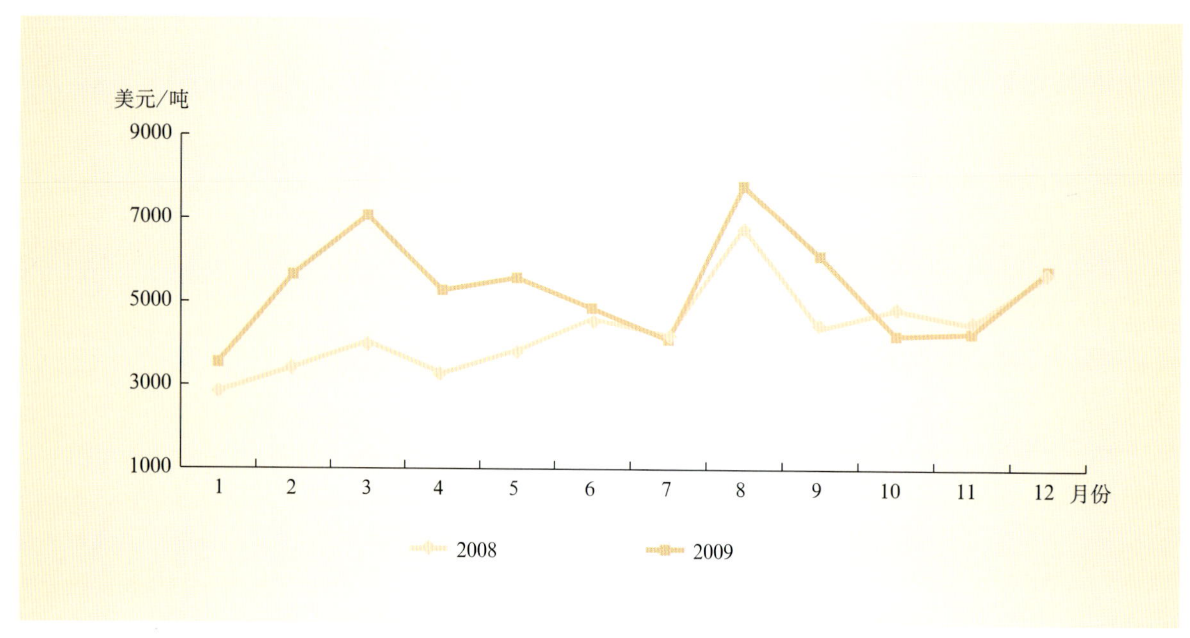

图 21　2008—2009 年中国茶叶进口月度价格比较

分品种看，出口产品中，绿茶出口价格上涨 4.9%，其余品种均呈不同程度的下降；进口茶叶中，各类产品价格均呈两位数上涨（表 46）。

表 46　2008—2009 年中国茶叶产品进出口价格比较

单位：美元/吨、%

产　品	出口价格			进口价格		
	2008 年	2009 年	同比增长	2008 年	2009 年	同比增长
茶叶均价	2 356	2 395	1.65	4 258	5 181	21.67
绿茶	2 181	2 287	4.87	2 094	3 136	49.76
乌龙茶	2 777	2 771	-0.23	6 887	9 457	37.32
红茶	1 720	1 606	-6.65	3 204	3 838	19.79
花茶	5 118	5 010	-2.11	7 456	10 509	40.95
普洱茶	8 470	5 611	-33.75	4 440	7 080	59.45

（二）影响因素

尽管受金融危机影响，中国农产品进出口贸易呈下降态势，但是中国茶叶出口却逆势上扬，其主要原因：

1. 国际需求增长

随着媒体宣传力度的加大，茶叶作为一种健康饮品正在为世界上越来越多的人所接受，全球茶叶消费量不断增加。而茶叶主产国斯里兰卡、肯尼亚和印度等受干旱影响，2009 年茶叶产量下降，出口量减少，特别是茶叶出口大国斯里兰卡茶叶产量仅为 28.9 万吨，比上年下降 9%，出口量已降至近 7 年来的新低。全球茶叶市场供应紧张局面引起世界茶叶价格明显上涨。中国茶叶出口以绿茶（且多为原料茶）为主，茶叶出口价格虽比上年稍有增长，但仍比国际市场拍卖价低 12%。因世界红茶产量下降，加之外商将绿茶作为开发新的茶叶产品的主要原料，绿茶需求相对上升，而中国茶叶出口价格又具有明显优势，一些国家特别是非洲国家及俄罗斯的茶叶进口商自中国进口茶叶增加，使中国茶叶出口增长。

2. 国内政策支持

中国政府十分重视茶叶产业的发展，出台了相关政策支持茶叶的生产、加工和出口。一是 2009 年国家将茶叶种植与加工机械纳入农机购置补贴范围，且补贴的机械种类较多和补贴比例也较大，这就调动了茶农的积极性，促进了茶农对茶叶产业的投资，茶叶产量稳步增加，2009 年茶叶产量为 135.9 万吨，比上年增长 8%；二是提高出口退税率。自 2009 年 6 月 1 日起，中国茶叶出口退税率由 13% 升至 15%，退税率提高 2 个百分点，缓解了出口企业的经营压力，提高了出口企业的信心。此外，农业部还发布了《全国茶叶重点区域发展规划（2009—2015 年）》，明确了茶叶行业的发展目标和具体措施，加大了对茶叶产业发展和茶叶品牌培育的扶持力度。政府的重视及政策的支持有力地确保了茶叶产量和出口稳步增长。

3. 出口企业应对能力提高

近年来，欧盟、日本和美国等茶叶主要进口国家和地区不断提高茶叶进口标准，茶叶农残监测指标多，且变化快，茶叶出口受阻现象时有发生，出口风险增加。为应对国外茶叶农残检测标准的限制，国内茶叶出口企业纷纷加强了监测，很多公司还采取了从源头控制的办法，加强茶叶基地建设和毛茶收购检测，不断提高茶叶的质量，减少因农残超标而导致的出口受限。

畜 产 品

（一）贸易概况

2009 年中国畜产品贸易总额 105.1

亿美元，比上年下降13.4%。其中出口额39.1亿美元，下降11.4%；进口额66亿美元，下降14.6%；贸易逆差26.9亿美元，比上年减少6.3亿美元。主要逆差产品有动物生皮、动物毛、乳制品、动物生毛皮、羊产品和肉骨粉等。保持贸易顺差的产品主要有生猪、羽毛、蜂、蛋、兔、牛和家禽等产品，其中生猪和家禽产品由2008年逆差再次实现贸易顺差（图22）。

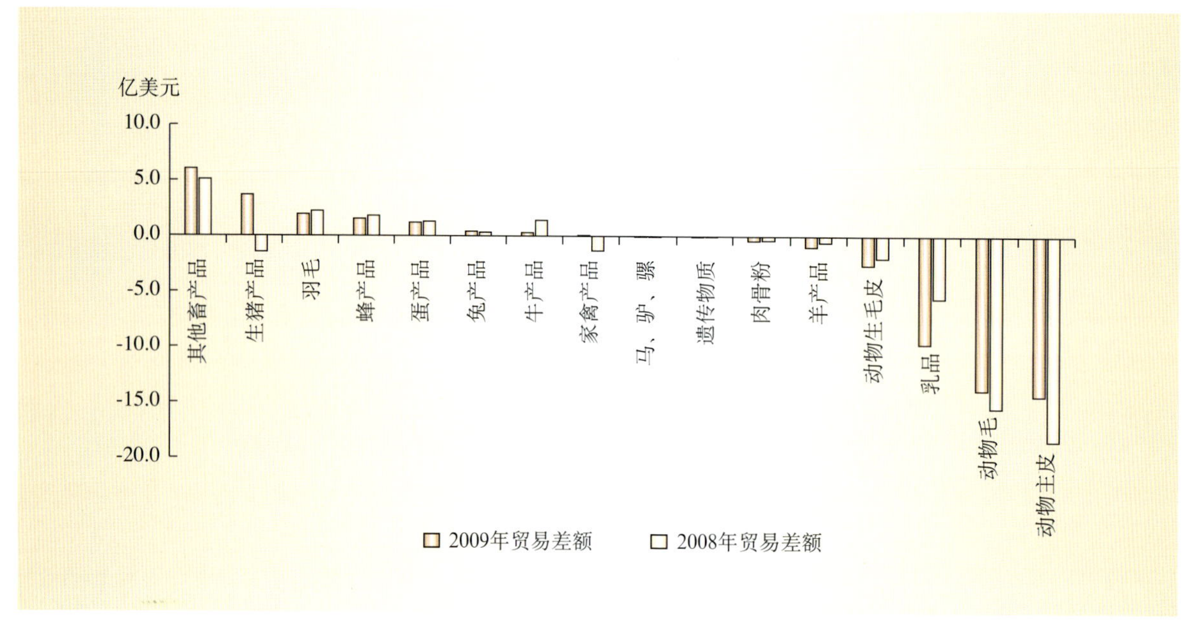

图22 2008—2009年中国畜产品贸易差额变化情况

1995—1999年，中国畜产品出口额一直大于进口额；2000年开始，由于进口额的增速快于出口额，2008年贸易逆差达到了创纪录的33.1亿美元，2009年进出口额双双出现回落，但仍为逆差格局（图23）。

1. 产品结构

2009年，贸易总额超过10亿美元的产品有5类，依次是家禽产品、动物毛、动物生皮、生猪产品和乳品，5类产品贸易额合计76.2亿美元，比上年下降16.1%，占中国畜产品贸易总额的比重也由上年的74.8%降为72.5%。

（1）出口产品。2009年出口额超过1亿美元的畜产品是家禽产品、生猪产品、羽毛、牛产品、蜂产品、动物毛和蛋产品等7类产品，出口额合计27.3亿美元，占畜产品出口总额的69.8%，其中家禽和生猪产品占49%。与上年相比，16类产品中有4类出口额增长，依次为遗传物质、动物生皮、兔产品和家禽产品，11类产品出口额下降，其中动物生毛皮、乳品、马驴骡、动物毛类产品下降幅度超过30%（表47、图24）。

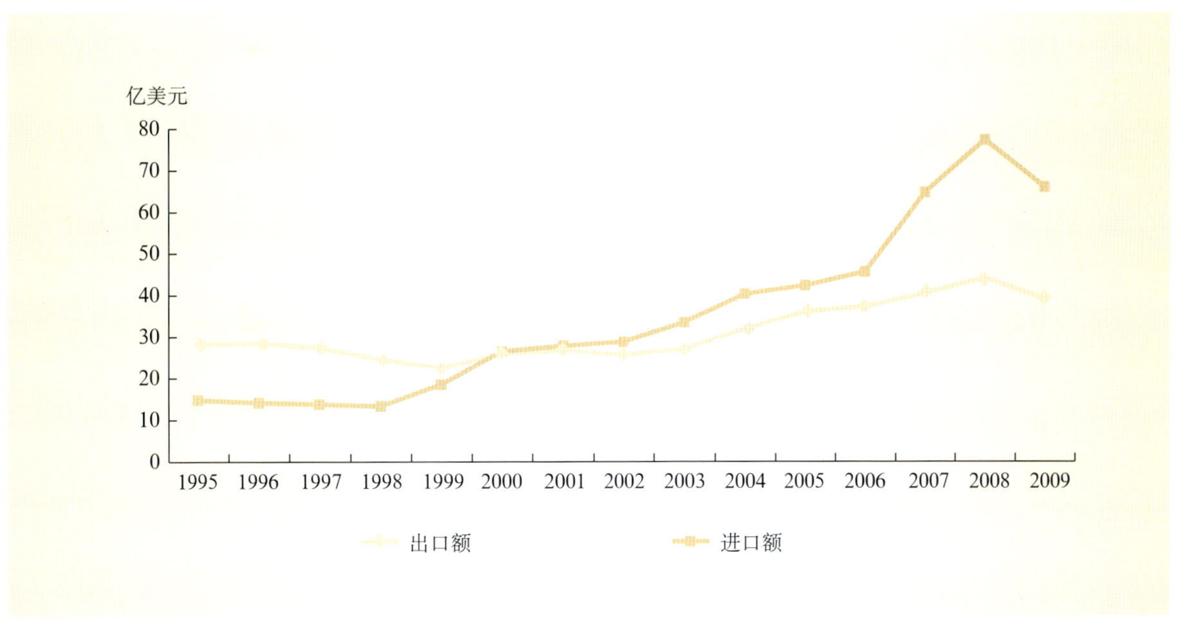

图 23 1995—2009 年中国畜产品贸易额变化情况

表 47 2009 年中国畜产品进出口情况

单位：万美元、%

类 别	进出口			出 口			进 口		
	贸易额	占贸易总额比重	比上年增长	出口额	占出口总额比重	比上年增长	进口额	占进口总额比重	比上年增长
家禽产品	203 642. 8	19. 4	-3. 2	102 221. 4	26. 1	3. 6	101 421. 4	15. 4	-9. 2
动物毛	162 957. 2	15. 5	-14. 5	12 135. 3	3. 1	-32. 0	150 821. 8	22. 9	-12. 7
动物生皮	144 567. 4	13. 8	-21. 8	338. 5	0. 1	72. 6	144 229. 0	21. 9	-21. 9
生猪产品	142 243. 6	13. 5	-30. 9	89 593. 0	22. 9	-6. 3	52 650. 6	8. 0	-52. 2
乳制品	108 719. 8	10. 3	-6. 6	5 689. 2	1. 5	-81. 2	103 030. 6	15. 6	19. 5
羽毛	30 301. 4	2. 9	-18. 3	24 828. 1	6. 3	-16. 3	5 473. 3	0. 8	-26. 3
牛产品	30 068. 9	2. 9	13. 5	16 572. 0	4. 2	-18. 4	13 496. 9	2. 0	118. 1
动物生毛皮	26 115. 5	2. 5	7. 9	49. 5	0. 0	-97. 8	26 065. 9	4. 0	18. 6
羊产品	18 227. 1	1. 7	16. 1	4 325. 8	1. 1	-15. 3	13 901. 3	2. 1	31. 3
蜂产品	16 386. 7	1. 6	-13. 9	15 822. 6	4. 0	-14. 7	564. 1	0. 1	15. 4
蛋产品	12 130. 5	1. 2	-7. 8	12 071. 2	3. 1	-7. 4	59. 3	0. 0	-49. 3
兔产品	4 151. 7	0. 4	26. 1	4 151. 7	1. 1	26. 1	0. 0	0. 0	0. 0
肉骨粉	4 007. 6	0. 4	8. 6	0. 0	0. 0	0. 0	4 007. 6	0. 6	8. 6
遗传物质	549. 5	0. 1	32. 6	1. 4	0. 0	140 740. 0	548. 1	0. 1	32. 3
马、驴、骡	469. 4	0. 0	-0. 3	2. 0	0. 0	-78. 0	467. 4	0. 1	1. 2
其他	146 602. 3	13. 9	-9. 7	103 494. 9	26. 4	-2. 9	43 107. 3	6. 5	-22. 7
合计	1 051 141. 4	100. 0	-13. 4	391 296. 7	100. 0	-11. 3	659 844. 7	100. 0	-14. 6

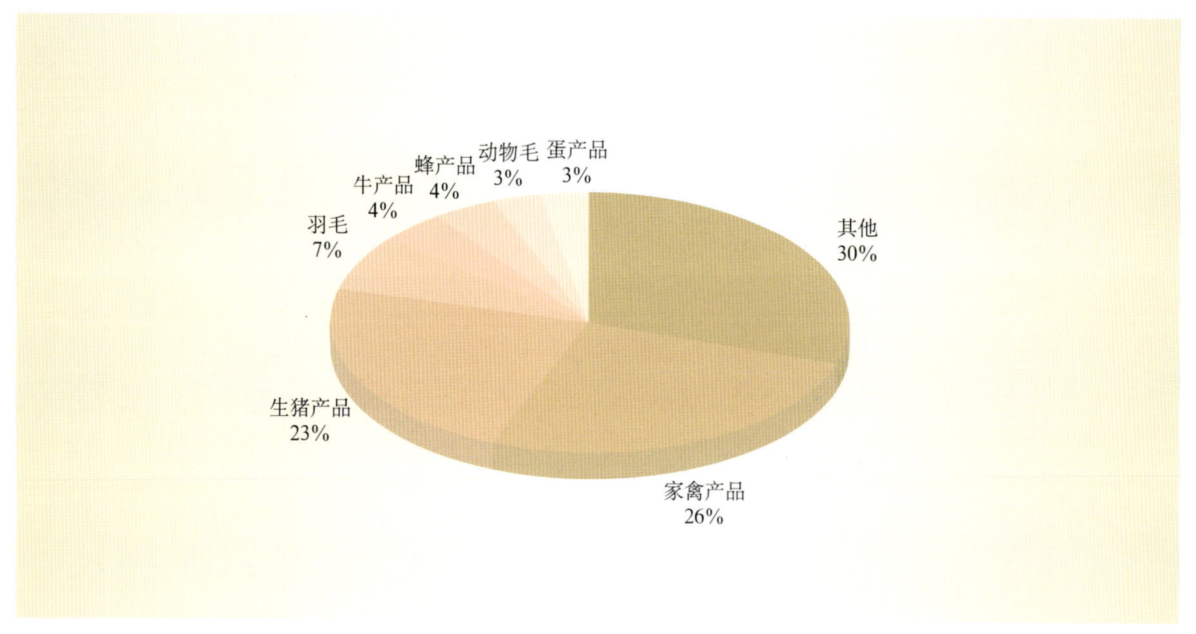

图 24 2009 年中国出口畜产品结构

（2）进口产品。2009 年进口额超过 1 亿美元的畜产品是动物毛、动物生皮、乳制品、家禽产品、生猪产品、动物生毛皮、羊产品和牛产品等 8 类产品（图 25），进口额合计为 60.6 亿美元，占畜产品进口总额的 91.8%。与上年相比，进口额增幅超过 10% 的产品依次为牛产品、遗传物质、羊产品、乳制品、动物生毛皮和蜂产品等 6 类；进口额下降的产品有 6 类，分别为生猪产品、蛋产品、羽毛、动物生皮、动物毛和家禽产品，生猪产品下降幅度最大，为 52.2%。

（3）主要畜产品贸易

生猪产品。2009 年改变了 2008 年贸易逆差的格局，实现顺差 3.7 亿美元。

2009 年生猪产品出口额 9 亿美元，比上年下降 6.3%。只有占比重较小的猪杂碎出口额大幅上涨。按出口额排序，第一位是活猪，出口量 16.2 万吨，出口额 3.3 亿美元，出口额下降 13.8%。第二位是加工猪肉，出口量 9.1 万吨，出口额 3 亿美元，分别增长 1.8% 和 1.7%。第三位是鲜冷冻猪肉，出口量 8.7 万吨，增长 6.3%；出口额 2.6 亿美元，下降 4.7%。猪杂碎出口 105.3 吨，出口额 8.5 万美元，分别增加 6.5 倍和 2.8 倍。种猪出口 82.2 吨，出口额 43.6 万美元，出口额下降 22.8%。

生猪产品进口总额 5.3 亿美元，比上年下降 52.2%。进口最多的产品为猪杂碎，进口量 39.3 万吨，进口额 3.8 亿美元，分别下降 27.3% 和 31.3%，占生猪产品进口额比重由上年的 50.7% 增加到 72.9%；其次为鲜冷冻猪肉，进口量

13.5 万吨，进口额 1.4 亿美元，分别下降 63.9% 和 74%；排在第三位的是种猪，进口量 187.5 吨，进口额为 571.7 万美元，进口额下降 68.6%。

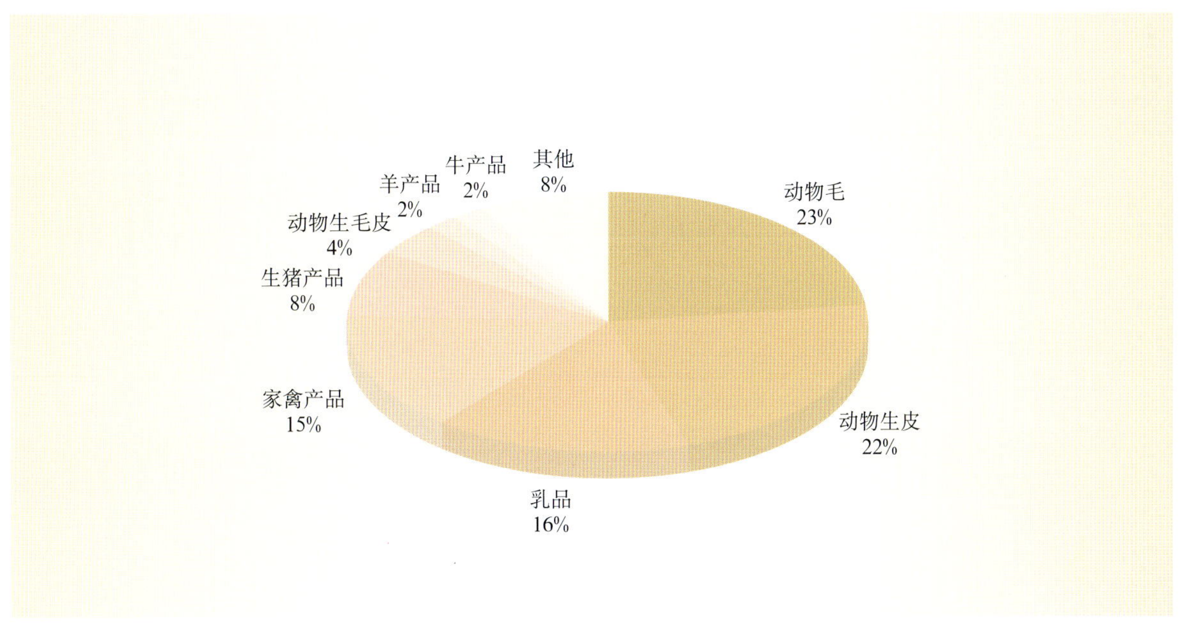

图 25　2009 年中国进口畜产品结构

家禽产品。2009 年家禽产品保持贸易顺差 800 万美元。

家禽产品出口总额 10.2 亿美元，比上年增长 3.6%。其中出口加工家禽 16.9 万吨，出口额 6.6 亿美元，分别增长 2.8% 和 5.1%；出口禽肉及杂碎 17.4 万吨，出口额 3.4 亿美元，分别增长 3.5% 和 3.6%；出口其他活家禽 9 501.5 吨，出口额 2 608.3 万美元，出口额下降 23.3%。

家禽产品进口总额 10.1 亿美元，比上年下降 9.2%。其中 97% 是禽肉及杂碎，进口量 75 万吨，进口额 9.8 亿美元，分别下降 10% 和 9.5%。

牛产品。2009 年牛产品出口额有所下降，进口额依然增长，实现贸易顺差 3 075.1 万美元。

2009 年牛产品出口额 1.66 亿美元，比上年下降 18.4%。其中出口额最大的是鲜冷冻牛肉，出口量 1.3 万吨，出口额6 073.3万美元，分别下降 41.6% 和 36.4%；其次是加工牛肉，出口量 1.4 万吨，出口额5 756.8 万美元，分别下降 26.3% 和 10.8%；排在第三的是其他活牛，出口量 1.8 万吨，出口额4 685.5 万美元，出口额增长 12.7%。

2009 年牛产品进口 1.3 亿美元，比上年增加近 1.2 倍。其中进口鲜冷冻牛肉 1.4 万吨，进口额4 403 万美元，分别增加 2.3 倍和 1.4 倍；进口种牛 1.1 万吨，进口额 8 177 万美元，进口额增加 1.4 倍。

羊产品。出口额 4 325.8 万美元，比上年下降 15.3%。其中出口鲜冷冻羊肉 9 581.8 吨，出口额 4 187.8 万美元，分别下降 34.3% 和 16.9%；出口活羊 581.4 吨，出口额 138 万美元，出口额增加 1.1 倍。羊产品进口额 1.4 亿美元，增长 31.3%。其中进口羊肉 6.6 万吨，进口额 1.4 亿美元，分别增长 19.9% 和 31.2%。

蛋产品。与上年相比，2009 年蛋产品进、出口均出现下降。其中出口额 1.2 亿美元，比上年下降 7.4%，进口额 59.3 万美元，下降 49.3%。

出口产品中，出口鲜蛋 11.1 亿枚，出口额 7 858.5 万美元，比上年分别下降 8.6% 和 1.7%；出口加工蛋（蛋黄及去壳禽蛋）5 228.4 吨，出口额 1 658.6 万美元，分别下降 21.2% 和 33.1%。出口加工蛋（带壳禽蛋、皮蛋及咸蛋）2.3 亿枚，出口额 2 524 万美元，分别下降 0.3% 和 0.5%。

进口产品中，以种用禽蛋为主，进口量 5.5 万枚，进口额 50 万美元，比上年分别下降 16.3% 和 46.5%。

乳制品。依然是贸易逆差产品，逆差额为 9.7 亿美元。

2009 年出口乳制品 5 689.2 万美元，比上年下降 81.2%。其中出口奶粉 1.3 万吨，出口额 3 657.1 万美元，分别下降 81.3% 和 85.3%。鲜奶出口 2.0 万吨，出口额 1 334.3 万美元，分别下降 47.9% 和 55.7%。

2009 年进口乳品 10.3 亿美元，比上年增长 19.5%。进口奶粉 25 万吨，增加近 1.5 倍；进口额 5.9 亿美元，增长 46.2%。进口乳清粉 28.8 万吨，增长 36%；进口额 2.8 亿美元，下降 9%。进口鲜奶 1.3 万吨，进口额 1 972.7 万美元，分别增长 69.8% 和 53.4%。

2. 贸易区域

（1）出口市场。2009 年中国畜产品出口份额占 5% 以上的国家和地区有中国香港、日本、德国和美国，对上述国家和地区的出口额合计为 27.5 亿美元，占畜产品出口总额的 70.2%，与上年相比，占比重均有不同程度的下降（表 48），其中对美国出口下降幅度高达 22.9%。

对中国香港地区出口畜产品 11.9 亿美元，比上年下降 3.1%，占畜产品出口总额的 30.4%。主要出口产品为生猪产品（6.1 亿美元）和家禽产品（3.2 亿美元），占对中国香港畜产品出口总额的 78.4%。其中出口活猪 15.4 万吨，出口额 3.1 亿美元，出口额下降 14.3%；出口鲜冷冻猪肉产品 7 万吨，增长 11.7%；出口额 2.1 亿美元，下降 1.2%。出口加工生猪产品 2.7 万吨，出口额 9 256.4 万美元，分别增长 11.5% 和 12.5%。

表 48　2009 年中国畜产品出口主要市场

单位：万美元、%

国家（地区）	出口额	比去年增长	占出口总额的比重
合计	391 296.7	-11.3	100.0
中国香港	118 956.6	-3.1	30.4
日本	105 114.3	-4.7	26.9
德国	27 039.8	-8.7	6.9
美国	23 600.4	-22.9	6.0
荷兰	12 668.1	42.1	3.2
波兰	8 887.6	-42.7	2.3
澳门	7 949.2	-4.1	2.0
中国台湾	7 671.7	-34.8	2.0
比利时	6 418.2	42.1	1.6
马来西亚	6 351.3	-8.1	1.6
其他	66 639.6	-27.8	17.0

对日本出口畜产品 10.5 亿美元，比上年下降 4.7%，占畜产品出口总额的 26.9%。出口的主要产品是家禽产品和生猪产品。其中家禽产品出口 13.8 万吨，出口额 5.5 亿美元，与上年基本持平，占对日本畜产品出口总额的 52.4%。

（2）进口来源地。按进口额大小排序，2009 年畜产品主要进口来源地份额占 10% 以上的有美国、澳大利亚、新西兰，自上述 3 国进口的畜产品占畜产品进口总额 67.5%（表 49）。

表 49　2009 年中国畜产品进口主要来源地

单位：万美元、%

国家（地区）	进口额	比上年增长	占进口总额的比重
合计	659 844.7	-14.6	100.0
美国	179 323.3	-27.5	27.2
澳大利亚	172 223.1	-21.4	26.1
新西兰	93 528.1	29.6	14.2
丹麦	31 991.1	-15.1	4.8
加拿大	26 183.5	-1.0	4.0
法国	23 068.2	-49.0	3.5
南非	16 899.7	51.7	2.6
荷兰	15 474.7	39.5	2.3
阿根廷	12 141.2	-54.9	1.8
西班牙	10 172.9	201.7	1.5
其他	78 838.9	9.6	11.9

从美国进口畜产品17.9亿美元，比上年下降27.5%。进口产品主要是家禽产品、动物生皮、乳品和生猪产品，四类产品合计占自美国畜产品进口总额93.1%。其中进口禽肉及杂碎63.9万吨，进口额8.3亿美元，分别增长4.5%和2.1%。进口生牛马皮44.1万吨，增长10.5%，进口额6亿美元，下降31.4%。进口乳制品14.8万吨，增长35.7%，进口额1亿美元，下降32.2%。

从澳大利亚进口畜产品17.2亿美元，比上年下降21.4%。进口产品主要是动物毛、动物生皮、牛产品和乳制品，四类产品合计占自澳大利亚畜产品进口总额86.3%。其中，进口动物毛18.2万吨，增长4.8%，进口额10.7亿美元，下降18.1%。进口动物生皮29.5万吨，增长4.4%；进口额2.7亿美元，下降29.6%。

从新西兰进口畜产品9.4亿美元，比上年增长29.6%。主要产品是乳制品和动物毛，合计占自新西兰进口总额的76.6%。其中进口乳制品24.7万吨，进口额5.9亿美元，分别增长215.4%和82.5%。

3. 价格变动

2009年主要畜产品进出口的平均价格有升有降，以降为主。除牛产品、羊产品和家禽产品外，主要畜产品进、出口价格均出现回落。

（1）生猪产品。出口猪肉平均每吨3 006美元，比上年下降10.3%；出口加工猪肉每吨3 321美元，下降0.1%；出口猪杂碎每吨810美元，下降49%。进口猪杂碎，平均每吨977美元，下降5.4%；进口猪肉每吨1 007美元，下降28.1%。

（2）牛产品。出口牛肉平均每吨4 569美元，比上年上涨8.8%；出口加工牛肉每吨4 144美元，上涨21%；出口牛杂碎每吨1 225美元，上涨53.6%。进口牛肉每吨3 110美元，下降27%；进口加工牛肉每吨4 652美元，下降75.5%；进口牛杂碎每吨2 450美元，上涨12.8%。

（3）羊产品。除活羊、种羊外的鲜冷冻羊肉进口、出口平均价格分别为每吨2 090美元和4 371美元，比上年分别上涨9.5%和26.5%。

（4）家禽产品。出口加工家禽价格平均每吨3 899美元，比上年上涨2.2%；出口禽肉及杂碎每吨1 931美元，上涨0.2%。进口禽肉及杂碎每吨1 312美元，上涨0.5%；进口加工家禽每吨4 304美元，上涨12.9%。

（5）蛋产品。出口鲜蛋价格每枚7美分，比上年上涨7.6%；出口加工蛋（蛋黄及去壳禽蛋）每吨3 172美元，下降15.1%；出口加工蛋（带壳禽蛋、皮蛋及咸蛋）每枚11美分，下降0.2%；出口种用禽蛋每枚1美元，上涨67.6%；

进口加工蛋（蛋黄及去壳禽蛋）每吨2 740美元，上涨37.2%；进口加工蛋（带壳禽蛋、皮蛋及咸蛋）每枚6美分，下降50.8%；进口种用禽蛋每枚9.1美元，下降36.1%。

（6）动物毛、动物毛皮及乳品。进口动物毛每吨4 737美元，比上年下降18.5%；进口动物生皮每吨1 127美元，下降33.3%；进口奶粉每吨2 350美元，下降40.3%；进口乳清粉每吨972美元，下降33.1%；进口鲜奶每吨1 542美元，下降9.6%。

（二）影响因素

1. 供需形势

2009年，政府出台一系列政策措施，鼓励、支持畜牧业健康发展，从而保障畜产品稳定供给。中国全年肉类总产量7 649万吨，比上年增长5.1%。其中，猪肉产量4 891万吨，增长5.8%；牛肉产量636万吨，增长3.6%；羊肉产量389万吨，增长2.4%。牛奶产量3 518万吨，下降1.0%；禽蛋产量2 742万吨，增长1.4%。

2. 自贸区因素

近年来世界范围内自由贸易区日益增多，对全球贸易结构的影响日益显著。如泰国与日本签订《自由贸易协定》，增加了对日本的禽肉出口，在一定程度上挤压了中国禽产品在日本的市场份额，导致了中国禽产品对日本出口下降。随着中国新西兰自贸区的实施，在2009年中国畜产品进口额总体下降14.6%的同时，中国自新西兰的进口额却激增29.6%。

3. 成本因素

2009年是出口企业经营较为困难的一年，饲料、运输、环保、人工以及疫病防控等所需成本全面上涨。其中，劳动力成本增加10%～20%，降低了中国劳动密集型产品在国际市场的竞争力。

4. 技术贸易壁垒

金融危机爆发以后，国际贸易保护主义明显抬头，许多国家纷纷利用技术性贸易壁垒保护本国市场。如美国参议院通过了2009年综合拨款法案，其中的“727条款”明确指出“根据本法所提供的任何拨款，不得用于制订或执行任何允许美国进口中国禽肉产品的规则”。这些贸易保护措施不但限制进口、减少国内产品出口，同时还延长通关速度，增加了出口难度，从而增加了出口企业的生产成本。

5. “甲型H1N1”流感

2009年4月份，源于北美的“甲型H1N1”流感疫情在全球爆发蔓延，由于世界卫生组织将该疫病误称为“猪流感”，导致消费者对猪肉消费造成恐慌，一时间生猪价格出现大幅回落。据国家发展与改革委员会监测数据显示，2009年5月份中国生猪价格每千克下跌至9.7元，环比下跌7.1%，较上年同期下跌

40.7%，生猪产业处于严重亏损状态。

同时，受“甲型 H1N1”疫情的影响，主要猪肉进口国纷纷限制来自疫区的猪肉和猪肉制品的进口，导致全球生猪产业严重受损。

6. 食品安全

受2008年“三聚氰胺”事件影响，中国奶业受到重创，并造成巨大的经济损失。中国奶牛存栏下降，牛奶产量下滑。据国家统计局统计，2009年中国牛奶产量3 518万吨，较上年下降1.0%。

由于国内对乳制品的刚性需求，在国内牛奶产量下降的情况下，采取大量进口，满足国内需要。据海关统计，2009年中国进口乳制品59.7万吨，较2008年增长70.24%，其中奶粉进口量增加1.4倍。由此可知，食品安全对畜产品贸易的影响越来越大，对于企业提出了更严格的要求。

水 产 品

（一）贸易概况

2009年中国水产品进出口总量670.6万吨，比上年下降2.5%；总额160.6亿美元，下降0.2%。其中出口量296.6万吨，下降0.7%；出口额108亿美元，增长1.2%。进口量374万吨，下降3.9%；进口额52.6亿美元，下降2.8%。贸易顺差55.4亿美元，比上年扩大5.3%。水产品出口额继续位居大宗农产品出口首位，占农产品出口总额的27.3%，较上年提高0.9个百分点。

1. 产品结构

（1）出口产品。从加工方式看，各大类产品出口基本保持了上年的格局，制作或保藏品和初级冻鱼及鱼片仍是水产品最主要的出口类型，占出口总额的68.9%。活鱼出口量比上年下降7.1%，出口额下降19.6%，占出口总额的3.6%。

从产品来源看，国内自产资源水产品出口占出口总额的64.7%，进口原料加工再出口占出口总额的35.3%，进口原料加工再出口所占份额下降1.9%。国内自产资源中，对虾、贝类、罗非鱼、鳗鱼、淡水小龙虾、大黄鱼和斑点叉尾鮰等名优养殖水产品仍是主要出口品种。对虾出口量18.8万吨，比上年下降3.5%，出口额12.3亿美元，增长3.5%，仍为中国第一大主要出口品种。鳗鱼、淡水小龙虾和大黄鱼出口形势较上年略有好转。鳗鱼出口量4.3万吨，比上年下降0.8%，出口额5.3亿美元，下降2.4%；淡水小龙虾出口量2.3万吨，下降2.2%，出口额1.6亿美元，增长6.1%；大黄鱼出口量4.8万吨，出口额1.45亿美元，分别增长10.4%和2.7%。贝类、罗非鱼和斑点叉尾鮰出口形势严峻，罗非鱼出口单价持续大幅下降。贝类出口量22万吨，出口额8.3亿美元，比上年分别下降17.1%和

14.9%；罗非鱼出口量25.9万吨，增长15.4%，出口额7.1亿美元，下降3.2%；斑点叉尾鮰出口量1.7万吨，出口额0.66亿美元，分别下降11.5%和7.8%。海洋捕捞头足类产品、虾蟹类和冻鱼出口大幅增长，成为一般贸易出口的亮点。进（来）料加工再出口仍以加工鱼片为主，主要是鳕鱼片、鲭鱼片和鱿鱼等产品。

（2）进口产品。2009年供国内食用水产品进口量114万吨，进口额17.3亿美元，比上年分别增长1%和1.8%，主要品种有鱿鱼、鳕鱼、鲑鱼、带鱼、鳙鲽鱼类以及其他未列名冻鱼等，继续为满足国内不同消费需求，丰富国内水产品市场发挥着重要作用。来进料加工原料进口量128.9万吨，进口额22.3亿美元，分别下降8.4%和3.5%。鱼粉进口小幅下降，进口量130.8万吨，进口额13亿美元，分别下降3%和7%。

2. 贸易区域

（1）出口市场。主要市场基本格局没有发生大的变化，日本、美国、欧盟、韩国依然是中国最重要的出口市场，对上述市场出口额合计占中国水产品出口总额的69.8%，比上年下降2.5个百分点，其中日本和韩国市场降幅最为明显，对日本出口额26.7亿美元，比上年下降3.6%，仍是中国水产品最大出口市场，对韩国出口额下降7.9%。东盟和中国台湾市场表现抢眼，对其出口量和出口额均大幅增加，对东盟出口额增长20.8%，对中国台湾出口额增长89.6%。水产品市场集中度进一步降低，市场多元化步伐加快（表50）。

表50 2005—2009年中国水产品主要出口市场和进口来源地变化

单位：亿美元

国家（地区）		2005	2006	2007	2008	2009
出口市场	日本	29.3	30.6	29.4	27.7	26.7
	美国	12.8	17.6	17.5	20.2	20.3
	欧盟	10.7	14.4	15.7	17.8	17.5
	韩国	9.9	11.4	11.4	11.0	10.1
	东盟	3.6	4.0	3.9	6.4	7.6
	中国香港	5.3	4.9	5.8	6.4	7.3
进口来源地	俄罗斯	11.2	12.5	13.9	13.0	12.4
	秘鲁	7.4	6.2	6.0	9.9	7.9
	美国	4.1	5.0	5.6	6.4	6.7
	智利	2.7	6.0	3.2	4.1	5.2
	东盟	2.0	2.3	3.4	3.9	3.8
	日本	1.8	2.5	2.2	1.9	2.2

（2）进口来源地。中国可食用水产品和来进料加工原料的进口主要来源于俄罗斯、美国、东盟、挪威、日本、欧盟等国家和地区，其中从俄罗斯、东盟、欧盟的进口均出现不同程度下降，从挪威进口大幅增加，从美国和日本进口有一定增长。秘鲁和智利依然是中国最重要的鱼粉进口来源地，其中从智利进口增加，从秘鲁进口减少。从秘鲁进口鱼粉73万吨，进口额6.76亿美元，比上年分别下降16.7%和21.4%。从智利进口鱼粉34万吨，进口额3.4亿美元，分别增长42%和31%。

3. 价格变动

全年综合出口平均价格每吨3 595美元，与上年基本持平。几大养殖出口品种涨跌不一，其中淡水小龙虾价格上涨11.3%，对虾价格上涨6.6%、斑点叉尾鮰价格上涨5.4%，贝类价格上涨3%。价格下跌的品种中，罗非鱼价格跌幅最大，达15.8%，排在其后的分别为大黄鱼下跌5%，鳗鱼下跌1.8%。

进口水产品综合平均价格每吨1 405美元，比上年上涨1%。其中鱼粉价格每吨994美元，下降4.1%；来进料加工原料进口价格每吨1 730美元，上涨5.2%；供国内食用的进口水产品价格每吨1 518美元，上涨1%。

（二）影响因素

2009年国际金融危机对中国水产品进出口带来巨大影响，而历年来广受关注的水产品质量安全问题对2009年的水产品出口影响并不明显。2009年春节过后水产品出口订单锐减，据调研了解2月份山东和广东地区企业开工率不足50%，2月当月全国水产品出口额仅4.2亿美元，比上年同期下降24.7%，出口额之少和降幅之大均为历史罕见。之后通过多方努力，年初以来水产品出口大幅下降的势头得到有效控制，水产品出口在波动中出现积极变化，3月份开始企稳反弹，降幅有所收窄，9月份、11月份和12月份水产品单月出口额分别达到10.45亿美元、10.5亿美元和12.4亿美元，连续三次刷新月度出口额新高。在前11个月水产品累计出口额负增长的情况下，最终实现全年水产品出口额正增长。

金融危机对中国水产品贸易的影响主要有以下几点：

1. 发达国家水产品消费减少

全球水产品消费主要集中在欧盟、美国和日本（水产品进口额之和占全世界进口总额的70%），其需求变化将直接决定全球水产品贸易的形势。受金融危机影响，主要发达国家和地区经济衰退，企业生产经营陷入困境，社会失业率升高。消费水平下降和市场需求减少，导致水产品贸易出现萎缩。日本和欧盟等国家和地区提出通过促进水产养殖业发展，提高水产品自给率，减少水产品进口。

2. 贸易保护主义抬头

此次金融危机对美欧等发达经济体影响最大，随着其国内经济的下滑和失业率的上升，这些国家和地区已经开始采取更为保守的贸易政策。2009 年初美国发布强制性原产国标签规定。英国农业部计划完善食品营养标签的直观显示内容。日本在检查项目中专门增加对中国农产品农药残留的检测项目，新增的三种农药分别为硫丹、溴氰菊酯和呋喃类。韩国对水生动物的卫生要求更加严格，不仅监管范围变广，而且对出口国的水生动物品种、养殖场所与方式等提出更高标准，并规定今后水生动物输往韩国，如果未能通过韩国规定的检疫项目将被遣返或销毁等。

3. 中国水产品价格优势面临巨大挑战

凭借较强的水产品生产能力和相对较低的生产成本，中国水产品一度因价格优势占领国际市场，但是近年来随着人民币升值、生产企业劳动力成本提高等内在因素，中国水产品的价格优势正逐步丧失，部分市场份额被其他成本更低的新兴经济体抢占。其中，东南亚作为一个整体是重要的水产品产区和出口地区，在世界水产品出口市场上与中国的竞争非常激烈，除生产成本低于中国外，金融危机发生后，其国内货币贬值使得他们的水产品价格优势更加明显，中国水产品出口竞争力面临巨大挑战。

其他农产品

（一）贸易概况

2009 年，中国其他农产品①进出口继续增长。其中，出口额为 106 亿美元，比上年增长 0.83%，占中国农产品出口总额的 26.75%，与上年基本持平。进口额为 78.1 亿美元，增长 4.37%，占进口总额的 14.82%，较上年高出 2 个百分点（表 51）。

（二）产品结构

1. 粮食制品

2009 年，中国粮食制品出口量减价涨，进口量增价跌。出口 128.82 万吨，较上年下降 15.46%；出口额为 12.44 亿美元，下降 8.25%，占中国其他农产品出口总额的 11.74%；出口均价每吨 966 美元，较上年上涨 8.52%。进口 93.43 万吨，增长 73.86%，占中国其他农产品进口总量的 5.52%；进口额为 4.31 亿美元，增长 31.81%；进口均价每吨 461 美元，下跌 24.19%。

① 本章“其他农产品”指本报告 10 大类主要农产品外的所有农产品。

表51 2009年中国其他农产品主要类别产品贸易情况

单位：百万美元、%

类别名称	出口			进口		
	出口额	比上年增长	占比重	进口额	比上年增长	占比重
其他农产品总计	10 600.07	0.83	100.00	7 809.70	4.37	100.00
粮食制品	1 244.81	-8.25	11.74	430.96	31.81	5.52
干豆（不含大豆）	817.09	-1.13	7.71	136.73	-15.89	1.75
饼粕	627.05	94.15	5.92	146.60	-31.69	1.88
药材	472.33	6.63	4.46	32.97	9.54	0.42
酒精及酒类	385.47	-14.00	3.64	1 052.08	-2.78	13.47
蚕茧及丝	263.23	-28.80	2.48	4.85	98.39	0.06
花卉	181.52	25.50	1.71	90.42	-0.56	1.16
精油	119.87	0.25	1.13	113.55	-2.72	1.45
调味香料	112.98	44.64	1.07	5.12	11.40	0.07
薯类	17.05	26.20	0.16	890.69	126.23	11.40
以上10组合计	4 241.39		40.01	2 903.96		37.18

2009年，面食和淀粉分居中国粮食制品出口和进口之首。面食出口42.94万吨，下降3.18%，占中国粮食制品出口总量的33.33%，较上年提高4.23个百分点；出口额为5.51亿美元，与上年基本持平。淀粉进口87.02万吨，增长80.95%，占中国粮食制品进口总量的93.13%，较上年提高3.65个百分点；进口额为2.58亿美元，增长39.25%。出口37.23万吨，下降30.81%；出口额为1.39亿美元，下降32.04%。

2009年，中国粮食制品出口十年来首次下降，进口增至十年来新高（图26）。

2. 干豆

2009年，中国干豆（不含大豆，下同）进出口量增价跌。出口109.71万吨，增长6.29%；出口额8.17亿美元，下降1.13%；出口均价每吨745美元，下跌6.98%。进口42.12万吨，增长20.13%；进口额1.37亿美元，下降15.89%；进口均价每吨325美元，下跌29.98%。

豌豆和芸豆分居中国干豆进出口之首。豌豆进口37.26万吨，增长83.2%，占中国干豆进口总量的88.48%，较上年提高30个百分点。芸豆出口69.66万吨，下降7.8%，占中国干豆出口总量的63.49%，较上年减少近10个百分点。绿豆产品出口27.38万吨，增长96.66%，占干豆出口总量的24.96%，较上年提高11个百分点。

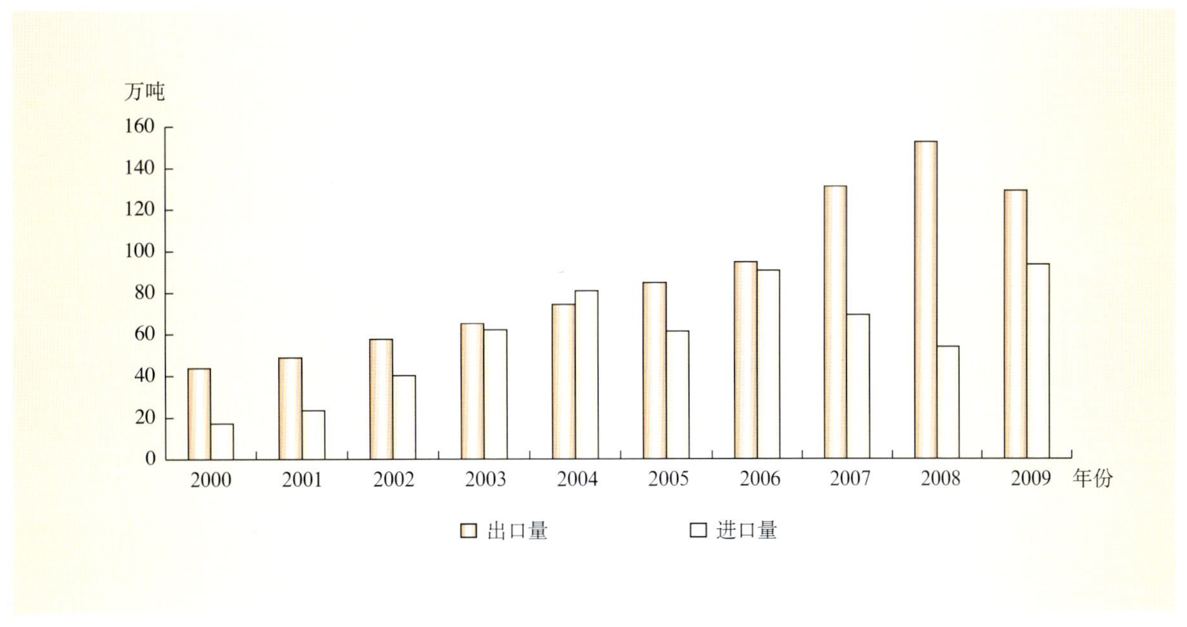

图 26 2000—2009 年中国粮食制品进出口变化

3. 饼粕

2009 年，饼粕进出口量增价跌。出口 167.24 万吨，较上年增加 1.23 倍；出口额为 6.27 亿美元，增长 94.15%；出口均价为每吨 375 美元，下跌 12.64%。进口 80.88 万吨，增长 26.55%，进口额为 1.47 亿美元，下降 31.69%；进口均价每吨 181 美元，下跌 46.02%。

菜籽粕和豆粕分居饼粕进出口之首。菜籽粕进口 24.77 万吨，下降 19.7%，占中国饼粕进口总量的 30.62%，较上年减少近 18 个百分点。豆粕出口 112.32 万吨，增加 1.1 倍，占中国饼粕出口的 67.16%，较上年减少近 4 个百分点。

2009 年，饼粕出口增长迅速，出口量为十年来新高。进口量连续三年增长，为十年来次高（图 27）。

4. 药材

2009 年，药材进出口均增长。出口 19.74 万吨，增长 6.78%；出口额 4.72 亿美元，增长 6.63%；出口均价为每吨 2 392 美元，与上年基本持平。进口 1.88 万吨，增长 1.27%；进口额为 0.33 亿美元，增长 9.54%；进口均价每吨 1 754 美元，上涨 8.17%。

药材主要出口产品为茯苓，出口量 1.18 万吨，增长 35.81%，占药材出口总量的 5.98%；主要进口产品为甘草，进口量 0.3 万吨，下降 15.6%，占药材进口总量的 15.96%。

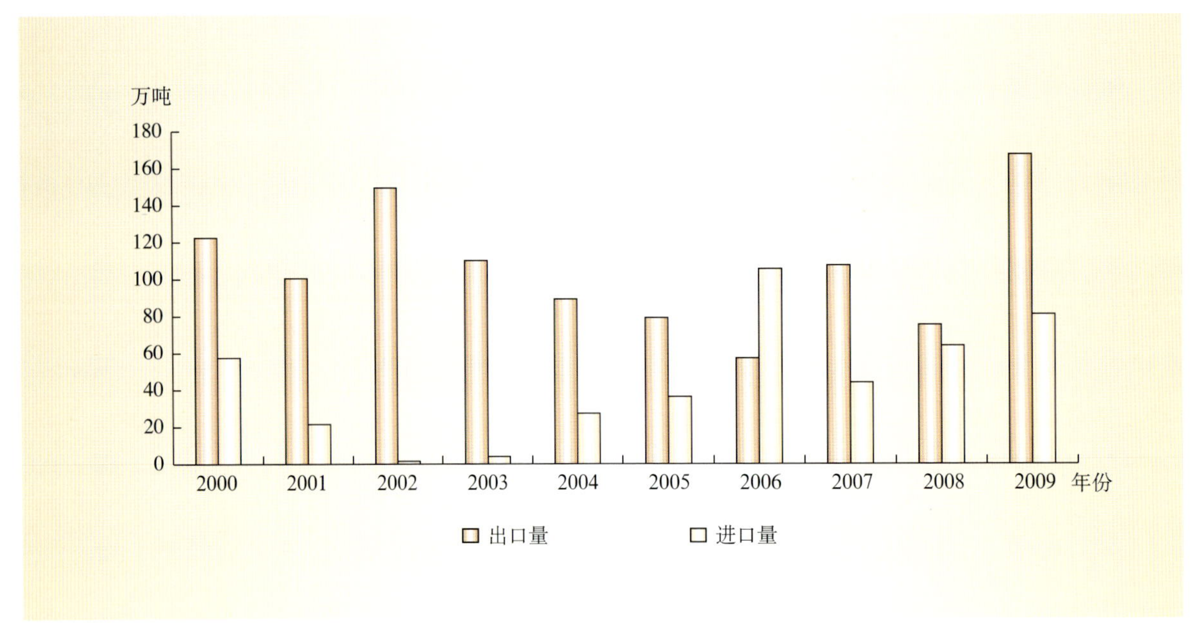

图 27 2000—2009 年中国饼粕进出口变化

5. 酒精及酒类[①]

2009 年，酒精及酒类出口量价均降，进口量增价跌。出口 3.82 亿升，下降 10.68%；出口额 3.85 亿美元，下降 14%；出口均价为每千升 1 009 美元，下跌 3.72%。进口 2.58 亿升，增长 3.95%；进口额 10.52 亿美元，下降 2.78%；进口均价每千升 4 070 美元，下跌 6.47%。

葡萄酒[②]和啤酒分居中国酒精及酒类进出口量之首。其中，葡萄酒进口 1.87 亿升，增长 3.2%，占中国酒精及酒类进口总量的 72.48%，与上年基本持平；进口额为 8.69 亿美元，下降 0.49%。啤酒出口 2.1 亿升，下降 12.96%，占中国酒精及酒类出口总量的 55.1%，较上年减少约 1.5 个百分点；出口额为 1.23 亿美元，下降 5.22%。

6. 调味香料

2009 年，调味香料出口量增价跌，进口量减价涨。出口 7.42 万吨，比上年增长 49.57%；出口额为 1.13 亿美元，增长 44.64%；出口均价每吨 1 522 美元，下跌 3.3%。进口 0.2 万吨，下降 6.77%；进口额为 511.89 万美元，增长 11.4%；进口均价每吨 2 597 美元，上涨 19.49%。

枯茗子为最主要的出口调味香料，出口 1.56 万吨，增加 5.4 倍，占中国调味香料出口总量的 21.02%，较上年提高 16 个百分点；出口额为 0.31 亿美元，增

① 本文中的酒精及酒类涉及 HS 税号 2203－2208。

② 本文中的葡萄酒涉及 HS 税号 22042100，22042900 和 22082000。

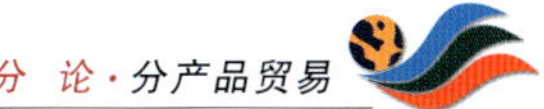

加 3. 79 倍。

7. 薯类

2009 年，薯类进出口量增价跌。出口 3. 19 万吨，增长 33. 02%；出口额 0. 17 亿美元，增长 26. 2%；出口均价每吨 535 美元，下跌 5. 12%。进口 610. 88 万吨，增加 2. 09 倍；进口额为 8. 91 亿美元，增加 1. 26 倍，进口均价每吨 146 美元，下跌 26. 73%。

木薯和甘薯分别为中国薯类进出口之最。木薯进口 610. 71 万吨，增加 2. 09 倍，占中国薯类进口总量的 99. 97%，与上年基本持平；进口额为 8. 89 亿美元，增加 1. 28 倍。甘薯出口 2. 61 万吨，增长 33. 6%，占薯类出口总量的 81. 83%，与上年基本持平；出口额为 0. 11 亿美元，增长 32. 34%。

自 2000 年来，薯类进口总体呈现上升趋势。2008 年薯类进口降至十年来次低。2009 年进口倍增，跃居十年来最高（图 28）。

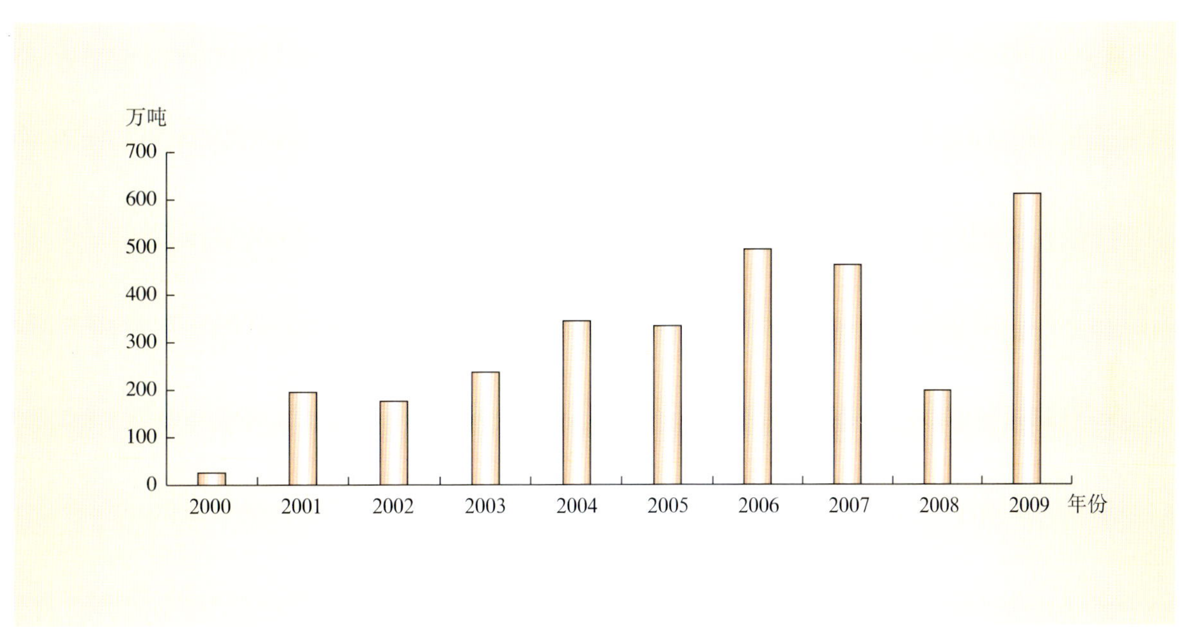

图 28　2000—2009 年中国薯类进口量变化

8. 蚕丝、花卉和精油

2009 年，蚕丝出口量减价涨，进口量增价跌。出口 1. 05 万吨，下降 32. 68%；出口额为 2. 63 亿美元，下降 28. 82%；出口均价每吨 24 903 美元，上涨 5. 66%。进口 0. 21 万吨，增加 1. 74 倍；进口额为 484. 57 万美元，增长 98. 39%；进口均价每 2 353 美元，下跌 27. 72%。

精油出口量 1. 27 万吨，下降 5. 13%；出口额 1. 2 亿美元，增长 0. 25%；出口均价为每吨 9 433 美元，上涨 5. 67%。进口量0.78万吨，下降23.09%；进口额1.14亿美元，下降2.72%；进口均价为每吨14 529美元，上涨26.48%。

花卉出口额为1.82亿美元，增长25.5%。进口额为9 000万美元，下降0.56%。

（三）贸易区域

1. 粮食制品

2009年，东盟为中国粮食制品贸易第一大伙伴。对东盟出口40.2万吨，下降9.13%，占中国粮食制品出口总量的31.2%，较上年提高2个百分点。对韩国出口17.12万吨，下降26.71%；对中国香港出口15.06万吨，增长9.32%。对上述三市场合计出口72.38万吨，占中国粮食制品出口总量的56.18%，较上年提高近3个百分点。

进口来源地高度集中。自东盟进口84.54万吨，增长78.45%，占中国粮食制品进口总量的90.48%，较上年提高2个百分点。其中，自泰国进口54.72万吨，增长80.77%；占中国自东盟进口粮食制品的64.73%。自越南进口28.28万吨，增长79.12%；占自东盟进口粮食制品的33.45%。

2. 干豆

2009年，印度由上年的第八位跃居中国干豆第一大出口市场，其次为欧盟和东盟。对印度出口16.2万吨，增加2.63倍，占中国干豆出口总量的14.77%；出口额为1.29亿美元，增加2.89倍。对欧盟出口13.49万吨，下降1.54%；出口额为1.11亿美元，下降14.05%。对东盟出口12.55万吨，增长45.58%；出口额为0.8亿美元，增长52.96%。

自加拿大进口激增。加拿大为中国干豆第一大进口来源地，进口35.65万吨，增长83.41%，占中国干豆进口总量的84.64%，较上年提高29个百分点。2000年以来，自加拿大的干豆进口量呈现波浪上升态势，2009年达至十年来新高（图29）。

3. 饼粕

2009年，饼粕出口市场较上年集中。居出口量前三位的有日本、东盟和韩国。对日本出口81.66万吨，比上年增加1.63倍，占中国饼粕出口总量的48.83%，较上年提高7.5个百分点。出口额为3.35亿美元，增加1.25倍。对东盟出口41.1万吨，增加2.32倍；出口额为1.41亿美元，增加2.36倍。对韩国出口34.41万吨，增长75.7%；出口额为0.97亿美元，增长94.62%。对上述三大市场合计出口157.17万吨，占出口总量的93.98%，较上年提高10个百分点。

饼粕进口较上年分散，但仍高度集中于东盟和印度。自东盟进口39.79万吨，增加23.48倍，占中国饼粕进口总量的49.49%，超越印度成为第一大进口来源地。2009年，自印度进口39.13万吨，下降36.13%，占中国饼粕进口总量的48.38%，较上年减少47.5个百分点。

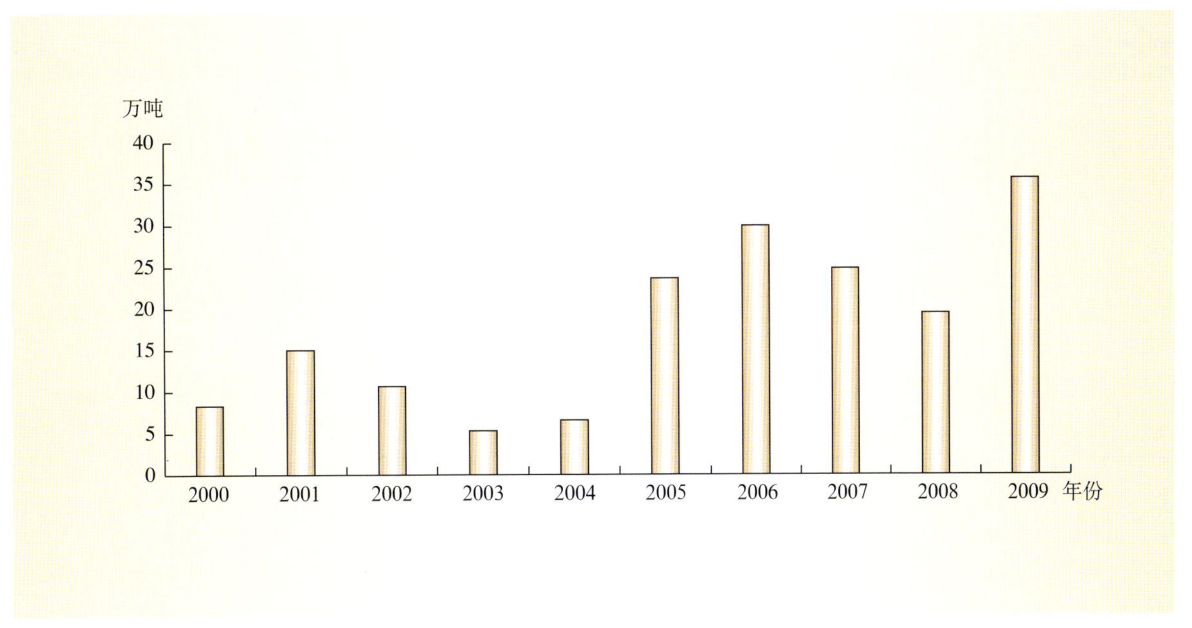

图29　2000—2009年中国自加拿大干豆进口量变化

4. 药材

2009年，药材出口市场集中在中国香港、东盟和韩国。对中国香港出口8.14万吨，增长15.34%，占中国药材出口总量的41.22%，较上年提高3个百分点；出口额为1.12亿美元，增长10.15%。对东盟出口3.7万吨，增长10.62%，占出口总量的18.74%；出口额为1.15亿美元，增长23.44%。对韩国出口2.39万吨，下降6.55%，占出口总量的12.1%；出口额为4 900万美元，下降5.13%。

5. 酒精及酒类

2009年，中国酒精及酒类出口市场依次为中国香港、东盟和韩国。对中国香港出口1.01亿升，下降14.48%，占中国酒精及酒类出口总量的26.47%，较上年减少1个百分点；出口额为1.36亿美元，下降20.35%。对东盟出口0.68亿升，下降21.26%；占17.77%，较上年减少3.7个百分点；出口额为5 600万美元，下降23.36%。对韩国出口0.66亿升，增长56.75%，占17.28%，较上年提高7个百分点；出口4 000万美元，增长36.47%。

进口来源地依次为欧盟、智利和澳大利亚。自欧盟进口1.14亿升，增长2.62%，占中国酒精及酒类进口总量的

44.23%，与上年基本持平。自智利进口0.5亿升，下降4.99%，占进口总量的19.19%，较上年略有下降。自澳大利亚进口0.39亿升，增加1.46倍，占进口总量的15.03%，较上年提高9个百分点，在酒精及酒类进口来源地中，澳大利亚由上年的第五位上升至第三位。

6. 调味香料

2009年，调味香料对主要市场出口大幅增长。对印度出口1.55万吨，增加2.06倍，占中国调味香料出口总量的20.88%，较上年提高10个百分点；出口额2 158.54万美元，增加2.72倍。对阿拉伯联合酋长国出口0.81万吨，增长83.26%；出口额为923.1万美元，增长85.35%。对孟加拉国出口0.76万吨，增长76.94%；出口额为824.13万美元，增长75.77%（表52）。

表52 2009年中国调味香料主要出口市场和进口来源地

单位：吨、%

出口市场	出口量	比上年增长	所占比重	进口来源地	进口量	比上年增长	所占比重
印度	15 498.67	206.80	20.88	印度	860.85	147.80	43.67
阿拉伯联合酋长国	8 135.16	83.26	10.96	东盟	432.51	-59.80	21.94
孟加拉国	7 643.68	76.94	10.30	美国	152.28	-49.65	7.72
巴基斯坦	5 731.27	82.04	7.72	韩国	128.92	30.56	6.54
东盟	5 619.67	13.82	7.57	欧盟	80.31	-23.85	4.07
欧盟	4 488.87	25.09	6.05	加拿大	66.47	186.00	3.37
合计	47 117.32		63.48		1 721.34		87.31

7. 薯类

2009年，东盟为中国薯类最主要的进口来源地。自东盟进口610.72万吨，增加2.09倍，占中国薯类进口总量的99.97%，与上年基本持平；进口额8.89亿美元，增加1.27倍。其中自泰国进口386.27万吨，增加2.1倍，占薯类进口总量的63.23%；进口额5.81亿美元，增加1.3倍。自越南进口209.18万吨，增加2.43倍；进口额2.83亿美元，增加1.43倍。

8. 蚕丝、精油和花卉

2009年，中国蚕丝的主要出口市场依次为印度和欧盟。其中，对印度出口0.66万吨，下降22.51%，占中国蚕丝出口总量的62.72%；出口额1.17亿美元，下降15.88%。对欧盟出口0.1万吨，下降51.18%，占蚕丝出口的9.74%；出口额为2 000万美元，下降54.99%。

2009年，中国精油的主要出口市场有欧盟、东盟和美国。对欧盟出口3 800

万美元，下降 11.45%；进口额为 1 400 万美元，下降 46.09%。对东盟出口 2 400万美元，下降 4.96%；进口额为 744.98 万美元，下降 37.93%。对美国出口 1 500 万美元，下降 11.26%；进口额为 3 400 万美元，增长 13.31%。

2009 年，花卉主要出口到日本和欧盟。对日本出口 7 300 万美元，增长 23.05%。对欧盟出口 3 900 万美元，增长 7.54%。主要进口来源地是荷兰，进口 4 500 万美元，增长 0.9%。

分地区农产品贸易

分区域农产品贸易

（一）贸易格局

中国农产品贸易仍以东部地区①为主，东部地区的贸易比重有所下降，中部、西部和东北地区的贸易比重均略有提高。分地区看，东部地区出口额占全国的比重比上年上升，进口额所占比重下降。2009 年，东部地区农产品出口额 270.89 亿美元，占全国农产品出口总额的 68.36%，比上年提高 1 个百分点；进口额 441.74 亿美元，占 83.82%，下降 2 个百分点。中部地区出口额 27.29 亿美元，占 6.89%，提高 0.29 个百分点；进口额 15.39 亿美元，占 2.92%，提高 0.1 个百分点。西部地区出口额 46.02 亿美元，占 11.61%，与上年持平；进口额 35.37 亿美元，占 6.71%，提高 1.05 个百分点。东北地区出口额 52.08 亿美元，占 13.14%，下降 1.52 个百分点；进口额 34.52 亿美元，占 6.55%，提高 0.86 个百分点（图 30）。

东部地区水产品、蔬菜、畜产品和水果出口分别占全国同类产品出口总额的 80.68%、68.87%、66.79% 和 59.75%，水产品所占比重变化不大，水果下降 0.52 个百分点，畜产品和蔬菜分别提高 3.41 个百分点和 1.99 个百分点；茶叶、花卉出口占全国同类产品出口总额的比重也在 70%

① 东部地区包括 7 个省 3 个直辖市，分别为河北、天津、北京、山东、江苏、上海、浙江、福建、广东、海南；中部地区包括 6 个省，分别为山西、河南、安徽、湖北、湖南、江西；西部地区包括 6 个省 5 个自治区 1 个直辖市，分别为陕西、甘肃、宁夏、青海、新疆、四川、重庆、云南、贵州、西藏、广西、内蒙古；东北地区包括 3 个省，分别为辽宁、吉林、黑龙江。2009 年我国地区划分调整较大，因此与历史数据不可比。

以上。食用油籽、植物油、畜产品、水产品和棉花五大主要进口产品中，东部地区进口额均占全国同类产品进口总额的70%以上，与上年相比，所占比重均有所下降。

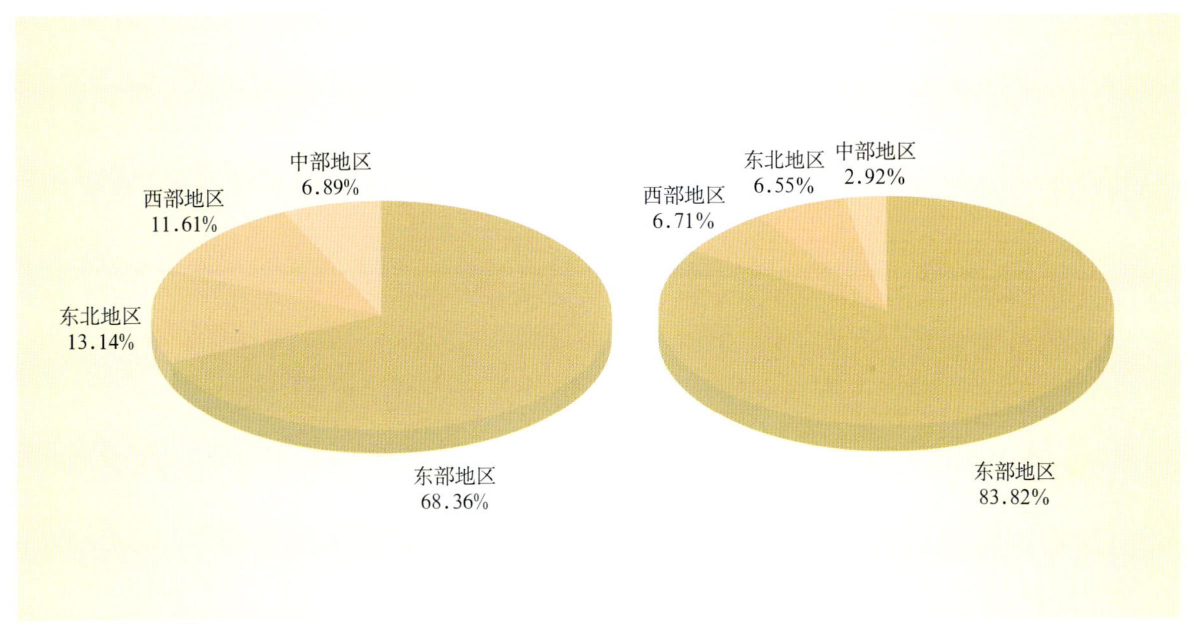

出口　　进口

图30　2009年中国各区域农产品贸易比重

中部地区茶叶出口占全国茶叶出口总额的19.99%，比上年提高3.33个百分点；畜产品占13.98%，提高1.02个百分点；谷物占12.43%，下降2.51个百分点。植物油进口快速增长。

西部地区花卉出口占全国花卉出口总额的27.5%，提高10.24个百分点；水果占24.16%，提高0.77个百分点；蔬菜和畜产品出口占全国同类产品出口总额的比重均在10%以上，比上年有所下降。食用油籽、植物油和水产品进口额与上年相比均增长，畜产品进口额出现下降。

东北地区干豆、谷物和坚果出口分别占全国同类产品出口总额的69.35%、52.11%和46.37%，干豆和坚果的比重比上年分别提高1.79个百分点和6.33个百分点，谷物比重下降2.62个百分点。水产品进口占全国水产品进口总额的22.05%，比上年提高2.3个百分点；畜产品和食糖进口快速增长（表53）。

表53　2009年各区域主要农产品进出口情况

单位：亿美元、%

地区	出口				进口			
	产品	总额	比上年增长	占全国同类产品出口额比重	产品	总额	比上年增长	占全国同类产品进口额比重
东部地区	农产品小计	270.89	-0.34	68.36	农产品小计	441.74	-12.46	83.82
	水产品	87.15	1.07	80.68	食用油籽	163.50	-12.61	79.07
	蔬菜	47.36	8.57	68.87	植物油	67.92	-25.54	93.58
	畜产品	26.14	-6.58	66.79	畜产品	58.08	-16.93	88.02
	水果	22.93	-10.07	59.75	水产品	39.14	-5.99	74.36
	食用油籽	7.10	-11.90	62.82	棉花	20.19	-38.41	91.28
	茶叶	5.54	-0.60	74.91	水果	14.27	38.42	86.49
	饼粕	4.44	151.93	70.75	谷物	7.74	39.87	86.12
中部地区	农产品小计	27.29	2.01	6.89	农产品小计	15.39	-7.18	2.92
	蔬菜	5.93	10.81	8.63	食用油籽	6.28	-14.86	3.04
	畜产品	5.47	-4.40	13.98	畜产品	3.16	4.08	4.79
	水果	3.54	-6.52	9.23	棉花	1.03	-41.40	4.66
	水产品	2.94	30.38	2.72	水产品	0.48	-17.10	0.92
	茶叶	1.48	23.99	19.99	植物油	0.43	63.31	0.59
	谷物	0.92	-21.63	12.43	食糖	0.26	6.93	6.98
西部地区	农产品小计	46.02	-2.77	11.61	农产品小计	35.37	6.20	6.71
	蔬菜	12.20	-2.51	17.74	食用油籽	23.74	7.63	11.48
	水果	9.27	-6.29	24.16	植物油	3.07	8.66	4.23
	畜产品	4.17	-22.23	10.65	畜产品	1.50	-22.20	2.27
	水产品	1.56	7.75	1.44	水产品	1.40	13.19	2.67
	干豆（不含大豆）	1.06	-6.35	12.98	水果	0.75	14.75	4.53
	坚果	0.82	10.90	10.56	棉花	0.61	0.20	2.75
东北地区	农产品小计	52.08	-12.37	13.14	农产品小计	34.52	3.26	6.55
	水产品	16.37	-2.81	15.15	食用油籽	13.26	8.36	6.41
	干豆（不含大豆）	5.67	1.49	69.35	水产品	11.60	8.55	22.05
	谷物	3.85	-10.32	52.11	畜产品	3.24	36.21	4.91
	坚果	3.62	16.06	46.37	水果	1.23	34.23	7.43
	畜产品	3.36	-33.92	8.58	植物油	1.17	-58.82	1.61
	蔬菜	3.27	-12.25	4.76	谷物	0.98	-40.68	10.86

各地区农产品贸易均以一般贸易为主，其次为进料加工，其他贸易方式还有来料加工装配贸易、保税区仓储转口货物和保税仓库进出境货物，在西部地区和东北地区，边境小额贸易也是主要贸易方式之一（表54）。

表54 2009年各区域农产品贸易方式结构

单位：亿美元

贸易方式	东部		中部		西部		东北	
	出口额	进口额	出口额	进口额	出口额	进口额	出口额	进口额
总计	270.89	441.74	27.29	15.39	46.02	35.37	52.08	34.52
一般贸易	213.08	345.57	24.53	13.25	34.08	31.00	35.10	22.16
进料加工贸易	40.29	34.26	1.63	1.50	5.74	1.61	9.97	6.62
来料加工装配贸易	12.12	9.71	0.55	0.40	0.02	0.02	3.26	1.96
保税区仓储转口货物	2.55	37.54			0.00		0.22	0.83
保税仓库进出境货物	1.28	11.96	0.04	0.02	0.05	0.06	0.32	2.52
边境小额贸易	1.24	2.09	0.47	0.20	6.09	2.63	3.12	0.42
其他	0.32	0.61	0.06	0.03	0.04	0.05	0.10	0.00

（二）东部地区

东部地区农产品出口比上年略有下降，进口降幅较大，贸易逆差大幅下降。2009年出口270.89亿美元，比上年下降0.34%；进口441.74亿美元，下降12.46%；贸易逆差170.85亿美元，下降26.61%。

出口仍以劳动密集型农产品为主，水产品、蔬菜、畜产品和水果出口额占其农产品出口总额的67.77%。与上年相比，水产品出口略有增长，蔬菜增长8.57%，畜产品和水果均下降。

水产品、蔬菜、水果、茶叶是主要顺差产品。食用油籽、植物油、畜产品和棉花是主要逆差产品，逆差额比上年均下降（表55）。

表55 2009年东部地区主要农产品贸易差额变化情况

单位：亿美元、%

产品	2008年	2009年	比上年增减
农产品合计	-232.79	-170.85	-26.61
水产品	44.59	48.01	7.67
蔬菜	41.89	45.68	9.06
水果	15.18	8.66	-42.99
茶叶	5.35	5.33	-0.34
食糖	-2.43	-2.69	10.62

（续）

产　品	2008年	2009年	比上年增减
谷物	-3.67	-5.71	55.75
棉花	-32.59	-20.11	-38.29
畜产品	-41.95	-31.95	-23.84
植物油	-88.79	-67.06	-24.47
食用油籽	-179.03	-156.39	-12.65

注：贸易顺差为正，逆差为负。

2009年东部地区农产品贸易额占其贸易总额的3.66%，低于4.18%的全国平均水平。

（三）中部地区

中部地区农产品出口比上年增长，进口下降，贸易顺差扩大。2009年出口额27.29亿美元，增长2.01%；进口15.39亿美元，下降7.18%；贸易顺差11.9亿美元，增长16.98%。

主要出口产品是蔬菜、水果、水产品、畜产品和茶叶，出口额合计占中部地区农产品出口总额的70.97%，也是主要顺差产品。食用油籽、棉花、植物油和食糖是逆差产品（表56）。

表56　2009年中部地区主要农产品贸易差额变化情况

单位：亿美元、%

产　品	2008年	2009年	比上年增减
农产品合计	10.17	11.90	16.98
蔬菜	5.34	5.93	10.92
水果	3.60	3.29	-8.64
水产品	1.67	2.46	46.96
畜产品	2.68	2.30	-14.02
茶	1.17	1.46	24.99
谷物	1.16	0.90	-22.28
食糖	-0.24	-0.26	7.15
植物油	-0.09	-0.37	327.38
棉花	-1.75	-1.03	-41.15
食用油籽	-6.65	-5.75	-13.61

注：贸易顺差为正，逆差为负。

2009年中部地区农产品贸易额占其贸易总额的5.5%，比全国平均水平高1.32个百分点。

（四）西部地区

2009年西部地区农产品出口下降，进口增长，贸易顺差大幅下降。出口

46.02 亿美元，比上年下降 2.77%；进口 35.37 亿美元，增长 6.2%；贸易顺差 10.65 亿美元，下降 24.1%。

蔬菜、水果和畜产品是主要出口和顺差产品，2009 年三种产品出口额合计占本区域农产品出口总额的 55.7%。食用油籽和植物油是主要逆差产品，逆差比上年扩大（表 57）。

表 57　2009 年西部地区主要农产品贸易差额变化情况

单位：亿美元、%

产　品	2008 年	2009 年	比上年增减
农产品合计	14.03	10.65	-24.10
蔬菜	12.47	12.18	-2.33
水果	9.24	8.52	-7.78
畜产品	3.44	2.67	-22.25
干豆（不含大豆）	0.76	0.95	25.23
坚果	0.46	0.71	55.40
饼粕	0.22	0.57	154.43
植物油	-1.94	-2.88	48.16
食用油籽	-21.66	-23.33	7.72

注：贸易顺差为正，逆差为负。

2009 年西部地区农产品贸易额占其贸易总额的 8.9%，比全国平均水平高 4.72 个百分点。

（五）东北地区

2009 年东北地区农产品出口下降，进口增长，贸易顺差大幅减少。出口 52.08 亿美元，比上年减少 12.37%；进口 34.52 亿美元，增长 3.26%；贸易顺差 17.56 亿美元，下降 32.46%。

水产品、干豆、谷物、坚果和蔬菜是主要出口和顺差产品，2009 年五种产品出口额合计占本区域农产品出口总额的 62.93%，顺差额均在 2.5 亿美元以上。食用油籽是主要逆差产品，逆差比上年扩大（表 58）。

表 58　2009 年东北地区主要农产品贸易差额变化情况

单位：亿美元、%

产　品	2008 年	2009 年	比上年增减
农产品合计	26.00	17.56	-32.46
干豆（不含大豆）	5.53	5.60	1.21
水产品	6.15	4.76	-22.55
蔬菜	3.63	3.17	-12.78
坚果	2.83	3.06	7.84
谷物	2.65	2.87	8.55

（续）

产　品	2008 年	2009 年	比上年增减
水果	2.20	1.40	-36.34
饼粕	1.01	0.99	-2.38
食用油籽	-7.24	-10.01	38.14

注：贸易顺差为正，逆差为负。

2009 年东北地区农产品贸易额占其贸易总额的 9.53%，比全国平均水平高 5.35 个百分点。

分省农产品贸易

（一）贸易规模变化

农产品贸易额超过 50 亿美元的省份有山东、广东、江苏、辽宁、福建和浙江，6 省贸易额合计占全国农产品贸易总额的 67.95%；农产品贸易额在 10 亿~50 亿美元间的有 9 省（自治区、直辖市），贸易额占全国的 24.24%；贸易额在 10 亿美元以下的有 16 个省（自治区、直辖市），贸易额占全国的近 8%（图 31）。

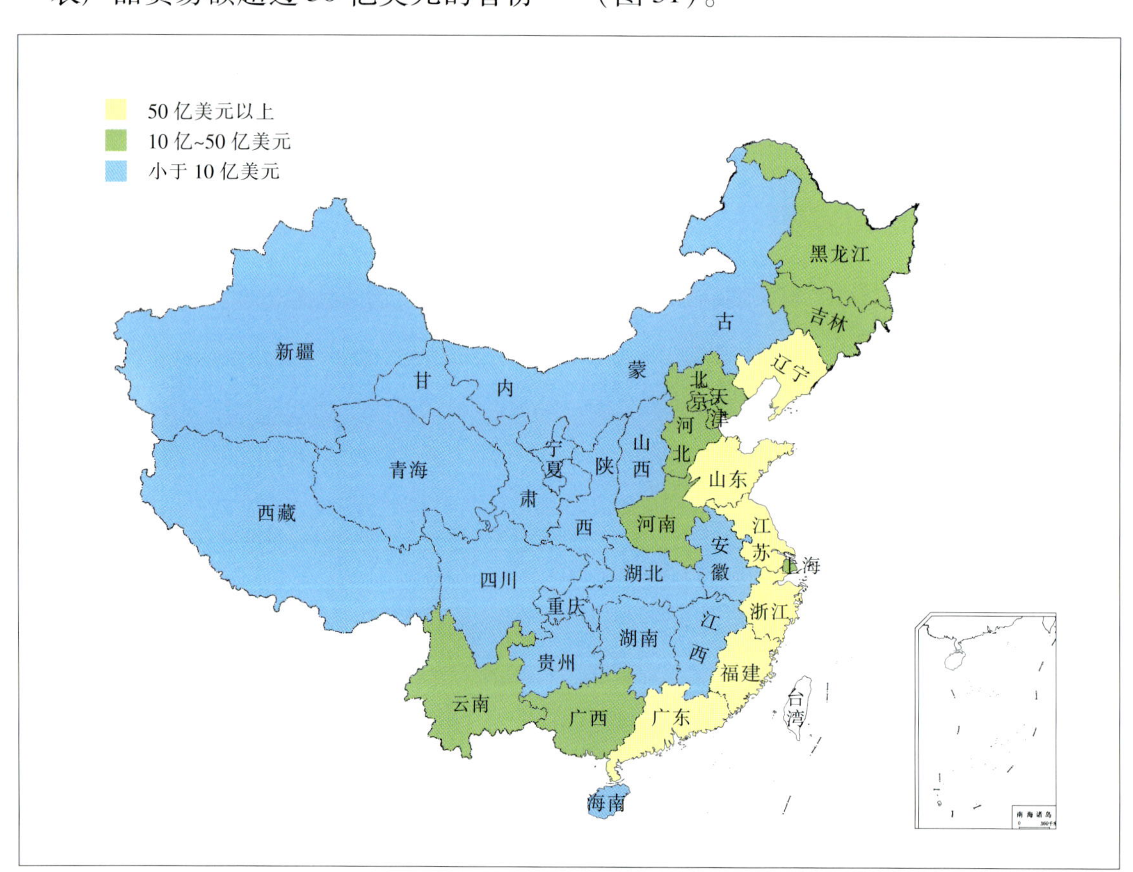

图 31　2009 年各省（自治区、直辖市）农产品贸易额示意图

2009年出口额居前五位的省份依次是山东、广东、福建、浙江和辽宁，与上年相比，福建超过浙江和辽宁跃居第三位，5省出口额合计占全国出口总额的61.45%。进口额居前五位的依次是广东、江苏、山东、上海和天津，与上年相比，上海超过了天津由第五位升至第四位，5省（直辖市）进口额合计占全国的67.81%。

12省（自治区）农产品贸易额比上年增长，其中6省（自治区）增速超过10%。增速位于前3位的省份是：青海增长36.15%，云南25.08%，贵州24.67%。全国其他19个省（自治区、直辖市）农产品贸易额比上年减少，其中黑龙江和宁夏两省（自治区）的降幅最大，均达到22%（图32）。

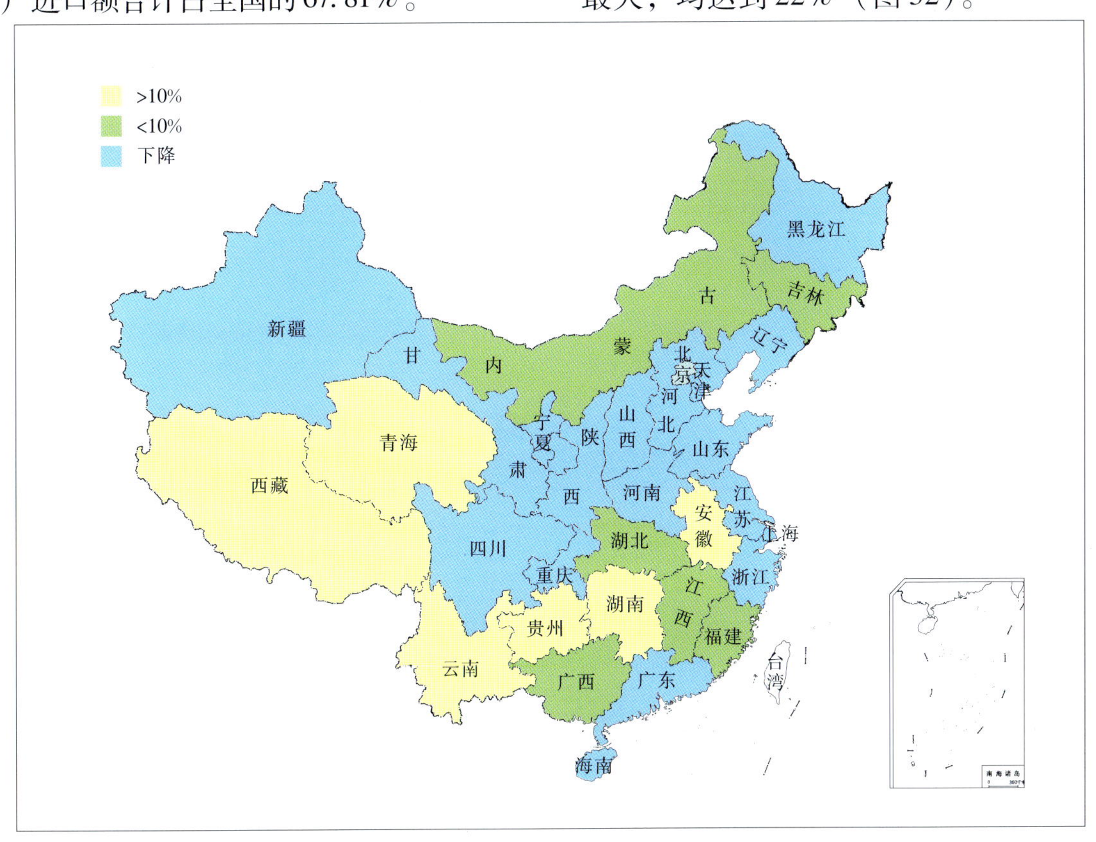

图32 2009年各省（自治区、直辖市）农产品贸易增速示意图

13省（自治区、直辖市）农产品出口额比上年增长，其中增幅超过10%的有青海、贵州、云南、西藏和福建。其他18省（自治区、直辖市）农产品出口额比上年减少，其中山西、黑龙江和陕西降幅较大，均在20%以上，山西达34.38%。

13省（自治区）进口额增长，增速居前三位的是：山西增加8.3倍，吉林增长75.6%，内蒙古增长65.22%。进口额减少的有18省（自治区、直辖市），其中宁夏降幅最大，下降78.58%。

21省（自治区、直辖市）农产品贸易额占本省（自治区、直辖市）贸易总额比重高于全国平均水平，广西、云南、山东、吉林、河北和海南在10%以上（图33）。

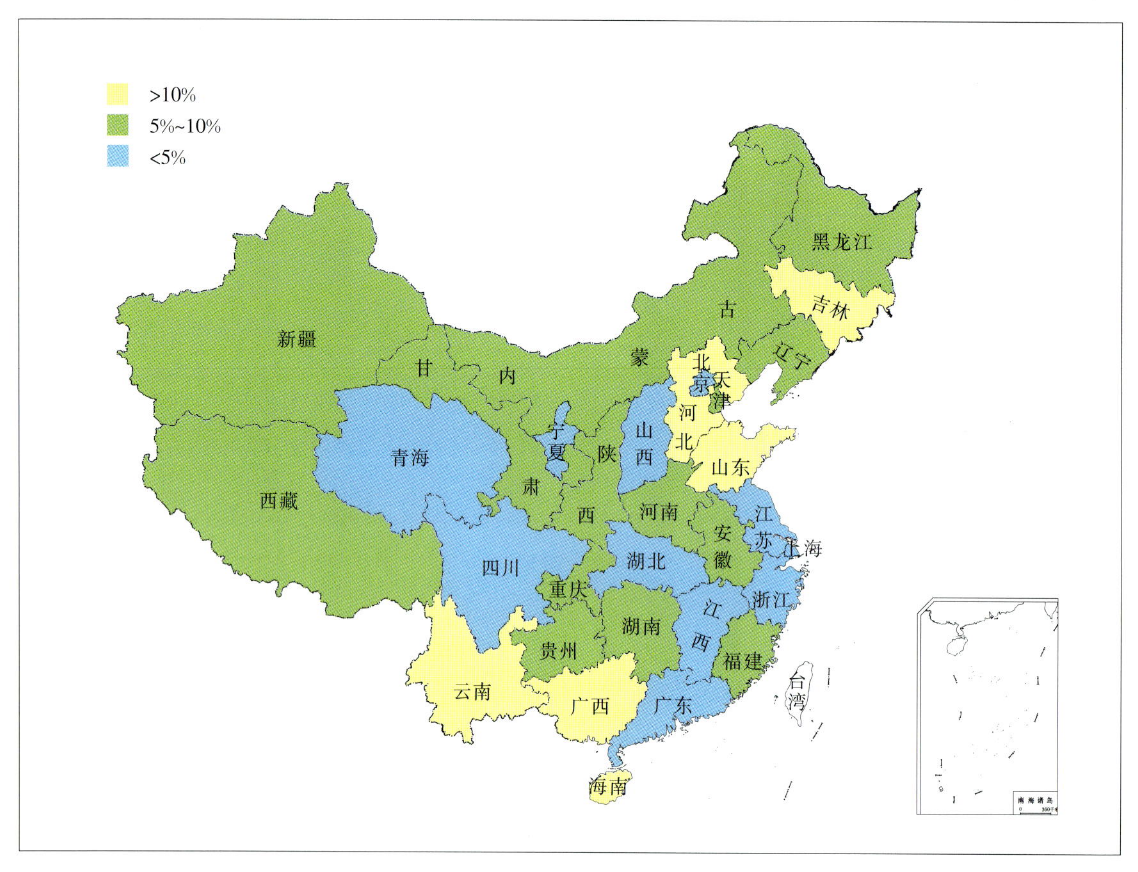

图33　2009年各省（自治区、直辖市）农产品贸易额占其贸易总额比重示意图

（二）主要出口农产品

1. 水产品

出口额超过1亿美元的有11个省（自治区），较上年增加2个。前五位是山东、广东、辽宁、福建和浙江，5省出口额均超过10亿美元，合计出口94.6亿美元，占全国水产品出口总额的87.57%，其中山东出口33.75亿美元，接近全国的1/3。

水产品出口额增长的省（自治区、直辖市）由18个减至15个。其中江西、湖北和福建出口额增幅超过30%。

对虾。出口额超过1亿美元的有广东和福建，合计出口8.94亿美元，占全国对虾出口总额的76.37%，其中广东出口7.05亿美元，比上年增长约10%，占全国六成。

鳗鱼。出口主要集中在福建、广东和江西，3省出口额合计4.81亿美元，占全国鳗鱼出口总额的88.61%。

罗非鱼。出口集中在广东、海南和广西，3省（自治区）出口额合计6.53亿美元，占全国罗非鱼出口总额的91.91%。3省（自治区）出口均增长，

其中海南增长9.36%。

鱿鱼。出口以山东和福建为主，两省出口额合计2.91亿美元，占全国鱿鱼出口总额的58.17%。福建出口额增加6.46倍，山东增长41.43%。

2. 蔬菜

出口额超过1亿美元的有14省（自治区、直辖市）。其中山东、福建、新疆、江苏和浙江居前五位，5省（自治区）出口额合计44.14亿美元，占全国蔬菜出口总额的64.2%；14省（自治区、直辖市）中，增幅居前五位的是：河南40.41%、内蒙古38.08%、甘肃29.68%、湖北24.21%和江苏22.65%。

鲜或冷藏的蒜头。以山东为主，江苏居第二，两省合计占全国同类产品出口总额的近九成，其中山东出口7.63亿美元，约占全国的3/4。

番茄酱罐头。新疆、内蒙古和天津位居出口额前三位，其中新疆出口3.87亿美元，比上年减少16.71%，出口额占全国的47.96%；内蒙古和天津分别比上年增长18.94%和39.17%。

3. 畜产品

出口额超过1亿美元的省（直辖市）14个。前五位是广东、山东、江苏、浙江和湖南，出口额合计21.79亿美元，占全国畜产品出口总额55.69%。14省（直辖市）中，广东比上年增长14.27%，湖南略有增长，其余地区出口均减少，四川、浙江和上海降幅超过20%。

家禽产品。出口额居首的是山东和广东，合计7.03亿美元，占全国家禽产品出口总额的68.75%。其中，山东出口4.04亿美元，比上年增长8.5%，广东增长12.51%。

生猪产品。广东、山东和湖南居出口额前三位，合计4.93亿美元，占全国生猪产品出口总额的54.99%。与上年相比，广东增长12.44%，山东略降，湖南下降22.23%。

肠衣。江苏和上海居首，出口额合计3.15亿美元，占全国肠衣出口总额的四成。与上年相比，出口均下降，降幅达18%。

4. 水果

出口额超过1亿美元的有10个省（自治区），前五位是山东、陕西、福建、浙江和广东，5省出口额合计24.44亿美元，占全国水果出口总额的63.71%。10省（自治区）中，新疆、福建和广西出口额均比上年增长20%左右，其余出口额均下降，山东和陕西的降幅在20%以上。

苹果汁。出口以陕西和山东两省为主，出口额合计4.43亿美元，占全国同类产品出口总额的67.59%。与上年相比，山东和陕西出口额分别下降56.33%和36.84%。

鲜苹果。以山东省为主，出口额3.99亿美元，比上年略有下降，占全国的56.02%。陕西出口额也近1亿美元，增长近9%。

柑橘。以福建省为主，出口额3.07亿美元，比上年增长24.4%，占全国的51.78%；广西出口额近1亿美元，增长29.27%。

5. 粮食制品

2009年出口额超过1亿美元的省份依次是广东、山东和江苏，合计出口7.4亿美元，占全国粮食制品出口总额的六成。与上年相比，广东增长9.4%，其他两省均下降。

6. 油籽

出口额超过1亿美元的是山东、黑龙江和吉林，出口额合计8.93亿美元，占全国油籽出口总额的75.01%。与上年相比，3省出口额均较大幅度下降，其中黑龙江和吉林降幅均超过30%。

花生。出口以山东为主，2009年出口额5.99亿美元，占全国的九成，出口额比上年下降11.35%。

（三）主要进口农产品

1. 油籽

进口额超过1亿美元的有14个省（自治区、直辖市），居前五位的是江苏、山东、广东、广西和河北，5省（自治区）进口额均超过14亿美元，合计147.9亿美元，占全国油籽进口总额的71.48%，合计进口量3 342.02万吨，占全国的72.1%。与上年相比，14个省（自治区、直辖市）中，进口额增长的有吉林、上海、天津、四川、广西、辽宁6省（自治区、直辖市），其中吉林增长最快，比上年增加1.38倍。

大豆。进口额超过10亿美元的有江苏、山东、广东、广西、河北、福建和辽宁，7省（自治区）合计进口额158亿美元，占全国进口总额的84.09%；合计进口量3 569.74万吨，占全国进口总量的83.9%。与上年相比，7省（自治区）中，广西增长12.81%，辽宁持平，其余进口额降幅均超过10%。

2. 植物油

进口额超过1亿美元的有12个省（自治区、直辖市）。居前三位的有江苏、广东和天津，进口额均超过10亿美元，合计进口50.99亿美元，占全国同类产品进口总额的70.25%。与上年相比，除云南和上海增长外，其余10个省（自治区、直辖市）进口额均下降。云南的进口额比上年增加4.6倍，而北京和辽宁比上年减少一半以上。

棕榈油。位居进口额前三位的是广东、江苏和天津，进口额合计29.78亿美元，占全国棕榈油进口总额的70.53%。此外，山东、福建、上海、浙江、广西和云南的进口额也超过1亿美元。与上年相比，9省（自治区、直辖市）中，云南增加4.65倍，上海增长97.9%，其余则均下降10%以上。

豆油。江苏和天津居进口额之首，进口额合计13.24亿美元，占全国豆油进口总额的71.81%。进口额超过1亿美元的还有山东、广东和上海。与上年相比，除上海增长9.87%外，其余4省（直辖市）进口额均大幅下降，广东和山东降幅超过50%。

3. 畜产品

进口额超过1亿美元的有11个省（直辖市），前五位的是广东、江苏、浙江、上海和山东，合计进口46.22亿美元，占全国畜产品进口总额的70.05%。与上年相比，辽宁和北京进口分别增长27.52%和6.72%，其余9个省（直辖市）的进口额均下降，其中广东和浙江的降幅超过20%。

动物毛。进口以江苏为主，进口额8.27亿美元，占全国同类产品进口总额的54.85%。浙江和北京分别居第二和第三位，进口额均在1亿美元以上。与上年相比，江苏和浙江进口额均较大幅度下降。

动物生皮。位居进口额前三位的是浙江、广东和山东，合计8.12亿美元，占全国动物生皮进口总额的五成多。河南、河北、福建和江苏的进口额也超过1亿美元。与上年相比，6省的进口额均下降，其中浙江降幅最大为30.21%。

乳品。位居进口额前三位的是天津、广东和上海，合计5.9亿美元，占全国乳品进口总额的近六成。山东和浙江的进口额也超过1亿美元。与上年相比，除浙江外，其余4省（直辖市）的进口额均增长，山东增长最快，为56.68%。

家禽产品。进口以广东为主，进口额6.97亿美元，占全国同类产品进口总额的68.73%。上海1.24亿美元，居第二位。与上年相比，广东和上海的进口额分别下降9.21%和8.98%。

4. 水产品

位居进口额前五位的是山东、辽宁、广东、福建和上海，5省（直辖市）合计进口44.23亿美元，占全国水产品进口总额的84.04%。与上年相比，进口额超过1亿美元的8个省（直辖市）中，广东、北京、辽宁和上海增长，天津持平，福建、山东和浙江均下降。

冻鳕鱼。以山东和辽宁为主，两省合计进口4.33亿美元，占全国冻鳕鱼进口总额的96.89%，其中山东进口3.2亿美元，占全国的71.51%。与上年相比，山东下降39.64%，辽宁下降60.52%。

饲料用鱼粉。广东、福建和辽宁进口额均超过1亿美元，合计进口8.49亿美元，占全国同类产品进口总额的65.2%，其中广东和福建分别约占1/3和1/4。与上年相比，广东进口额增长22%，福建下降4.02%，辽宁增长8.51%。

5. 棉麻丝

进口额超过1亿美元的有6个省（直辖市），依次为山东、江苏、上海、广东、北京和浙江，合计进口21.54亿美元，占全国同类商品进口总额的85.34%。与上年相比，除北京进口大幅增长外，其余5省（直辖市）进口额降幅均在30%以上。

棉花。居进口额前三位的是山东、江苏和上海，合计进口16.63亿美元，占全国棉花进口总额的75.19%，其中山东进口11.24亿美元，占全国一半。与上年相比，除个别省（直辖市）外，进口额均大幅下降。

部分省（自治区）农产品贸易

根据区域平衡和代表性，选择东部地区的山东和海南，中部地区的山西和江西，西部地区的云南和内蒙古等6省（自治区），分别概要介绍其农产品贸易发展和贸易促进情况。

（一）山东省

2009年，山东省农产品贸易额189.42亿美元，比上年下降9.06%。其中出口额101.85亿美元，下降1.66%，占全国农产品出口总额的25.7%，连续10年居全国首位；进口额87.58亿美元，下降16.47%。贸易顺差14.27亿美元。农产品贸易额占全省外贸总额的13.63%。

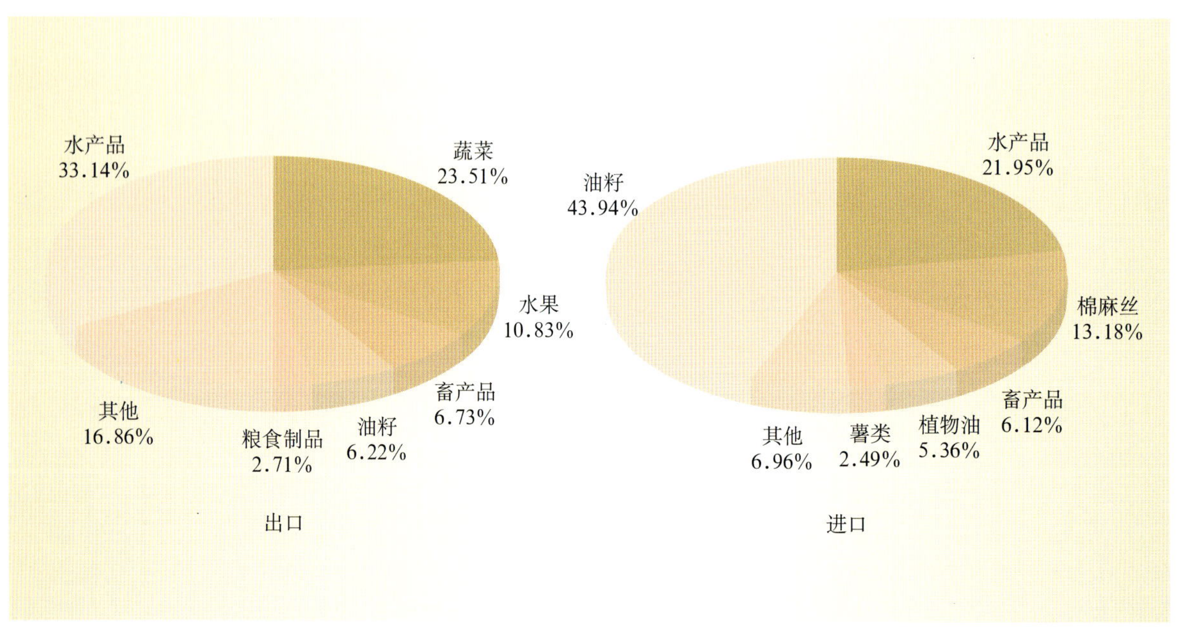

图34 2009年山东省进出口农产品结构

水产品、蔬菜、水果、畜产品和食用油籽是山东主要出口农产品。水产品出口33.76亿美元，比上年下降3.54%，其中鲜冷冻鱼占57.17%；蔬菜23.94亿美元，增长21.69%，其中大蒜及其制品占36.13%，姜约占10%；水果11.03亿美元，下降20.02%，其中鲜苹果占36.16%，苹果汁占15.19%；畜产品6.86亿美元，下降5.06%，其中家禽产品占近60%；油籽6.34亿美元，下降10.21%，其中花生及制品占94.51%（图34）。

油籽、水产品、棉麻丝、畜产品和植物油是山东主要进口农产品。其中油籽进口额38.48亿美元，比上年下降17.33%；水产品19.23亿美元，下降11.53%；棉麻丝11.55亿美元，下降31.81%；畜产品5.36亿美元，下降14%；植物油4.7亿美元，下降25.46%（图34）。

在主要出口市场中，只有对日本和东盟出口有不同程度的增长，对欧美、韩国、俄罗斯等出口出现回落。按出口额大小依次为对日本出口28.07亿美元，比上年增长2.28%，占全省农产品出口额的27.56%；欧盟18.49亿美元，下降3.71%；东盟12.05亿美元，增长18.95%；美国10.11亿美元，下降11.05%；韩国9.27亿美元，下降7.82%。以上五大市场出口额合计占全省农产品出口总额的76.57%（图35）。

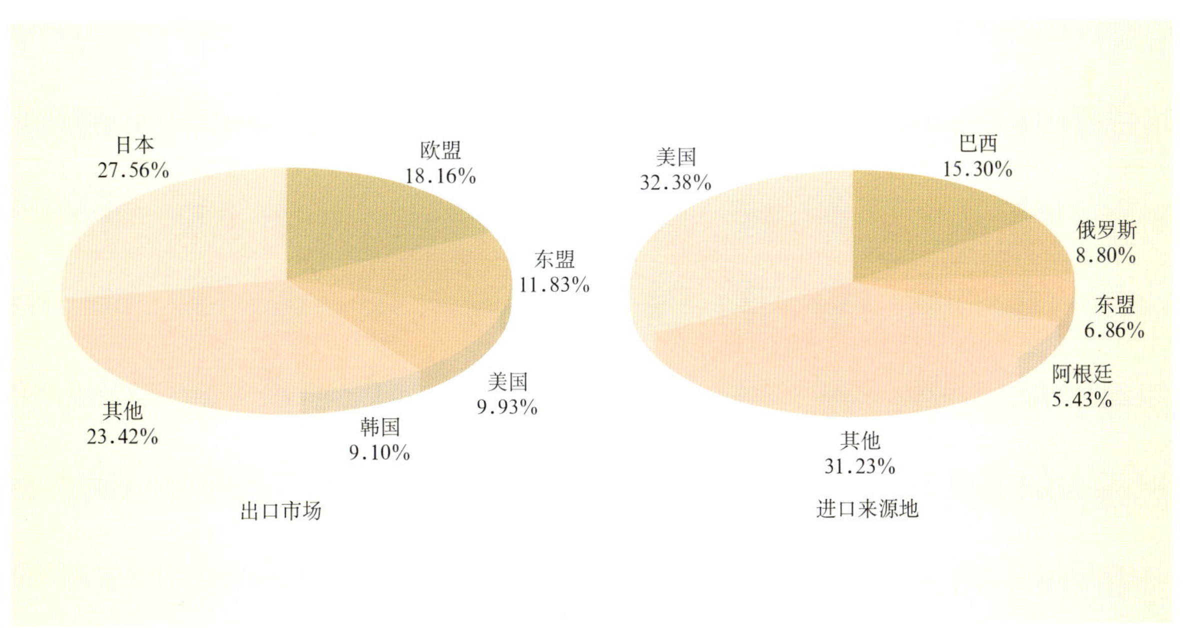

图35　2009年山东省农产品出口市场和进口来源地结构

农产品进口来源地主要是美国、巴西、俄罗斯、东盟、阿根廷和加拿大，从欧盟进口大幅下降。美国进口额28.36亿美元，比上年下降18.83%；巴西13.4亿美元，增长10.43%；俄罗斯7.7亿美元，下降10.35%；东盟6亿美元，增长0.13%；阿根廷4.75亿美元，下降67.4%；加拿大4.42亿美元，增长82.98%（图35）。

2009年，山东省农产品出口企业3 852家，比上年增加85家。其中出口100万美元以上企业1 516家，出口额占全省农产品出口总额的93.24%；出口500万美元以上企业464家，出口额占68.07%；出口1 000万美元以上企业227家，出口额占50.97%；过5 000万美元以上的企业11家，减少4家；过亿美元的企业2家。

山东省促进农产品出口的主要政策和措施：

（1）加强组织协调，出台鼓励措施。继续发挥联席会议制度职能，强化对突发事件及重大问题的专项调研和应急处理。省农业厅有效整合省级农业产业化“515”工程资金和国家农业综合开发资金的使用，并制定了《关于应对国际金融危机扶持农产品出口的意见》，落实了扶持出口企业的十件实事；省财政继续加大对农产品出口企业、基地建设和培训等方面的资金扶持；山东出入境检验检疫局对出口农产品实行分类管理，分类验放，减轻企业负担，方便通关。

（2）狠抓质量安全，跨越贸易壁垒。一是继续加强出口农产品标准化生产基地建设。二是继续开展出口农产品国际质量认证工作，2009年全省获得国际高标准质量认证的企业700多家，1 000多个认证。三是做好出口示范区建设。

（3）加强调查研究，规范业务指导。省农业厅深入企业调研，及时向有关部门提交调研报告，提出应对金融危机的措施和建议。同时进一步完善农产品进出口数据统计与分析制度，每月对全省农产品出口的产品、市场变化、企业情况等进行分析，发送给相关部门。此外，还对棉花和大豆两种产品进行监测预警。

（4）拓展国际市场，推动市场多元化。在巩固扩大亚洲传统市场的同时，大力开拓欧美市场，加快发展东盟、非洲、大洋洲和俄罗斯等市场。近年来，通过利用中小企业国际市场开拓资金，组织出口企业赴国外参加专业展览或举办专场推介活动、在国内举办各类展销会和订货会、引导和支持企业“走出去”开展境外加工或设立贸易经销营销机构等方式，实行国内国际经营一体化，减少贸易环节，增加销售收入。

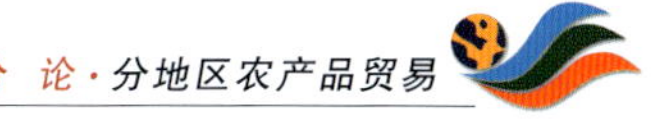

（二）海南省

2009年，海南省农产品贸易额4.9亿美元，比上年下降7.77%。其中出口额4.08亿美元，下降12.03%；进口额0.82亿美元，增长11.43%。贸易顺差3.26亿美元。农产品贸易额占全省外贸总额的10.18%。

海南出口产品以水产品为主，其次还有蔬菜、水果、饮品类和花卉。水产品出口3.66亿美元，比上年下降10.57%，占全省农产品出口总额近九成，其中鲜冷冻鱼占53.74%，以冻罗非鱼和鱼片为主，比上年增加5.47倍，而加工罗非鱼和加工对虾则比上年大幅下降，降幅均在50%以上；蔬菜1 228.73万美元，下降48.09%；水果727.91万美元，下降2.07%；饮品类458.95万美元，下降32.3%；花卉359.82万美元，增长61.31%（图36）。

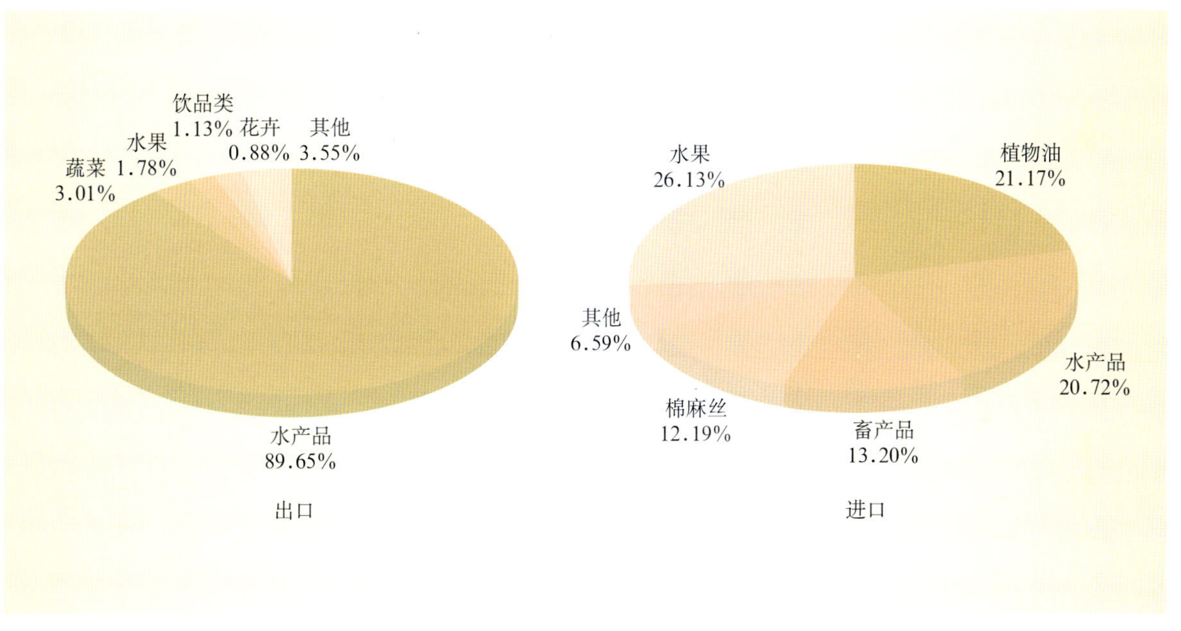

图36　2009年海南省进出口农产品结构

水果、植物油、水产品、畜产品和棉麻丝是海南主要进口农产品。其中水果进口额2 138.33万美元，比上年增长21.21%；植物油1 732.34万美元，下降13.38%；水产品1 695.75万美元，增长30.45%；畜产品1 080.43万美元，增长95.26%；棉麻丝997.38万美元，下降27.13%（图36）。

在出口市场中，对传统市场均较大幅度下降，对新兴市场增长较快。按出口额大小依次为对美国出口1.25亿美元，比上年下降7.96%；日本6 424.36万美元，下降6.43%；欧盟4 033.38万美元，下降26.59%；韩国3 986.11万美元，下降22.64%；俄罗斯2 967.47万美元，下降26.61%。对以上五大市场出口额合计占全省农产品出口总额的73.34%。新兴市场发展迅速，对墨西哥和以色列出口分别增长29.39%和42.85%（图37）。

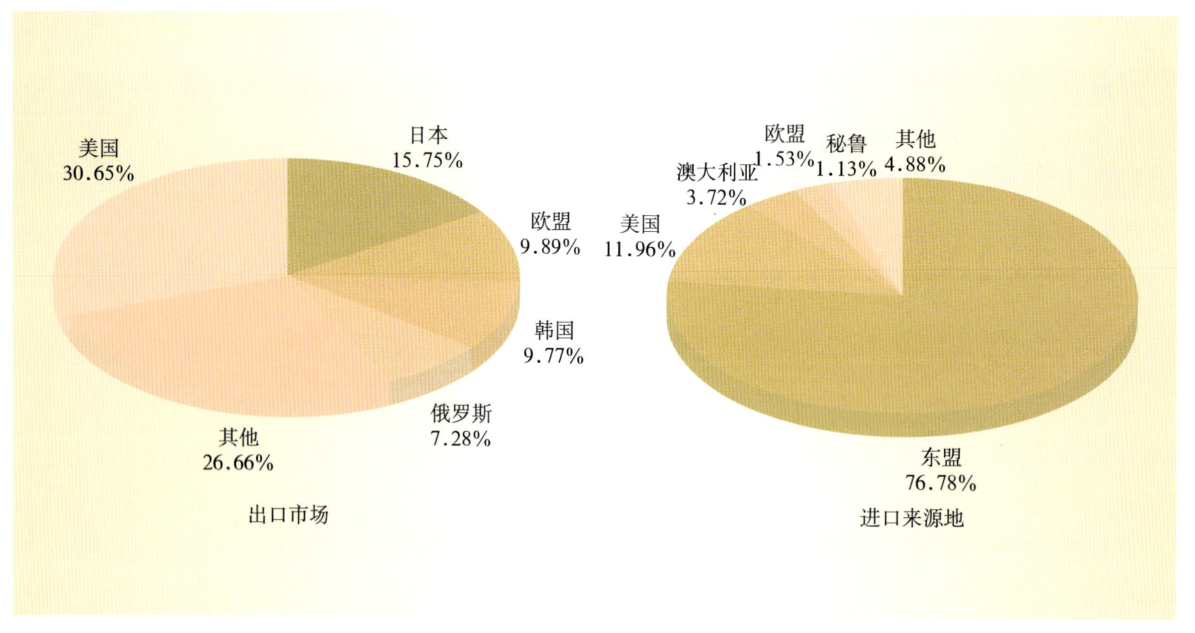

图37 2009年海南省农产品出口市场和进口来源地结构

农产品进口来源地主要是东盟和美国，澳大利亚和欧盟分列第三、四位（图37）。自东盟进口额6 283.41万美元，比上年增长27.3%；美国978.74万美元，增长58.30%；澳大利亚304.24万美元，下降21.69%；欧盟125.25万美元，增长25.06%。

2009年，海南省农产品出口企业128家，比上年减少7家。其中出口100万美元以上企业52家，出口额占全省农产品出口总额的86.4%；出口500万美元以上企业24家，出口额占72.7%；出口1 000万美元以上企业14家，出口额占56.4%。

海南省促进农产品出口的主要政策和措施：

（1）建立组织协调机制，不断优化出口环境。2006年，国家质检总局与海南省人民政府签署《关于建立共同促进海南热带高效农产品扩大出口合作机制备忘录》（以下简称《备忘录》），成立了由省政府办公厅、海南出入境检验检疫局、省商务厅、省农业厅等10多个部门参加的落实《备忘录》工作领导小组。建立了促进农产品出口联席会议制度，制定了落实《备忘录》工作方案，解决农产品出口工作中遇到的问题。

（2）加大促销力度，促进农产品出口。自2002年起设立农产品出口专项经费，促进农产品出口。还通过省内办展、国际参展等方式，支持企业参与各类经贸活动，2009年投入1 000多万元，组织农产品促销活动31次，海南瓜果菜首次出口中亚，实现农产品贸易的新突破。

（3）大力推进农业产业化、标准化进程。加快热带高效农产品出口基地建设，扶持、培育和引进农产品加工龙头企业，促进集农产品“种养、加工、保鲜、储运、外销”于一体的产业链的发展，推进GAP认证，2009年全省建立农产品出口基地78个，面积7 400公顷，规模以上农产品加工企业达218家。同时，加快地方农业标准的制订和推广应用，积极引导企业通过HACCP、IS09000等认证，新建标准化基地24个，新认证无公害食品、绿色食品、有机食品78个，新增注册农产品商标50多个。

（4）完善农产品出口质量安全监控体系。建立动植物疫情疫病、有毒有害物质残留监控体系、应急预案和信息发布制度，建立形成省、企业动植物疫情疫病监测网络，实现政府与企业共享的信息平台。成立省、市、县农产品源头监管小组，完善农产品生产、使用、加工和销售的质量溯源体系建设，以确保海南农产品质量。

（5）加快推进农产品“大通关”建设，创建农产品出口“绿色通道”。海口海关专门研究推出支持海南农产品出口的8项便利通关措施，完善出口“绿色通道”机制，提供“量体裁衣”式的特色服务，加快了农产品出口通关速度。海南出入境检验检疫局制定72项落实措施，会同省政府相关部门和有关企业，大力推进农产品出口工程建设。探索建立了以产品、企业、市场为三大要素，以抓源头、抓过程和抓关口为三大环节，以源头准入+过程监控+关口重点抽查检验为三大模块，并配合电子报检、电子监管和电子放行（直通放行）“三电”手段的“三·三制”出口农产品检验检疫监管新模式，初步形成了具有海南特色的出口农产品检验检疫监管机制。

（三）山西省

2009年，山西省农产品贸易额2.02亿美元，比上年下降6.6%。其中出口额1.42亿美元，下降34.38%；进口额0.6亿美元，增加8.3倍。贸易顺差0.82亿美元。农产品贸易额占全省外贸总额的2.36%。

水果、蔬菜、干豆、畜产品和坚果是山西主要出口农产品，上述产品出口额与上年相比大起大落。水果出口4 997.34万美元，下降38.4%，其中占水果出口总额92.52%的苹果汁下降41.46%；蔬菜2 856.85万美元，下降

50.68%，其中占76.22%的芦笋罐头下降55.36%；干豆2 757.89万美元，增长43.87%；畜产品1 629.62万美元，增长24.26%；坚果出口763.92万美元，下降69.97%（图38）。

油籽、畜产品、坚果和棉麻丝是山西主要进口农产品。其中油籽进口额4 625.04万美元，畜产品529.64万美元，增加7.64倍；坚果413.84万美元；棉麻丝195.28万美元，下降55.56%（图38）。

在出口市场中，对欧盟、美国市场出口大幅下降，对中国香港、东盟、南非及日本出口大幅上涨。对欧盟出口6 353.16万美元，比上年下降35.9%；美国2 809.44万美元，下降44.9%；中国香港1 244.92万美元，增长18.13%；东盟644.85万美元，增长55.63%，南非619.53万美元，增长35.07%。对以上五大市场出口额合计占全省农产品出口总额的82.22%（图39）。

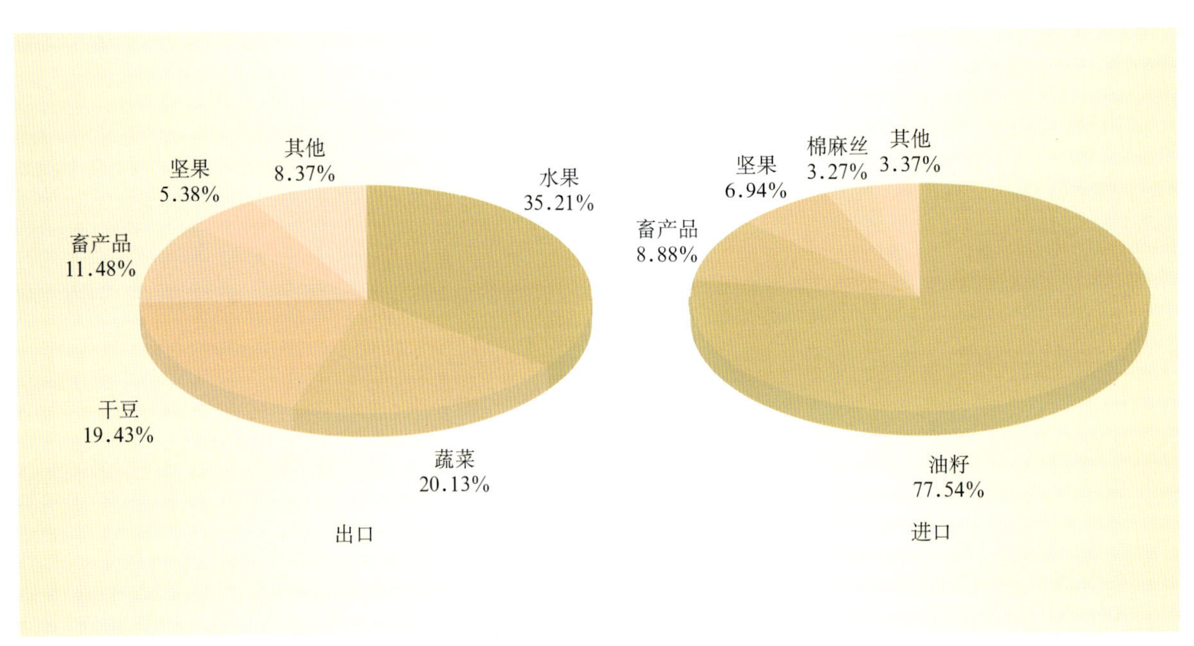

图38 2009年山西省进出口农产品结构

农产品进口来源地以美国和巴西为主，新西兰和印度分列第三、四位。自美国进口额2 581万美元，比上年增加27.06倍；自巴西、新西兰和印度进口额分别是2 329.6万美元、328.87万美元和210.35万美元（图39）。

2009年，山西省出口额在100万美元以上企业18家，其中出口额500万美元以上企业1家，出口额100万~500万美元企业17家，上述企业出口额合计占全省农产品出口总额的70.4%。

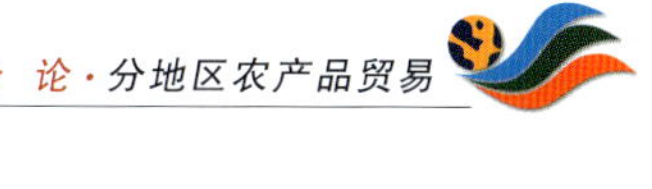

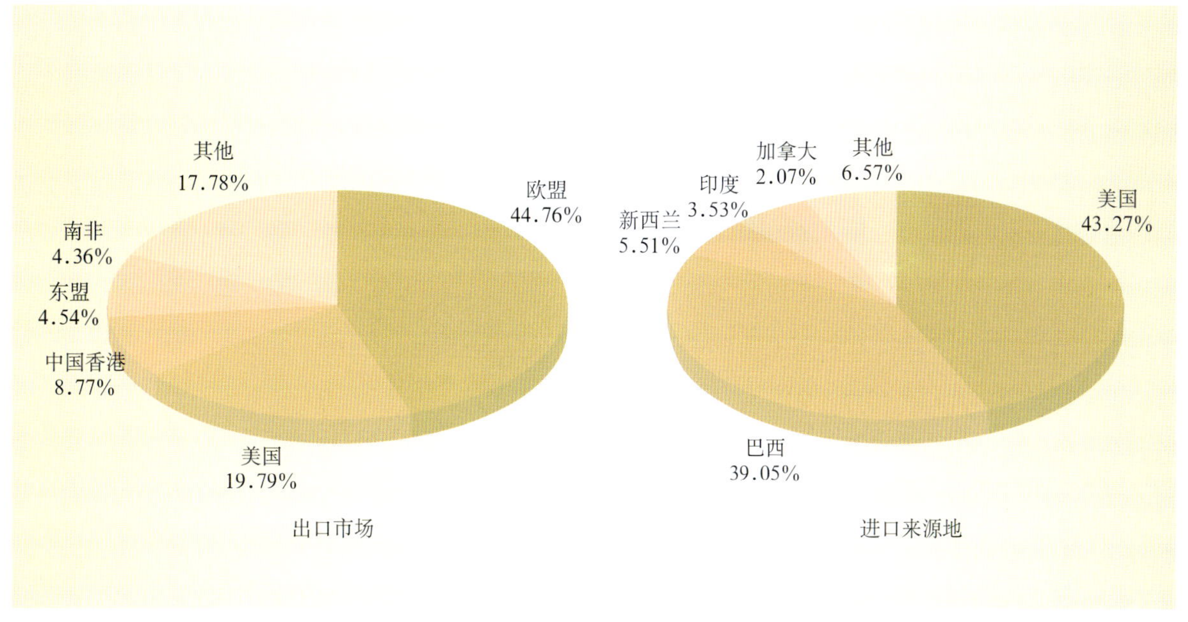

图 39　2009 年山西省农产品出口市场和进口来源地结构

山西省促进农产品出口的主要政策和措施：

（1）出台相关政策。2009 年，山西省政府、省财政厅、商务厅等分别出台了保持外贸稳定增长的文件，包含了支持农产品出口的相关政策。

（2）积极推进农业外经贸活动。农业厅组织农业企业参加了捷克、美国等国家举办的国际农产品展会及宣传推介活动，参加了在国内举办的中东欧国家农业科技与经贸合作论坛、中国—东盟博览会等各类经贸洽谈会，取得了较好成果。

（3）探索多形式的合作机制。省农业厅、山西出入境检验检疫局、运城市人民政府成立了三方合作机制，为提高农产品质量安全水平、扩大农产品出口创新思路，共同推进外向型农业发展。多种方式加大扶持红芸豆、芦笋、苹果出口基地建设，邀请国外专家对出口梨、苹果基地实地考察指导，取得较好成效。

（四）江西省

2009 年，江西省农产品贸易额 3.74 亿美元，比上年增长 1.9%。其中出口额 3.51 亿美元，增长 4.69%；进口额 0.23 亿美元，下降 27.87%。贸易顺差 3.28 亿美元。农产品贸易额占全省外贸总额的 2.95%。

水产品、谷物、水果、畜产品和饮品类是主要出口农产品。水产品出口 1.29 亿美元，比上年增长 43.72%，其中加工河鳗占到八成；谷物 5 318.43 万美元，下降 36.01%，全部是大米；水果 4 601.32

万美元，增长70.71%；畜产品3 734.86万美元，下降13%；饮品类2 474.25万美元，增长30.58%（图40）。

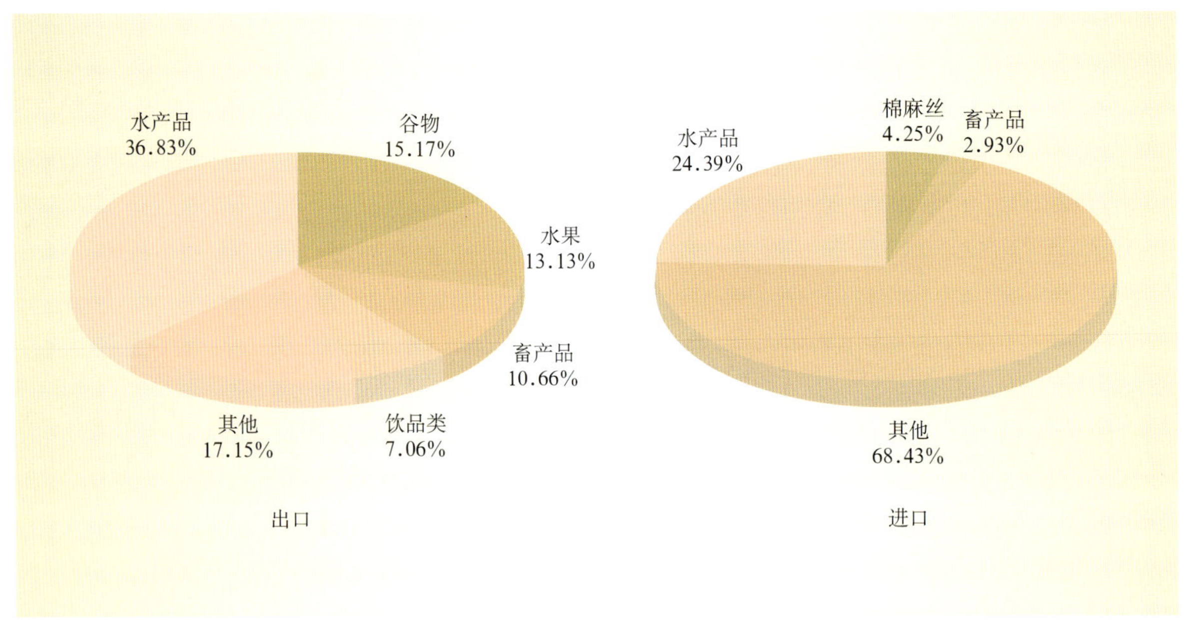

图40 2009年江西省进出口农产品结构

江西进口农产品数量少品种多。水产品进口额572.33万美元，比上年增长10.74%，饲用鱼粉占77.22%；棉麻丝99.72万美元，下降86.91%；畜产品68.81万美元，下降74.54%（图40）。

在出口市场中，对日本出口增长强劲。按出口额大小排序依次为对日本出口5 833.54万美元，比上年增加1.17倍；中国香港4 952.29万美元，下降19.78%；东盟4 023.47万美元，增长8.31%；美国3 787.91万美元，下降5.81%；俄罗斯2 927.14万美元，增长97.78%。对以上五大市场出口额合计占全省农产品出口总额的61.41%（图41）。

农产品进口来源地主要是巴西、秘鲁、东盟、美国和津巴布韦。按进口额大小排序依次为自巴西进口额1 130.42万美元，比上年增长9.54%；秘鲁365.18万美元，增加1.26倍；东盟226.27万美元，增长4.92%；美国121.18万美元，下降83.28%；津巴布韦109.82万美元，下降48.39%（图41）。

2009年，江西省主要农产品出口企业达414家。其中出口100万美元以上企业88家，出口额占全省农产品出口总额的92%；出口500万美元以上企业16家，占60.7%；出口1 000万美元以上企业4家，占32.8%。

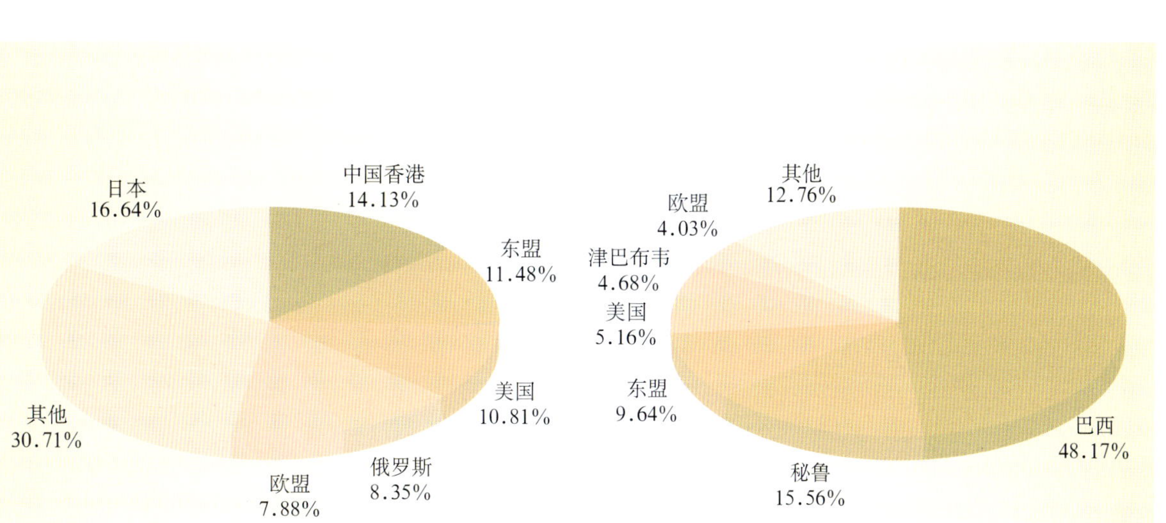

图 41 2009 年江西省农产品出口市场和进口来源地结构

江西省促进农产品出口的主要政策和措施：

（1）多方合作，为企业出口提供帮助。针对国际金融危机带来的不利影响，农业厅、商检局、外经贸等部门共同帮助企业走出困境。①帮助企业提升加工水平。江西已有多家农产品加工企业获得进口国卫生注册，仅在美国市场就有 13 家企业取得了卫生注册登记。②为企业出口提供便利。实施了驻点检验检疫和现场放行制度，大大缩短了检验、检疫、抽样、检测、出证等时间，对出口活畜、活禽、水生动物全额免收检验检疫费，对其他出口农产品减半收取检验检疫费。③为企业融资提供帮助。组建了江西省农业产业化龙头企业担保有限责任公司，为企业贷款提供了坚强后盾。

（2）多举措推进全省优势农产品出口。①加强质量安全监管，建立了水产品质量安全追溯体系，从源头保证产品质量。②与水产品企业共同应对国外反倾销案。2009 年，在美国商务部重新审理中国小龙虾企业时，由于反应迅速、证据充足，最终裁决给予江西鄱阳湖四海国际水产集团唯一“零关税”待遇，该集团小龙虾出口额比上年翻了两番多。③积极帮助企业解决欧洲鳗出口退税问题。

（3）加强标准化农产品出口基地建设。全省建立了标准化蔬菜出口基地 13 个，形成近 3 000 公顷以叶菜为主的供应中国香港蔬菜基地；建立生猪养殖小区和水产健康养殖等标准化养殖方式，产品质量提高。

（4）举办多形式的农产品促销活动。

省农业厅组织企业到日本、韩国、欧美等国家考察市场、设立直销公司；在省内举办多次江西名优农产品展示展销会，首届中国赣州国际脐橙节，邀请了俄罗斯、南非、智利等17个国家和地区的客商参加，与境外客商签约销售脐橙5.6万吨。

（五）云南省

2009年，云南省农产品贸易额15.23亿美元，比上年增长25.14%。其中出口额10.24亿美元，增长20.22%；进口额4.99亿美元，增长36.4%。贸易顺差5.24亿美元。农产品贸易额占全省外贸总额的18.99%。

蔬菜、饮品类、水果、花卉和精油是云南主要出口农产品。蔬菜出口3.06亿美元，比上年增长18.99%，其中各种食用菌类占26.6%；饮品类1.04亿美元，增长24.17%，其中咖啡及其制品占2/3，茶叶占1/5；水果7 470.15万美元，增加1.69倍；花卉4 826.44万美元，增加1.05倍，其中鲜康乃馨占27.97%；精油3 529.17万美元，增长5.6%（图42）。

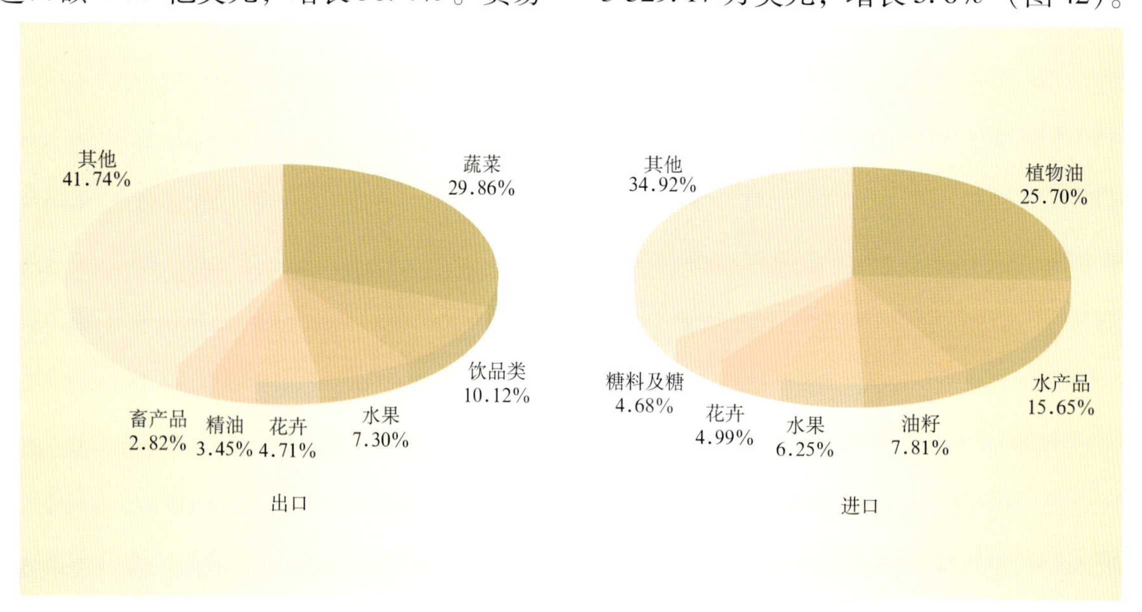

图42 2009年云南省进出口农产品结构

植物油、水产品、油籽、水果和花卉是云南主要进口农产品。其中植物油进口额1.28亿美元，比上年增加4.63倍；水产品7 814.19万美元，增长39.96%；油籽3 897.94万美元，下降37.14%；水果3 122.45万美元，增长32.95%；花卉2 490.86万美元，增长1.58%（图42）。

在出口市场中，对东盟市场出口增长强劲。按对主要市场出口额大小排序依次为：东盟4.17亿美元，比上年增长40.08%；欧盟2.5亿美元，增长6.52%；日本0.98亿美元，增长19.13%；中国香港0.7亿美元，增长6.72%。对以上五大市场出口额合计占全省农产品出口总额的82.61%（图43）。

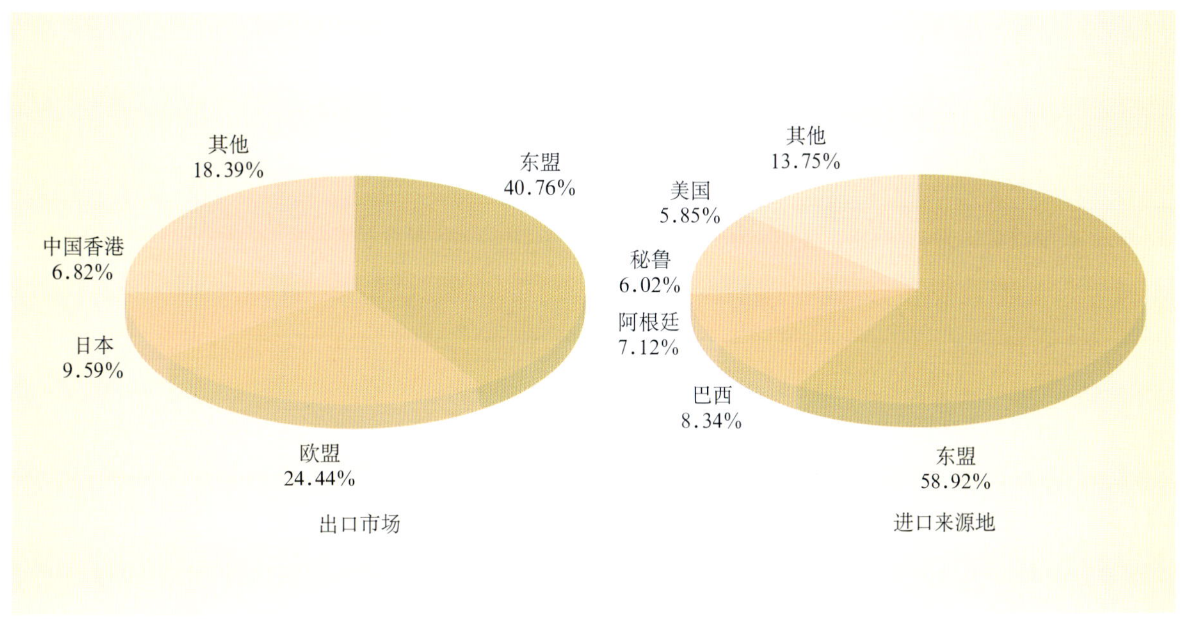

图 43 2009 年云南省农产品出口市场和进口来源地结构

农产品进口来源地主要是东盟，其他还有巴西、阿根廷、秘鲁、美国和欧盟。自东盟进口额 2.94 亿美元，比上年增长 27.65%；巴西 4 162.33 万美元，下降 0.58%；阿根廷 3 553.22 万美元，增长 41.71%；秘鲁 3 004.85 万美元，增长 85.67%；美国 2 919.81 万美元，增加 1.15 倍；欧盟 2 356.43 万美元，增长 17.26%（图 43）。

2009 年，云南省有农产品出口业绩的企业达 404 家，比上年增加 36 家。其中，出口 100 万美元以上的企业 138 家，出口额占全省农产品出口总额的 93.5%；出口 1 000 万美元以上的企业 19 家，占 56.1%；出口 5 000 万美元以上的企业 2 家，占 32.9%；出口超亿美元的企业有 1 家，占 23.4%。

云南省促进农产品出口的主要政策和措施：

（1）省委、省政府提前谋划，积极组织应对。云南省委、省政府高度重视农产品出口工作，针对金融危机后农产品出口面临的新情况新问题，及时召开了全省农产品出口工作会议，提出了 2009—2012 年农产品出口工作 6 大重点工作任务。

（2）发挥合作机制作用，加强部门协作。充分发挥联席会议机制，发挥各部门职能优势，解决农产品出口面临的突出问题。商务部门采取农产品出口市场开拓资助、出口信用保费补贴、出口贷款贴息等方式，加大对农产品出口企业政策扶持力度；检验检疫部门加大出口基地的备案管理力度，推行区域化备案，确保出口农产品质量安全，同时采取分类管理和质量核查、口岸与内地联合把关机制、24小时预约检验制度等措施；海关推出九项措施，加强对企业的扶持，提高通关效率；财政、金融等部门积极落实国家有关政策，在扶持资金、出口退税、贷款、出口信用保险等方面给予了企业大力支持。

（3）壮大优势特色产业，夯实出口产业基础。重点建设和巩固茶叶、蔬菜、马铃薯、水果等50个优质农产品和35个优质畜产品生产基地，积极引进大企业、大集团参与特色优势农产品产业化经营，重点扶持100家龙头企业和200家农民专业合作组织。通过发展优势特色产业，培育市场主体，有效促进了农产品出口。

（4）组织企业参展，努力开拓市场。组织企业参加中国国际农产品交易会、昆明国际农业博览会等多个专业展会，大力推介云南特色农产品。2009年，共组织省内100多家企业参展，成交额超过110亿元。

（5）加强质量安全工作，强化出口农产品质量基础。2009年“三品”认证完成384个，地理标志8个，无公害农产品产地认定整体推进完成21个县共计80多万公顷。同时，积极配合检验检疫部门，推进区域备案，云南基地备案总面积已超过6.7万公顷，两个县实施了出口食品农产品质量安全示范区建设。

（六）内蒙古自治区

2009年，内蒙古自治区农产品贸易额4.21亿美元，比上年增长7.89%。其中出口额3.3亿美元，下降1.46%；进口额0.91亿美元，增长65.22%。贸易顺差2.39亿美元。农产品贸易额占全区外贸总额的6.22%。

内蒙古出口农产品以蔬菜为主，其次还有畜产品、油籽、干豆和谷物。蔬菜出口1.55亿美元，比上年增长38.08%，其中番茄酱罐头占八成以上；畜产品3 308.35万美元，下降52.12%；油籽2 573.28万美元，增长52.99%，其中葵花籽占84.75%；干豆2 310.68万美元，增长67.65%；谷物2 003.12万美元，增长23.88%（图44）。

2009年，内蒙古自治区有出口业绩的企业42家，其中，出口额超过100万美元的企业35家；超过1 000万美元的企业25家。

内蒙古自治区促进农产品出口的主要政策和措施：

（1）加大对农畜产品出口企业的投入和信贷力度，大力扶持龙头企业和知名品牌。出台了牧区农畜产品出口龙头企业各项优惠政策，设立并逐步增加促进非公有制经济发展专项资金，支持和引导企业投资建设农畜产品项目，发展农牧业保险。

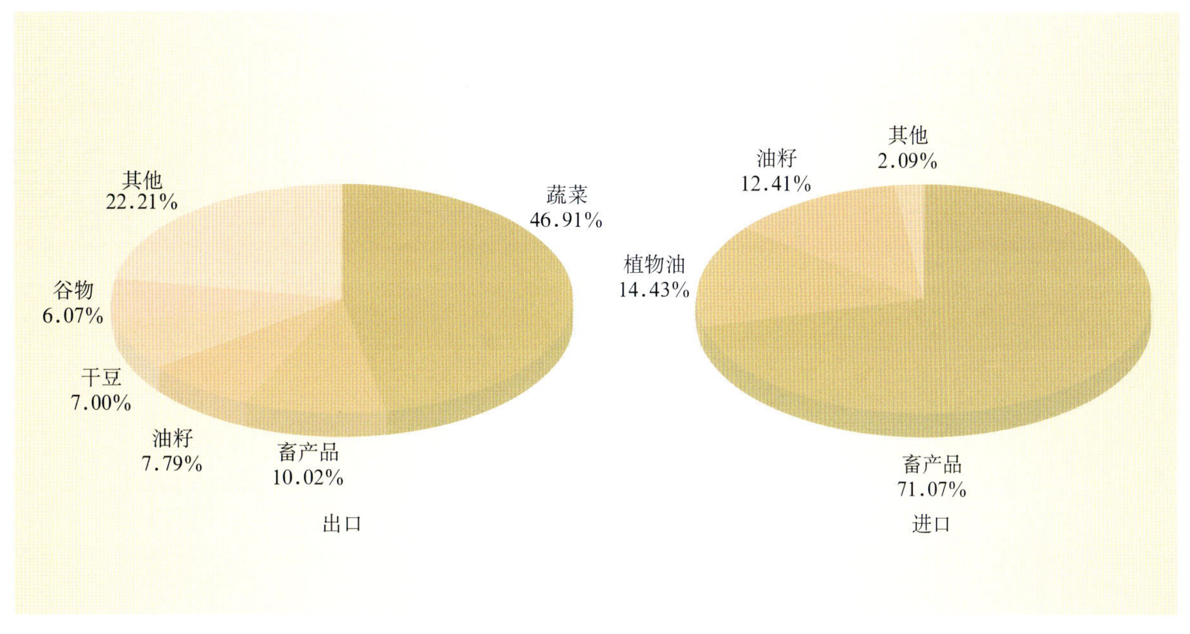

图44　2009年内蒙古自治区进出口农产品结构

（2）提高农牧业科技综合创新能力，提高农畜产品国际市场竞争力。构筑以高等院校、科研机构为主体的知识创新体系，加快农牧业新品种、新技术的开发、引进与推广，提升农畜产品质量；加强动植物防疫体系和农畜产品质量安全体系建设，完善动物疫情防控预警和饲料监管机制；加快农牧业标准化建设，全面推广无公害产品、绿色食品生产标准和认证制度；强化质量监督检测体系建设，实行农畜产品市场准入制度。

（3）完善边民互市贸易政策，发展口岸经济。充分发挥口岸过货通关、加工制造、商贸物流三大枢纽中心作用，提高口岸过货能力和口岸加工增值水平。在满洲里、二连浩特口岸城市，建设大型、绿色农畜产品生产加工基地和存储基地。依托策克口岸、甘其毛道口岸、满都拉口岸，适应俄、蒙市场需求，承接农畜产品转移。大力推进南联内地，北开俄、蒙的跨国运输大通道建设，为农畜产品的出口提供了交通便利。

（4）实施“走出去”战略，开拓国际农畜产品市场。鼓励和支持有优势的企业以投资、参股或购买开发权等形式“走出去”，发展与俄罗斯、蒙古国在农牧业等领域的合作。

主要贸易伙伴

2009年，中国农产品主要进口来源地按进口额大小依次为美国、东盟、巴西、阿根廷和欧盟，从上述5国或地区的进口额合计381.5亿美元，占中国农产品进口总额的72.3%。与上年相比，2009年中国自阿根廷进口农产品所占比重下降7.7个百分点；自美国、东盟、巴西和欧盟进口农产品所占比重分别增长2个百分点、0.9个百分点、1个百分点和0.2个百分点（表59）。

主要出口市场依次为日本、欧盟、东盟、美国和中国香港，对上述5国或地区出口额合计272.3亿美元，占中国农产品出口总额的68.7%。与上年相比，中国对欧盟和美国的出口份额分别下降5.9个百分点和3.9个百分点；对东盟和中国香港的出口份额分别增长7.8个百分点和1.2百分点；对传统出口市场日本的出口份额基本保持不变（表59）。

表59　2009年中国农产品主要进口来源地和出口市场

单位：亿美元、%

进口来源地			出口市场		
国家（地区）	进口额	占农产品进口总额比重	国家（地区）	出口额	占农产品进口总额比重
美国	140.3	26.6	日本	77.0	19.4
东盟	87.7	16.6	欧盟	56.8	14.3
巴西	84.5	16.0	东盟	53.6	13.5
阿根廷	34.9	6.6	美国	47.4	12.0
欧盟	34.1	6.5	中国香港	37.5	9.5
前五位合计	381.5	72.3	前五位合计	272.3	68.7

美　国

（一）生产

玉米是美国主要作物之一。2009年，由于在玉米播种及生长期间，美国天气始终风调雨顺，为玉米丰收打下了坚实的基础，虽然后期出现霜冻，但对最终产量影响不大。2009年美国的玉米收获面积和产量均有所提高，分别比上年增长1.2%和8.7%。美国的玉米消费增幅偏小，这对价格形成较大下行压力。

受小麦供给充足压低价格的影响，2009年美国农户种植大豆的积极性高于小麦，加之轮作作物收获较晚，制约了玉米种植带东部地区、三角洲地区以及中部平原的小麦种植机会，导致2009年美国小麦收获面积和产量分别下降10%和11.3%。而大豆播种面积创历史新高，达到3 092.1万公顷，比上年增长2.4%。

受全球金融危机的影响，2008年棉花消费低迷，棉价下滑，棉花收益下降，竞争作物价格相对优势明显以及资金投入不足等因素促使美国棉农改种其他作物，导致2009年美国棉花种植面积减少，为近25年来最低。弃种棉花的大部分土地用于种植玉米及大豆（表60）。

表60　2009年美国主要农作物收获面积及产量

单位：万公顷、万吨、%

农作物	收获面积	占世界比重	产　量	占世界比重
稻谷	125.6	0.8	703.0	1.6
小麦	2 018.1	8.9	6 031.4	8.9
玉米	3 222.5	20.8	33 405.2	41.9
大豆	3 092.1	30.4	9 147.2	35.9
花生	43.7	2.2	167.3	5.4
油菜籽	33.0	1.1	66.9	1.1
棉花	311.2	10.2	270.0	12.1

数据来源：美国农业部数据库。

（二）贸易

2009年，美国的小麦和棉花出口量继续下降，降幅分别为15.8%和9.6%。美国是全球最大的小麦出口国，但近年来由于价格相对较高以及各国尤其是俄罗斯、乌克兰等国小麦产量增长，世界小麦供给充足，使得美国小麦出口面临的国际竞争加剧，出口量持续下降，达到近30年来最低水平。棉花产量的持续减少一方面是因为受金融危机影响，以中国为主的重要棉花进口国需求萎缩，进口量减少；另一方面是由于印度的棉花产量快速增长挤占了美国棉花在国际市场的部分份额。

美国一直在国际玉米和大豆市场中占主导地位。2009 年美国玉米和大豆出口量大幅增长，增幅分别为 17.7% 和 18.1%。玉米出口增长主要是因为玉米产量增加，价格下降促进出口。畜产品方面，受金融危机影响，国外需求下降，牛肉和猪肉的出口分别比上年下降 7.8% 和 21.8%（表 61）。

表 61 2007—2009 年美国主要农产品进出口量

单位：万吨

产品	2007		2008		2009	
	进口	出口	进口	出口	进口	出口
小麦	306.5	3 440.3	326.6	2 667.1	313.0	2 245.3
稻谷	75.9	345.2	57.2	300.6	66.7	322.9
玉米	50.8	6 187.3	38.1	4 318.2	25.4	5 080.2
大豆	26.9	3 159.8	24.5	3 225.0	21.8	3 810.2
棉花	0.3	297.3	0	289.1	0.1	261.3
牛肉	138.4	65.0	113.1	85.1	125.4	78.5
猪肉	43.9	142.5	37.7	241.2	37.3	188.7

数据来源：美国农业部数据库。

2009 年，美国是中国农产品最大的进口来源地，中国从美国进口 140.3 亿美元，占中国农产品进口总额的 26.6%，进口额前五位农产品分别是食用油籽、畜产品、棉花、水产品和水果，共占从美国农产品进口总额的 92.4%，其中食用油籽占 66.6%。与上年相比，棉花进口额大幅下降 46.5%，所占比重下降 5.1 个百分点。

美国是中国农产品第四大出口市场。2009 年，中国对美国出口农产品 47.4 亿美元，占农产品出口总额的 12%。前五位主要出口产品是水产品、水果、蔬菜、畜产品和坚果，这 5 大产品出口额占中国对美国农产品出口总额的 77 %，其中，水产品占 43%。与上年相比，畜产品和水果出口额分别大幅下降 22.9% 和 29.1%，其他农产品出口额基本持平（表 62）。

（三）贸易政策

关税措施方面。《1930 年关税法》、《1988 年综合贸易和竞争法》等是规范美国关税制定和征收的主要法律。此外，美国对除古巴以外的所有 WTO 成员实施最惠国关税待遇，并通过双边或地区自由贸易安排提供优惠关税待遇。2009 年 1 月 1 日起美国开始实施《2009 年美国协调关税表》，对《2008 年美国协调关税表》进行了修改。但其修改主要是美国为履行与其他国家签订的自由贸易协定所规定的分阶段削减关税义务而进行的。

表 62　2009 年中国进出口美国的主要农产品

单位：亿美元、%

出口产品	出口额	所占比重	进口产品	进口额	所占比重
水产品	20.3	43.0	食用油籽	93.5	66.6
水果	7.1	14.9	畜产品	17.9	12.8
蔬菜	5.6	11.9	棉花	8.9	6.4
畜产品	2.4	5.0	水产品	6.7	4.7
坚果	1.1	2.2	水果	2.6	1.9
小计	36.5	77.0	小计	129.6	92.4

非关税措施方面。为应对激烈的国际竞争，近年来美国频频设置技术性贸易壁垒，最大限度地对奶制品出口进行补贴。2008 年 6 月，美国新农业法（《2008 食物、保护与能源法案》）生效。新农业法规定对鸡肉、山羊肉、人参、美洲山核桃和澳洲坚果等农产品的进口实行原产国标记制度。此外，新农业法对奶制品出口鼓励计划进行了延伸，重点强调在符合美国多边贸易协定应尽义务的情况下，最大限度地对美国奶制品的出口进行补贴，并要求商品信贷公司在投标的基础上，对出口奶制品的实体进行支付。

2008 年 11 月，美国食品药品管理局公布《进口食品预先通报制度的最终规则》。根据最终规则，进口商须在食品预定到达时间前 15 天（通过食品药品管理局的预先通知系统界面）或 30 天（通过海关和边境保护局自动商业系统的自动经纪界面）以电子形式向美国食品药品管理局进行预先通报。2009 年 3 月，美国农业部食品安全检验局发布通知，对于含有少量肉、禽或蛋产品原料成分的进口食品，要求进口商能够证明其原料通过美国主管机构检测、或能提供由美国认可的国外食品检测机构出具的证书，否则，将不符合美国进口要求。自 2009 年 6 月 19 日起，该局对进口商提交的新申请进行评估，批准后方允许进口。

欧　盟

（一）生产

2009 年，受谷物单产下降影响，欧盟谷物产量有所减少。其中，小麦产量为 13 814 万吨，比上年下降 8.6%，产量减少的主要原因是英国、法国、德国、罗马尼亚、保加利亚和西班牙等小麦主产国产量下降；玉米产量为5 577万吨，下降11.1%，减产的主要原因是东欧地区产量下降。

欧盟是世界上最大的生物柴油生产和消费地区，而欧盟生产生物柴油的主要原料是油菜籽。近年来欧盟生物柴油发展迅速刺激了其对油菜籽的需求，因此产量逐年增长。2009年，欧盟油菜籽产量达到2 143万吨，为历史最高水平，比上年增长12.7%。从2010年1月开始，欧盟一些成员国开始实施生物燃料掺混政策，这将进一步提振油菜籽的消费。

牛肉是欧盟生产的主要农产品之一，但近年来由于欧盟增加了牛奶配额，使奶牛数量增加而肉牛数量受到控制，加之受金融危机导致需求萎缩影响，牛肉产量增长缓慢。2009年欧盟27国牛肉产量为800万吨，比上年略降1.1%（表63）。

表63 2007—2009年欧盟27国主要农产品产量

单位：万吨

产　品	2007	2008	2009
小麦	12 013	15 108	13 814
稻谷	176	168	199
玉米	4 756	6 272	5 577
大豆	73	64	99
油菜籽	1 836	1 901	2 143
牛奶	13 687	13 785	13 782
牛肉	819	809	800
猪肉	2 286	2 260	2 200

数据来源：美国农业部数据库。

（二）贸易

欧盟是小麦的主要出口地区，同时也是第二大小麦进口地区，主要购买高质量的用于制作面包的小麦，也从黑海地区购买相对便宜的饲料用小麦。2009年，欧盟小麦出口量比上年下降25%。小麦出口大幅减少的主要原因：一是竞争力下降。在重要的中东出口市场，黑海地区小麦特别是俄罗斯和哈萨克斯坦小麦报价具有很强的竞争力，尤其是埃及市场上，俄罗斯占有巨大市场份额，其更加廉价的运费抵消了欧盟最大的小麦出口国法国小麦的竞争力；二是全球小麦需求有所放缓。

虽然多年来，欧盟一直是全球最大的牛肉出口基地，但自1996年以来，由于包括英国、法国、德国在内的大多数欧盟成员国发现有疯牛病病例，影响了欧盟牛肉及其制品的出口。此外，受金融危机影响，世界经济低迷，对较为昂贵的牛羊肉和高档奶酪等食品的消费需求减少。2009 年，欧盟牛肉出口仅为 16 万吨，比上年下降 20%（表 64）。

表 64　2007—2009 年欧盟 27 国主要农产品进出口量

单位：万吨

产　品	2007		2008		2009	
	进口	出口	进口	出口	进口	出口
小麦	694	1 227	774	2 532	650	1 900
稻谷	157	15	132	14	135	14
玉米	1 402	59	274	174	250	150
牛肉	64	14	47	20	47	16

数据来源：美国农业部数据库。

欧盟是中国第五大农产品进口来源地，是中国花卉最大的进口来源地。2009 年中国从欧盟进口农产品 34. 1 亿美元，占中国农产品进口总额的 6. 5%，进口产品主要有畜产品、水产品、谷物、水果和植物油。

欧盟是中国农产品第二大出口市场。2009 年中国对欧盟出口农产品 56. 8 亿美元，比上年下降 9. 4%，占中国农产品出口总额的 14. 3%，下降 1. 2 个百分点。出口的主要农产品有水产品、蔬菜、畜产品、水果和食用油籽（表 65）。

表 65　2009 年中国进出口欧盟的主要农产品

单位：亿美元、%

出口产品	出口额	所占比重	进口产品	进口额	所占比重
水产品	17. 6	31. 0	畜产品	12. 4	36. 2
蔬菜	9. 5	16. 7	水产品	2. 0	5. 9
畜产品	6. 9	12. 2	谷物	1. 2	3. 6
水果	4. 9	8. 7	水果	0. 6	1. 8
食用油籽	2. 1	3. 7	植物油	0. 5	1. 5
小计	41. 1	72. 3	小计	16. 7	49. 1

（三）贸易政策

关税措施方面。欧盟实行共同关税政策，执行统一的关税税率和管理制度。关税方面的基本法律主要有：理事会条例（EEC）No 2658/87《关税和统计术语以及共同海关关税》及其系列修订理事会条例（EC）No 450/2008《欧盟海关法典》。欧盟以委员会条例的形式每年调整并发布新的海关税则。2008 年 10 月 31 日，欧盟颁布了《关于修改第（EEC）2658/87 号规则附件一的第（EC）1031/2008 号欧委会规则》，发布了 2009 年海关关税表，于 2009 年 1 月 1 日起实施。

技术性贸易措施方面。自 2009 年起，欧盟禁止使用 22 种有毒物质制造农药，包括 8 种除莠剂成分、11 种杀真菌剂成分，以及 3 种杀虫剂成分。2009 年 2 月 2 日，欧盟成员国投票通过对初榨和特级初榨橄榄油加贴原产地标签的规定，要求混合橄榄油须注明“由欧盟橄榄油混合”或“由欧盟外橄榄油混合”。2009 年 5 月 11 日，欧盟食品安全委员会对食用菌中尼古丁限量做出紧急修订，并设立一个没有期限的过渡期。2009 年 10 月 22 日，欧委会发布关于第（EC）1010/2009 号条例，规定了《IUU 法规》的实施细则。《IUU 法规》对进入欧盟市场的海捕水产品有了更严格的规定。

出口方面。为稳定国内乳业生产和促进乳制品出口，欧盟对部分乳制品实施了出口补贴并恢复出口退税。欧盟宣布自 2009 年 1 月下旬开始，重新对黄油、奶酪、全脂和脱脂奶粉实施出口补贴，并恢复了对黄油、奶酪和奶粉的出口退税政策。同时，3 月至 8 月以固定价格购买欧盟国家 3 万吨黄油和 10.9 万吨脱脂奶粉。7 月 22 日，欧盟委员会公布欧盟奶制品市场形势报告，通过了一系列恢复补贴等措施，包括到 2010 年 2 月底以前，将继续实行储藏黄油的补贴机制，鼓励生产商储藏过剩黄油以调节供应量；对收购黄油和脱脂奶粉实施干预政策，以缓解市场供求矛盾。同时，欧盟委员会放宽了相关限制，允许成员国在经济危机中动用政府补贴手段扶持奶农。

东　盟

（一）生产

东盟是世界稻谷生产和消费的主要地区，东盟稻谷种植面积占世界稻谷种植面积的近 30%，产量约占世界稻谷总产量的近 1/4。东盟各国中产量在千万吨以上的主要稻谷生产国有印度尼西亚、越南、泰国和菲律宾。2009/2010 年度印度尼西亚、越南和泰国的稻谷产量创纪录高位，分别为 3 880 万吨、2 430万吨和2 040万吨，菲律宾稻谷产量也接近纪录高位，达到1 010万吨（表 66）。

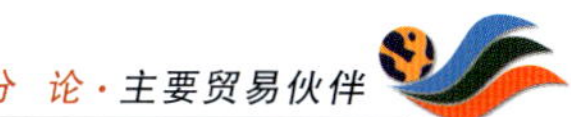

表 66 2007—2009 年东盟稻谷主产国稻谷产量及所占比重

单位：万吨、%

国　家	2007		2008		2009	
	产量	占世界比重	产量	占世界比重	产量	占世界比重
印度尼西亚	3 700	8.5	3 830	8.6	3 880	8.8
越南	2 438	5.6	2 429	5.5	2 430	5.5
泰国	1 980	4.6	1 985	4.4	2 040	4.6
菲律宾	1 048	2.4	1 075	2.4	1 010	2.3

数据来源：美国农业部数据库。

印度尼西亚和马来西亚是世界两大棕榈油生产国，合计占世界棕榈油总产量的80%以上。2009年两国棕榈油产量分别为2 150万吨和1 850万吨，比上年增长4.9%和7.2%。马来西亚棕榈的种植面积已接近饱和，产量近年来一直比较平稳。由于全球对植物油巨大的需求以及20世纪90年代后期发生亚洲金融危机后实施的政治和经济改革，刺激了印度尼西亚棕榈油的生产。在过去的十年中，印度尼西亚棕榈油产量快速、持续增长，从1999年的720万吨增长到2009年的2 150万吨，增加近2倍，年均递增11.6%。自2006年开始，产量超过了马来西亚，成为世界第一大棕榈油生产国。

（二）贸易

泰国是世界上最大的大米出口国，2009年泰国大米出口量为1 000万吨，比上年增长16.7%。1～5月，由于受稻谷抵押贷款政策的影响，泰国大米在国际市场上价格较高，而越南大米由于有价格优势而出口量不断增大，抢占了泰国大米的市场份额，导致泰国大米出口量比上年同期下降30%以上。但5月份以后，由于对非洲的大米出口明显改善，加上印度继续禁令大米出口，泰国的大米出口保持强劲态势，拉动了全年的出口量。

印度尼西亚和马来西亚棕榈油的出口比上年分别增长3%和0.8%。

近年来，中国对东盟农产品出口额持续增长，2009年中国对东盟出口农产品53.6亿美元，比上年增长17%，占中国农产品出口总额的13.5%。主要出口品种有蔬菜、水果、水产品、畜产品和食用油籽，5大产品出口额合计占中国对东盟农产品出口总额的66.4%。

东盟是中国第二大进口来源地。2009年中国从东盟进口农产品87.7亿美元，占中国农产品进口总额的16.6%。进口产品主要有植物油、水果、水产品、谷物和坚果，5大产品进口额合计62.9亿美元，占中国从东盟农产品进口总额的

71.7%，其中植物油（以棕榈油为主）占50%以上（表67）。

表67 2009年中国进出口东盟的主要农产品

单位：亿美元、%

出口产品	出口额	所占比重	进口产品	进口额	所占比重
蔬菜	13.5	25.3	植物油	46.5	53.0
水果	10.8	20.2	水果	9.3	10.6
水产品	7.7	14.4	水产品	3.8	4.3
畜产品	1.8	3.4	谷物	2.3	2.7
食用油籽	1.7	3.1	坚果	1.0	1.1
小计	35.5	66.4	小计	62.9	71.7

（三）贸易政策

关税措施方面。与欧盟不同，东盟尚未实行共同关税政策，各成员执行独立的关税税率和管理制度。2009年6月19日，印度尼西亚财政部表示，为支持国内乳制品工业发展，本国政府决定对6种全脂奶粉和1种脱脂奶产品恢复征收5%的进口税。8月20日，印度尼西亚工商会建议新政府提高10种初级产品的出口关税，以促进国内加工业发展，同时减少国民经济发展对出口自然资源的依赖。这10种初级产品包括可可、橡胶、棕榈油、咖啡豆和食糖等。

非关税措施方面。2009年3月17日，印度尼西亚食品药品监督局向制造商、进口商和分销商发布公告，禁止从中国进口牛奶、奶制品、鸡蛋粉和碳酸铵产品。6月1日，印度尼西亚农业部质监中心开始执行2009年第117号指南，要求中国产大蒜出口印度尼西亚需附加人工培育证书，并保证大蒜产于非疫区；产自疫区的大蒜需在附加人工培育证书中标明已进行处理。7月27日，印度尼西亚贸易部规定，自2009年10月起，所有畜产品的生产或进口，均须获得兽医卫生证明和清真证书，进口商除必须持有清真证书外，进口前还须持有印度尼西亚贸易部长颁发的进口执照。印度尼西亚颁布的《进出口新鲜植物食品安全控制条例》于2009年11月19日生效，要求所有向印度尼西亚出口的新鲜植物产品必须按照规定准备相关检验检疫材料，由印度尼西亚质检部门批准，并在该质检部门指定的实验室进行农药残留、重金属污染、细菌含量以及金属、沙子、玻璃等残留物质的检测，全部合格后方可由指定港口进入印度尼西亚市场。12月1日，印度尼西亚海洋与渔业部长颁布2009年第61号法令，规定冻鱼片、冷冻虾、冷冻蛙腿、冷冻金枪鱼、冷冻生龙虾、冷冻鲣鱼等81种水产品必须遵守印度尼西亚国家标准。

日 本

（一）生产

近年来日本耕地面积不断减少，农业生产处于停滞或下降状态，日本以高关税保护国内农产品市场。以大米为例，由于日本长期以来给予稻农优厚的补贴，且大米的进口关税高达490%，导致进口大米丧失价格优势，除大米自给有余外其他作物的播种面积和总产逐年减少，自给率下降，进口增加。日本的畜牧业经营规模远远落后于欧美，牧场和牧草地仅占国土面积的2%左右，由于牧草地少，畜牧业所用饲料大部分依靠进口。进入90年代，日本畜产品消费量的30%以上靠进口。

（二）贸易

日本现已成为世界最大的农产品进口国之一，向日本出口农产品的国家和地区大都地处环太平洋地区，主要有美国、中国、中国台湾省、澳大利亚、泰国、加拿大、韩国和印度尼西亚等。日本是中国农产品第一大出口市场。2009年中国对日本出口农产品77亿美元，占中国农产品出口总额的19.4%。出口额前5大类产品是水产品、蔬菜、畜产品、水果和食用油籽，5类产品出口额合计占中国对日本农产品出口总额的75.1%。其中水产品、蔬菜和畜产品对日本出口额均占中国同类产品出口额的15%以上。受金融危机影响，2009年，对日出口的前5类产品中除蔬菜出口额较上年有所增长外，其余产品出口额均呈不同程度的下降，食用油籽和水果降幅最大，分别为23.6%和16.3%（表68）。

表68 2009年中国对日本出口农产品情况

单位：亿美元、%

主要出口产品	出口额	比上年增长	占对日出口额的比重	比重增减
水产品	26.9	-3.5	34.9	-3.3
蔬菜	15.0	3.7	19.5	4.0
畜产品	10.5	-4.7	13.7	-4.4
水果	3.8	-16.3	5.0	-16.1
食用油籽	1.5	-23.6	2.0	-23.4

（三）贸易政策

日本通过关税政策和技术标准等非关税壁垒对农产品进口实行严格的限制和管理，金融危机爆发后，进口管理更加严格，是农产品市场准入难度较大的国家之一。

关税措施方面。2009年1月，日本政府决定通过修改税制，免除部分海外投资者对日投资税赋，以促进对日投资。2月16日，日本经济产业省发布2009年紫菜进口公告（《进口通告第19号》），公布2009年日本计划从全球进口10.52亿张紫菜，其中给予中国的配额量为4.1亿张。

非关税措施方面。2009年3月5日，日本厚生劳动省决定对中国泥鳅及其简单加工品实施硫丹命令检查，规定其在鱼类中的残留限量为0.004×10^{-6}。3月30日，日本厚生劳动省发布通知，在对中国产芝麻及其加工品的命令检查项目中追加三氯杀螨醇。4月6日，日本厚生劳动省决定对中国产小粒花生丁酰肼项目实施强化进口监控检查，检查比例提高至30%。5月19日，日本厚生劳动省发布第0519006号通告，规定对在中国政府已注册的指定加工企业制造的干燥菠菜，对其所含毒死蜱、狄氏剂和异狄氏剂的含量，不再要求进口自肃，改为实行命令检查。6月22日，日本厚生劳动省发布通告，决定对中国产猪肉及其加工品实施瘦肉精命令检查。7月22日，日本厚生劳动省决定对中国产输日荔枝及其简单加工品实施对氯苯氧乙酸钠（4－CPA）项目强化进口检查，抽查比例提高到30%。10月6日，日本厚生劳动省发布通报，决定对中国产上海大闸蟹实施呋喃唑酮命令检查。10月30日，日本厚生劳动省发布通报，加强对中国产养殖虾及其简单加工品中呋喃唑酮残留的检查，检查频率提高至30%。

巴　西

（一）生产

巴西地处热带和亚热带地区，环抱亚马逊河，国土广袤，农业资源得天独厚，土地、生物和水资源都十分丰富，为其发展农业提供了良好条件。目前，巴西是世界大豆主要产区之一，产量约占全球总产的1/4，其中约40%～50%用于出口。2009/2010年度，受大豆价格高企及边际收益高于玉米的影响，巴西大豆产量创历史新高，为6 700万吨，比上年增长17.5%，最主要的大豆产区马托格罗索州和巴拉纳州均获得大丰收。巴西是世界上最大的甘蔗生产国，蔗糖是巴西的第一出口产品。由于20世纪70年代甘蔗—酒精生产计划的实施，巴西甘蔗种植面积一直稳步扩大。2009年巴西食糖产量创历史新高，为3 575万吨，比上年增长12.2%，产量上升的主要原因是甘蔗种植面积扩大，此外，主产区雨水分布均衡，对作物生长有利（表69）。

表 69 2007—2009 年巴西主要农产品产量

单位：万吨

产　品	2007	2008	2009
玉米	5 860	5 100	5 100
大豆	6 100	5 700	6 700
糖	3 160	3 185	3 575
牛肉	930	902	894
猪肉	299	302	312

数据来源：美国农业部数据库。

（二）贸易

巴西是全球第二大大豆出口国，大豆及其加工品的出口是巴西重要的外汇来源。2009 年，尽管巴西大豆产量有所增加，但受全球经济衰退和大豆价格剧烈波动影响，大豆出口量仅为 2 560 万吨，比上年下降 14.6%。巴西是世界最大的蔗糖出口国，食糖的主要出口市场是印度、俄罗斯和阿拉伯联合酋长国。由于印度等部分食糖主产国减产，2009 年国际糖市存在一定的供需缺口，加上制糖利润明显高于酒精，更多的制造商倾向于生产食糖，刺激巴西食糖出口量增长 10.5%。在肉类出口方面，受金融危机影响，2009 年巴西牛肉出口量较上年下降 13.3%（表 70）。

表 70 2007—2009 年巴西主要农产品出口量

单位：万吨

产　品	2007	2008	2009
大豆	2 536	2 999	2 560
糖	2 085	1 950	2 155
猪肉	73	63	65
牛肉	219	180	156

数据来源：美国农业部数据库。

2009 年，巴西是中国农产品第三大进口来源地，中国从巴西进口额 84.5 亿美元，比上年下降 3.9%，占中国农产品进口总额的 16%。主要进口产品是食用油籽和植物油，进口额分别占中国从巴西进口农产品总额的 87% 和 4.6%。与上年相比，植物油进口额大幅下降（表 71）。

表71 2009年中国从巴西进口的主要农产品

单位：亿美元、%

进口产品	进口额	比上年增长	占从巴西进口额比重
食用油籽	73.5	0.9	87.0
植物油	3.9	-57.5	4.6
棉花	0.7	91.0	0.9
水果	0.7	-18.0	0.8
畜产品	0.5	2 620.6	0.6

（三）贸易政策

关税措施方面。自1995年1月1日，由阿根廷、巴西、乌拉圭和巴拉圭等4国建立的南锥体共同市场（又称南方共同市场）正式运行，关税同盟开始生效，实行共同对外关税，统一对外关税税率。由于2008年国内小麦丰产，巴西外贸委员会恢复小麦10%的进口关税政策，只有南方共同体国家才可以免税向巴西出口小麦。

非关税措施方面。2009年8月5日，巴西农畜食品供应部发布第30号规范指令，通过了关于宠物食品注册、标签以及广告宣传的规定和办理程序，以及免于注册产品的相关规定。

阿根廷

（一）生产

由于2008年遭遇干旱天气，作为全球第三大大豆出口国的阿根廷大豆产量仅为3 200万吨。2009年雨量充沛，大豆产量大幅增加至5 300万吨，增长65.6%。阿根廷是世界第二大玉米出口国，出口量仅次于美国。本年度降雨充足改善了玉米的生长条件，全国玉米平均单产达到每公顷8.3吨，超过2006/2007年度每公顷8吨的创纪录高位，玉米总产量由2008年的1 500万吨提高到2009年的2 100万吨，增长40%。

（二）贸易

2008年3月，阿根廷政府为确保国内农产品供应充足，上调了部分农产品出口税，实行浮动税率，并对小麦和玉米等农产品出口设置了上限。这导致出口谷物的利润大幅缩水，生产和出口的积极性大大下降，农产品出口受到严重影响。2009年7月31日，阿根廷调整了农业政策，全面恢复小麦和玉米等农产品出口。受产量增加和政策利好影响，2009年，阿根廷大豆和玉米出口量分别为700万吨和1 200万吨，比上年分别增长25.3%和18.8%。由于小麦价格相对低于其他农作物，政府也未实施最低保护价格，加上农户缺少信贷资金，导致2009年阿根廷小麦播种面积比上年减少29.7%，小麦出口大幅下降40.2%。

阿根廷是中国农产品第四大进口来源地，中国从其进口农产品34.9亿美元，比上年大幅下降58.6%；占中国农产品进口总额的6.6%，下降7.7个百分点。主要进口的产品是食用油籽和植物油，二者进口额合计占中国从阿根廷进口农产品总额的90%以上，其中食用油籽占47.4%，植物油占44%。此外进口额超过1亿美元的农产品还有畜产品（表72）。

表72 2009年中国从阿根廷进口主要农产品

单位：亿美元、%

进口产品	进口额	比上年增长	占从阿根廷进口额比重
食用油籽	16.5	-71.5	47.4
植物油	15.3	-30.6	44.0
畜产品	1.2	-54.9	3.5
水产品	0.4	-29.0	1.2
水果	0.1	39.0	0.3

（三）贸易政策

为满足国内市场需求，减轻通货膨胀压力，增加国内财政收入，2008年3月11日，阿根廷政府宣布根据国际市场价格变化对农产品实行出口浮动税率，价格涨落则税率也相应升降。此外，小麦和玉米出口税率从28%和25%下调至27.2%和24.2%，但大豆和向日葵籽出口税率从35%和32%提高到44.1%和39.1%。在农业团体大规模抗议活动的压力下，2009年8月2日，阿根廷政府调整了部分农业政策，取消对小麦和玉米等农产品出口的严格限制，全面恢复这些农产品出口。此外，阿根廷政府还放松了牛肉出口限制，牛肉出口的库存率标准从原先的65%降至30%，部分牛肉产品出口还取消了这一限制。

农业贸易谈判

WTO 农业谈判

多哈农业谈判自 2001 年启动，经过艰苦谈判，各方在历经数次坎坷后，就谈判内容、谈判框架及谈判模式初步达成共识。但由于个别成员的原因，使几近达成协议的希望成为泡影。2009 年，国际金融危机蔓延，世界经济衰退，贸易保护主义抬头。为应对危机，维护多边体制的权威，世界主要国家的领导人多次在不同场合纷纷表示要推动 WTO 多哈回合谈判早日达成协议。在各方的努力下，谈判于 7 月开始恢复技术层磋商，9 月起进入密集磋商。

谈判恢复后，一方面由于主要成员立场差异较大，个别成员甚至试图推翻现有模式草案，谈判在主要议题上进展缓慢；另一方面，美国、加拿大等成员在年初提出“跨越模式谈判直接进入减让表谈判”和“以双边要价替代多边谈判”的设想，虽遭到成员的反对，但在农业特会主席的引导下成员逐步开始讨论减让表模板，农业谈判进入“减让表模板讨论”与“模式谈判”同步进行阶段。11 月 30 日至 12 月 2 日，WTO 第七届部长级会议在瑞士日内瓦召开。此次部长会议未涉及多哈回合谈判的具体议题，但就 2010 年初开展密集磋商、推进 WTO 多哈谈判达成了广泛的共识，会议提出对谈判进行阶段性“盘点”以明确谈判路线图等建议，得到了成员的积极回应，对推动多哈回合谈判起到了一定作用。

（一）农业谈判总体情况

1. 减让表模板讨论

2009 年 7 月，农业特会主席以“确定减让表要素、结构和格式，为成员在达成最终协议后迅速制订减让表创造条件”为理由，引导成员进行减让表模板讨论。9月后减让表模板讨论逐步密集。总体来看，美国、欧盟和凯恩斯集团等发达成员在模板讨论中较为积极，已提交了30多个建议案，这些建议案也成为当前模板讨论的基础；大部分发展中成员则是被动参与，对模板讨论保持警惕。在乌拉圭的动议下，减让表制订大体分为两个步骤：“第一步”是制定各议题减让所需的基础数据模板；“第二步”是确定多哈回合各议题减让承诺表格的模板。

“第一步”讨论已于2009年底初步完成。“国内支持”支柱主要讨论了农业总产值、扭曲贸易的国内支持总量（OTDS）基期水平、蓝箱支付、特定产品综合支持量（AMS）和特定产品蓝箱上限等议题的基础数据模板。美国提出了基础数据模板方案，凯恩斯集团相应设计了一整套模板方案。“市场准入”支柱包括关税税目、关税配额和特殊保障措施（SSG）共3个基础数据模板。美国提出了整套基础数据模板，澳大利亚和新西兰建议将关税配额基础数据模板分为现有关税配额、多哈回合关税配额两类构建。“出口竞争”支柱包括出口信贷、出口信贷担保或保险计划、国营贸易等基础数据模板。欧盟完成了相应基础数据模板，美国又单独提出了“非新市场（即不对新产品、新市场提供出口补贴的纪律）”细分的详细模板方案。

“第二步”讨论主要集中在确定“国内支持”和“市场准入”议题的减让表结构，以及模式阶段涉及的基础数据提交与核查。“国内支持”主要包括与OTDS削减有关的“农业总产值”的定义和成员通报的最新数据、AMS特定产品和蓝箱特定产品封顶等相关数据的提交。阿根廷和美国分别提交了发达成员和发展中成员OTDS削减的减让表模板。在“市场准入”上，美国提交了关税削减和敏感产品关税削减两个减让表模板。对于减让表构建的方式，欧盟、澳大利亚、加拿大和挪威等成员认为现阶段应把握主要结构，集中讨论减让表的编制方式，G20也指出应掌握好模板讨论的节奏，先确定市场准入议题的“路线图”，而不宜仓促讨论细节。

2. 模式谈判

总体来看，模式谈判主要以2008年12月主席案文为基础，多数成员认为已就案文中大多数议题取得共识，谈判应以此为基础继续向前推进。但由于各方立场未有松动，模式草案谈判总体进展缓慢，有些成员在一些议题上甚至有所后退。具体谈判情况及矛盾焦点如下：

（1）敏感产品。日本继续要求敏感产品的数量比例为总税目数的8%、加拿大坚持6%，美国要求敏感产品数量灵活性普遍适用；欧盟表示接受对数量灵活性进行适当补偿，但提醒应防止出现补偿要价集中在个别税目上。巴西、印度、中国等表示需要兼顾发达成员与发展中成员在农业和非农的平衡，发达成员在非农上要价过高而在农业上还要求过多灵活性。攻守双方都强调此类问题只能在政治层面解决。

（2）关税封顶。关税封顶的讨论集中在对非敏感产品的封顶问题上，日本、瑞士表示希望有1%～2%的非敏感产品免于封顶并愿意进行补偿；巴西、印度、阿根廷、中国则表示需要兼顾农业和非农的平衡，反对有任何灵活性。

（3）新建关税配额（TRQ）。南非等成员明确反对新建TRQ，其他成员关注配额内税率、低关税税目、补偿水平等方面的原则和标准。阿根廷、乌拉圭等特别强调透明度的重要性，指出缺乏透明度就无法衡量贸易影响，而欧盟表示其在满足透明度要求方面存在困难。巴西对新建配额问题的前景表示不乐观，强调若在此问题上有所进展，必须在非农谈判等领域获得清晰度。

（4）关税简化。谈判主要集中在是否要考虑商业利益进而改进现有的巴黎方法（即2005年各成员在巴黎就非从价税转换（AVE）确定的计算方法）。欧盟要求保留15%的非从价税，维持巴黎方法。阿根廷认为巴黎方法的计算结果会出现个别产品对个别成员而言关税水平反而提高的情况，为维护商业利益，应改进巴黎方法。欧盟、瑞士、挪威反对阿根廷的意见，认为应当维持巴黎方法。

（5）热带产品/特惠侵蚀。近期欧盟就热带产品、特惠侵蚀和香蕉等相互关联的问题与非洲加勒比太平洋集团（ACP）成员和热带产品成员等有关各方进行了深入讨论，取得了一定进展，2009年初已就产品清单、待遇和选择等问题基本达成一致。巴西等在确认其关注得到解决后，也表示对相关各方取得一致表示欢迎。但印度提出热带产品/特惠侵蚀的讨论过程缺乏包容性，强调其40%出口为热带产品，这其中98%将受到该协议的影响，意味着印度在多哈农业贸易自由化中将一无所获。印度提出要与相关各方继续探讨热带产品/特惠侵蚀问题的解决方案。

（6）特殊保障机制（SSM）。以G33为代表的发展中成员与美国及凯恩斯等出口成员主要围绕预先比例、季节性问题、交叉检验等技术要素以及价格触发问题进行技术模拟分析，并在此基础上展开讨论。双方立场分歧明显，甚至对立。各成员以农业特会主席2008年12月关于SSM的工作文件（TN/AG/W/7）

以及农业模式案文第四修改稿（TN/AG/W/4/Rev.4）为基础，针对预先比率、季节性产品、跨年度、交叉检验和价格触发SSM等议题，进行了深入讨论和多次磋商，分别用实际产品数据做了大量技术模拟和分析，希望在技术上取得突破。

①预先比率。是以澳大利亚、欧盟为代表的进攻方提出的，预先比率提高了触发基础，使得数量触发变得困难。澳大利亚对三个国家共7种产品[①]进行了模拟，结论是：不采用预先比率会影响“正常贸易增长”，预先比率可以更好地反映贸易的实际增长。G33认为，实施SSM时间越长，预先比率越高，触发基础越高，最终导致数量触发难以发生。另外，G33对于澳方模拟分析使用的假设和选取的极端数据实例表示质疑和反对，认为所谓“正常贸易增长”没有一致认可的定义，有待进一步研究。

②季节性产品。是巴西、阿根廷和乌拉圭等南美国家提出的，指出这些国家小麦、大豆等粮油作物的出口存在很强的季节性，当北半球国家出口达到SSM触发水平时，正是巴西等南半球国家农产品收获上市时，正好阻止了他们的出口。出口方认为在季节性产品方面应有一定纪律；G33认为，在生产方面，季节性的问题只存在于温带地区的个别产品上，而热带和亚热带地区因一年数熟，谷物等农产品的收获无明显季节性问题。在贸易方面，出口中只有大豆有明显的季节性，其他产品如糖、粗粮、大麦、小麦等无论南半球还是北半球国家均无季节性问题。即便是有季节性问题的产品，也不会因此影响双边贸易，除非出口国只出口一种产品。进口中，无论哪种产品均无季节性。G33认为没必要在季节性产品方面单独做出规定。

③跨年度。是澳大利亚提出的，主要是对SSM的实施期进行调整。表示跨年度对“正常贸易增长”有贡献。G33对此表示反对，但可以考虑实施期8～12个月的情况。

④交叉检验。出口方认为SSM需要一定条件的限制。进口数量激增或者价格下降不一定对国内产业造成负面影响，应设定具体可衡量的指标确定产业损害，交叉检验是可量化的指标，因此非常必要。G33表示反对事前的强制交叉检验，可考虑事后有条件的交叉检验。G33认为，发达成员使用特殊保障措施（SSG）的情况经常发生，但SSG并没有价格交叉检验的规定，利用价格下降进行交叉

---

① 中国的黄大豆、冻猪杂、天然蜂蜜，印度的苹果，印度尼西亚的辣椒、咖啡和大米。其中，中国的黄大豆和冻猪杂为高速进口产品，印度的苹果为季节性产品，中国的蜂蜜和印度尼西亚的辣椒都是进口速度呈波动性的产品，印度尼西亚的咖啡和大米分别为进口激增型产品和进口减速型产品。

检验不合逻辑，也没有必要。在进口激增时，各个产品的价格变化是各不相同的，即便在生产没有大的波动和出口没有大的增长的条件下，价格上下浮动的幅度也很大；进口快速增长与价格下降没有必然相关。

综上所述，就 SSM 问题在近期的谈判中，以 G33 为代表的农产品进口为主的发展中成员与美国及凯恩斯等农产品出口为主的成员观点对立，而且随着讨论的深入，以进口为主和以出口为主的发展中成员之间的矛盾日趋尖锐。双方在触发门槛、救济水平等传统领域的分歧未能弥合的情况下，在上述新的技术要素方面的矛盾暴露得越发突出，预计近期难以在 SSM 问题上取得实质性进展。在一段时间内，SSM 仍将是多哈农业谈判中解决难度最大的遗留问题之一。

3. WTO 第七届部长会

WTO 第七届部长会在国际金融危机蔓延和全球多边贸易体制由于多哈回合谈判久拖未决而遭受质疑的背景下召开，共有来自 153 个 WTO 成员及 22 个观察员的 3 000 多名代表与会，主要审议了 WTO 多哈回合进程、多边贸易体制的作用、区域贸易自由化、WTO 监督机制等议题。考虑到部分成员存在巨大分歧，为避免出现僵局，会议未专门讨论多哈回合谈判，但多哈谈判依然是会议的热点和焦点问题。

会上，美国依然坚持推翻现有谈判基础、否认已取得的共识、通过双边磋商获取更高要价的立场。美国新任贸易代表柯克表示，多哈谈判必须在农业、非农和服务上提供“实质性的市场准入机会”；与主要成员开展双边协商并取得切实有效的成果对谈判成功十分关键，巴西、印度、南非和中国等新兴发展中大国必须发挥更大的作用。发展中成员在会上保持高度团结，影响力进一步提高。部长会前，G20、G33 等分别召开部长会和新闻发布会，协调立场、加强团结，并通过媒体强化宣传。会上，巴西、印度、中国等主要发展中成员发出了比较一致的信号，强调多哈谈判是发展回合，谈判内容应以现有模式为基础，在多边机制框架下推进谈判，争取在 2010 年完成谈判。欧盟、澳大利亚、加拿大等成员也表示，希望各方早日缩小分歧，力争在 2010 年完成谈判。

此次部长会未就谈判内容进行深入讨论，各方只是在政治上进行了表态，同时各方初步同意在技术层面上的谈判要继续进行，并在 2010 年年初就谈判进行阶段性的“盘点”，以期争取在 2010 年底完成谈判。外电评论此次会议是一次“务虚”会，在政治上就完成谈判发出了不太坚定的信号。

（二）下一步谈判分析

尽管 2009 年 9 月 G20 峰会领导人声

明提出在2010年完成谈判，11月WTO第七届部长会也重申了这一目标，但从目前形势及各方反映看，谈判前景依然不明朗，谈判能否在2010年完成受到多重不确定性因素影响。

一是全球金融危机影响了各国对全球贸易体制的信心，成员在谈判中显示灵活性的空间进一步压缩。全球金融危机使世界经济遭受重创，各主要经济体的经济都陷入衰退。虽然目前世界经济已开始逐步复苏，但国际金融危机的影响依然存在，贸易保护主义依然盛行，经济复苏的基础依然脆弱，在此情况下各成员进一步取消贸易壁垒和补贴的政治阻力依然很大，很难进一步显示灵活性。

二是美国尚未真正参与谈判，仍是影响谈判的关键因素和不确定性因素。美国是谈判最重要的参与方，其态度对农业谈判乃至整个多哈谈判的前景至关重要。2009年，基于其国内政治经济因素的考虑，奥巴马政府未将贸易问题列入优先议程。目前美国经济已逐渐走出衰退，国内政治环境略有好转。近期奥巴马政府提出在未来5年使美国出口翻番的目标，明确将推动多哈谈判列为实现该目标的重要途径，可以预计美国将对多哈谈判投入更多精力。然而美国国内政治形势仍然复杂，在就业问题日趋严重的大背景下，奥巴马政府推动多哈谈判从本质上说仍然是推动贸易伙伴，特别是新兴发展中大国开放市场，以促进出口、带动就业。因此，预计美国在谈判中立场将不会有实质改变，甚至在一些议题上将更趋强硬，这些都给谈判的下一步走向增加了不确定性。

三是谈判在2009年没有取得实质性进展，2010年达成协议缺乏技术基础。就整体进程分析，如果要在2010年完成谈判，各国部长必须尽早就模式案文达成一致。但目前农业谈判只在减让表模板等技术讨论上有所进展，在模式未决议题上没有取得突破，有些议题上成员立场甚至出现倒退。农业特会主席也承认，成员并未准备好解决遗留问题。

能否实现G20领导人2010年完成多哈谈判的承诺，仍将在很大程度上取决于世界总体经济形势以及主要成员国内政治因素。在经济危机阴影尚未散去的背景下，主要成员仍受制于国内保护主义的压力，缺乏推动谈判的政治动力，在谈判中不会轻易让步。从目前情况看，2010年完成谈判的前景不容乐观。

WTO渔业补贴谈判

2009年WTO规则小组继续就2008年12月份渔业补贴谈判主席散发的“路线图”文件所确定的议题进行磋商。发展中成员特殊与差别待遇成为谈判的重点。

（一）巴西、中国、厄瓜多尔和墨西哥就发展中成员特殊与差别待遇问题（S&D）发表联合声明

2009年9月24日，巴西、中国、厄瓜多尔、墨西哥发展中成员就S&D在会上提交联合声明。声明对全球渔业资源面临的危机，特别是对发展中成员的不利影响表示关注，指出某些成员长期以来提供的有害补贴是造成这一问题的根源。声明赞成设立严格的补贴纪律；同时强调S&D对发展中成员的重要性，未来补贴纪律必须包括有效的和适当的S&D。声明同意对S&D设立限制条件，但必须考虑到发展中成员的实际情况，不应过于苛刻。目前关于船长、作业区域的限制不尽合理，建议将区域渔业组织、渔业管理体系等因素纳入考虑范围。印度、越南、巴巴多斯等发展中成员发言呼应声明内容，认为谈判应建立切实有效的S&D，实现其他重要政策目标。新西兰代表阿根廷、澳大利亚、挪威、美国、智利等“鱼之友”成员发言，表示S&D作为渔业补贴纪律的重要组成部分，有助于消除贫困，实现发展目标。强调S&D也应设立有效的限制条件，实现保护资源可持续发展与经济发展的平衡。日本、韩国、中国台北等成员则强调发达成员和发展中成员都有义务保护渔业资源，给予发展中成员的S&D不应损害这一目标。

（二）关于发展中成员分类问题

主席就S&D涉及发展中成员再分类问题在成员间引起争议。欧盟表示，发展中成员在渔业发展水平上差别较大，如不进行再分类而给予发展中成员同等待遇，难以实现防止过度捕捞和过度装备的目标。欧盟强调某些发展中成员和发达成员具有同等捕捞能力，其所享受S&D与发达成员的待遇相挂钩。中国、印度、巴西等发展中成员与欧盟进行针锋相对的斗争，强调该问题不仅是经济问题，更是政治问题。所有发展中成员无论其渔业发展水平高低都应在谈判中享受同等待遇，对发展中成员进行再分类无法得到大多数成员的支持，也与《多哈部长级宣言》和《香港宣言》的授权不符。印度、巴西进一步指出对发展中成员再分类只会给多哈谈判造成不利影响。

（三）关于公海捕捞补贴问题

澳大利亚、新西兰、加拿大、智利、美国等成员明确反对将S&D扩大到公海捕捞。日本、韩国则主张公海补贴纪律应同样适用于发展中成员和发达成员，反对只给予发展中成员灵活性。印度和土耳其则认为公海补贴对发展中成员发展本国渔业非常重要，反对将作业区域设置为S&D的限制条件。

（四）关于补贴的可诉性问题

美国、新西兰、澳大利亚、智利明

确表示所有补贴，包括例外补贴和发展中成员的特殊与差别待遇都应是可诉的。日本、韩国则认为，除非非法捕捞补贴，其他所有补贴只有在通过不利影响测试后，才能加以禁止，强调区域渔业组织在防止过度捕捞和捕捞能力过剩方面的作用，主张禁止性补贴范围不应过大。发展中成员则表示将资源不利影响这一概念引入贸易规则应特别谨慎，防止构成对发展中成员不利的新的贸易壁垒。目前案文的许多定义缺乏明确的界定，包括与现有规则的衔接及操作性问题，需要成员进一步讨论。

自由贸易区谈判

（一）中国自贸区谈判概述

1. 已签协定的自贸区

中国已签署 8 个自贸协定，涉及 17 个国家和地区，包括：大陆与香港及大陆与澳门更紧密经贸关系安排及 5 个补充协定、中国与东盟自贸区系列协定、中国与巴基斯坦自贸协定、中国与智利自贸协定、中国与新西兰自贸协定、中国与新加坡自贸协定及中国与秘鲁自贸协定。

中国与秘鲁自贸区谈判由胡锦涛主席与秘鲁总统加西亚于 2007 年 9 月 7 日在悉尼出席 APEC 领导人非正式会议期间共同宣布启动，经过 8 轮谈判和 1 次工作组会议，2008 年 11 月 19 日谈判结束，2009 年 4 月 28 日两国政府在北京签署了中秘自贸协定，协定于 2010 年 3 月 1 日生效。

2. 正在谈判的自贸区

正在谈判的自贸区有 6 个，涉及 15 个国家和地区，包括：中国与海湾合作委员会（沙特、科威特、阿联酋、阿曼、卡塔尔和巴林）、中国与澳大利亚、中国与冰岛、中国与挪威、中国与南部非洲关税同盟（纳米比亚、南非、莱索托、斯威士兰和博茨瓦纳）及中国与哥斯达黎加。

中国与南部非洲关税同盟自贸区谈判 2004 年 6 月启动，双方正努力推动谈判尽快进入实质性阶段。

中国与海湾合作委员会自贸区谈判 2004 年 7 月启动，至 2009 年 12 月已举行 5 轮谈判，在货物贸易谈判多数领域达成共识并启动了服务贸易谈判。

中国与澳大利亚自贸区谈判 2004 年 7 月启动，至 2009 年 12 月已举行 13 轮谈判，双方就协定框架内容、货物贸易、服务贸易、投资、知识产权等问题进行了磋商。

中国与冰岛自贸区谈判 2007 年 4 月启动，至 2008 年 4 月举行 4 轮谈判，2009 年技术层继续保持沟通和交流。

中国与挪威自贸区谈判 2008 年 9 月启动，至 2009 年 12 月已举行 6 轮谈判。

中国与哥斯达黎加自贸区谈判2008年11月启动，至2009年12月已举行5轮谈判，双方已完成大部分内容的谈判。

3. 正在开展可行性研究的自贸区

中国与印度的区域贸易安排可行性研究已完成；至2009年12月与韩国开展自贸区官产学联合研究；2009年11月，中国与瑞士启动自贸区可行性研究。

（二）中国与澳大利亚自贸区

1. 澳大利亚农业生产

澳大利亚国土面积768万平方公里，居世界第六位。农牧业用地4.43亿公顷，占国土面积的58%。农用地80%以上是天然草场，达3.68亿公顷；耕地面积仅为农业用地的5%，约2 600万公顷。2008年全国人口2 137万人，农林牧渔从业人员35.8万人，占全国从业人员3.3%。

2008年小麦、大麦、水稻、甘蔗和棉花产量分别为2 142万吨、799.7万吨、6.1万吨、3 028.4万吨和32.9万吨，羊毛、牛奶、牛肉、羊肉、猪肉和禽肉等畜产品产量分别为42万吨、938.8万吨、214.8万吨、65.8万吨、55.9万吨和86.6万吨，金枪鱼、对虾、龙虾和鲍鱼等水产品产量分别为1.4万吨、2.4万吨、产量1.2万吨和6 000吨。

2. 澳大利亚农产品贸易

（1）农产品外贸依存度高。澳大利亚小麦、大麦、棉花、糖及大部分畜牧产品产出规模大、外贸依存度高，每年75%左右的初级农产品及25%加工农产品在国际市场销售。其中大米、牛肉和奶制品出口量占产量60%左右，小麦、大麦、食糖均超过70%，棉花、羊毛达95%以上。羊毛、牛羊肉、大麦、小麦出口均居世界前列。

（2）农产品关税水平低。澳大利亚农产品关税水平较低。2008年农产品简单平均约束税率3.3%，简单平均最惠国税率1.3%，零关税比例74.9%，关税在5%以下的占24.5%。

从分类产品关税看，动物产品平均关税1.6%，乳制品4.7%，园艺产品3.6%，咖啡和茶3.9%，谷物及制品2.5%，食用油籽及动植物油2.9%，食糖和糖果7%，饮料和烟草10.1%，棉花1.2%，其他农产品1.9%，鱼和鱼产品0.8%。

（3）中澳农产品贸易逆差大。2009年中国从澳大利亚进口农产品24.9亿美元，对澳大利亚出口5.7亿美元，逆差19.2亿美元（表73）。从产品结构看，主要进口羊毛、大麦、牛羊肉、牛羊皮、乳制品和棉花，分别占从全球进口的73%、47%、42%、19%、7%和6.7%。

相比之下，中国对澳大利亚出口的农产品主要是水产品、水果、蔬菜、杂项产品等，量小且分散。

表73 2001—2009年中国—澳大利亚农产品贸易情况

单位：亿美元

年份	2001	2002	2003	2004	2005	2006	2007	2008	2009
进口额	13.6	14.4	12.3	24.3	24.0	23.2	26.1	29.3	24.9
出口额	1.1	0.9	1.9	2.4	2.8	3.7	4.5	5.8	5.7
贸易逆差	12.5	13.6	10.3	21.8	21.2	19.6	21.6	23.5	19.2

3. 澳大利亚自贸区建设进展与农业谈判

（1）澳大利亚自贸区建设进展。自贸区建设是澳大利亚国际贸易政策的重要组成部分，澳大利亚自贸区建设目标是涵盖所有领域、可较短时间内带来实质性贸易利益，能增加贸易和投资机会，削除贸易壁垒、扩大潜在市场。外贸对澳大利亚至关重要，有1/5到1/4的就业与出口有直接或间接联系，且澳大利亚有大量资源性产品依赖出口，如65%的农牧产品、75%的鱼产品和60%的林产品。

澳大利亚已与新西兰、新加坡、泰国、美国、东盟和智利签署自贸协定；正与中国、马来西亚、日本、海合会、韩国开展自贸区谈判；正与印度和印度尼西亚进行自贸区可行性研究（表74）。

表74 澳大利亚自贸区建设进展情况

签署协定	正在谈判	可行性研究
新西兰	中国	印度
新加坡	马来西亚	印度尼西亚
泰国	日本	
美国	海合会	
东盟与新西兰	韩国	
智利	太平洋紧密经济关系协定 泛太平洋伙伴协议	

资料来源：澳大利亚农林渔业部。

（2）农业部门在自贸区谈判中的作用。农林渔业部与外交贸易部一起确保农业产业利益，分析自贸区谈判发展形势；农业部全过程参与所有自贸区谈判以确保自贸区利益最大化；农业部和外交贸易部一起决定产业部门的进攻和防守利益；农业部负责动植物卫生、检疫措施谈判。与中国自贸区谈判是其当前主要任务，农业部与其他部门一道宣传中国与澳大利亚自贸区的积极作用以获取中国企业界支持；与中国建立自贸区目标是实现两国农业贸易自由化，为澳大利亚农业部门寻求新的市场机会。

（三）中国与瑞士自贸区

1. 瑞士农业生产

瑞士总人口 759.3 万，面积 41 285 平方千米，农业用地 105.8 万公顷（耕地面积 40.5 万公顷），农场数 6.09 万个，平均规模 17.4 公顷。主要农作物有小麦、燕麦、马铃薯和甜菜。谷物种植面积 15.6 万公顷，占耕地面积的 39%，能满足国内需求量的 1/3 以上。肉类基本自给，奶制品自给有余。

种植谷物主要有小麦、大麦、玉米、黑小麦、黑麦和燕麦，2008 年产量分别为 55.7 万吨、20.3 万吨、17.7 万吨、5.9 万吨、1.2 万吨和 1 万吨；根茎作物有甜菜和土豆，产量分别为 162.5 万吨和 40.8 万吨，水果有葡萄、苹果和梨，产量分别为 25.5 万吨、13.6 万吨和 3.8 万吨；畜牧业发达，在农业中地位重要，牛奶及制品除自给外还供出口，牛、羊、猪肉可基本自给，但禽蛋类产品基本靠进口。2008 年牛奶产量 411.6 万吨、牛肉 13.5 万吨、猪肉 23.1 万吨、鸡肉 6.3 万吨、鸡蛋 3.9 万吨。

2. 农产品贸易

据中国海关统计，2009 年中瑞农产品贸易额 6 533.3 万美元，比上年增长 12.7%。其中中国向瑞士出口农产品 2 996.8万美元，比上年增长 15.4%；从瑞士进口农产品 3 536.5 万美元，增长 10.6%；贸易逆差 539.7 万美元，下降 10.4%。中国向瑞士出口的主要农产品有蔬菜（番茄酱、菌类、芦笋、大蒜）、动物肠衣、鱼片、鱼子酱、饼粕、茶叶等；从瑞士进口的主要农产品有食糖、婴幼儿食品、可可食品、鱼油、乳制品等。

3. 农产品关税

瑞士全部产品最惠国平均税率 7.7%，20.2%税目零关税，非从价税税目比例 83.4%。农产品最惠国平均税率 44%，29.8%税目零关税，非从价税税目比例 79.1%，最高关税超过 1 000%。

从分类产品关税看，动物产品平均关税 146.1%，乳制品 176%，园艺产品 20.5%，咖啡和茶 6.3%，谷物及制品 29%，食用油籽及动植物油 35.9%，食糖和糖果 30.2%，饮料和烟草 45.6%，棉花零关税，其他农产品 7.9%，鱼和鱼产品 0.4%。

4. 瑞士自贸区建设

瑞士是欧洲自由贸易联盟（EFTA）创会国之一，该联盟已与加拿大、智利、克罗地亚、埃及、马其顿、以色列、约旦、韩国、黎巴嫩、墨西哥、摩洛哥、巴勒斯坦、南部非洲关税同盟、新加坡、突尼斯、土耳其建立自贸区。瑞士还同列支敦士登一起与欧盟、法罗群岛和日本等实施自贸协议，与阿尔巴尼亚、哥伦比亚、塞尔维亚、中国香港、印度、秘鲁、乌克兰签署了自贸协议或正在进行自贸区谈判。

农业贸易促进

农业贸易促进行动

由于全球性金融危机影响的不断深化，各国贸易保护主义倾向都有所加强，使中国农产品出口困难增多。为促进农产品贸易，商务部、农业部等八部委、国家进出口银行、中国出口信用保险公司等各级政策性金融机构100余家，各级农业行业商、协会1万余家以及农产品出口企业1.6万余家等，均不遗余力积极行动，以化解危机。

中国直接或间接用于促进农产品出口的政策措施主要包括政策性资金支持、金融信贷支持、培训服务、法律服务、市场服务和会展服务等六大类，这些措施基本属于WTO“绿箱政策”。

（一）政策性资金支持

1. 国家政策性资金支持

“中小企业国际市场开拓资金”是国家为支持中小企业发展，鼓励中小企业参与国际市场竞争，降低企业经营成本而设立的基金，主要用于企业境外参展、推介活动补贴。自2001年启动以来，已累计投入50多亿元，近10万家中小企业从中受益。据商务部门测算，每1元资金使用平均带动企业出口增长近38元。

“农轻纺产品贸易促进资金”自2006年正式启动，主要用于农产品出口行业公共技术平台建设和企业质量可追溯系统建设。

2002年起，农业部开始探索建立农产品营销促销服务平台和服务机制，设立了农产品营销促销专项资金。该项资金主要用于农产品企业参加境内外农业展会补贴、举办全国性农业产销对接活动、开办农产品“网上展厅”、组织农产品应急促销等方面，至2009年累计投入资金1.4亿元。

2. 地方性资金支持

为应对国际金融危机影响，促进农产品出口，一些省、自治区也积极采取措施，不断加强政策扶持力度。辽宁省积极制定发展规划，制定了《辽宁省对俄合作发展规划（2008—2015）》；湖北省出台了《关于稳定扩大农产品出口的意见》（鄂政办发［2009］69号）；四川省提出了《关于加快农产品出口基地建设的意见》；广西壮族自治区出台《广西罗非鱼产业化发展扶持暂行方案》。与此同时加大在财税、金融等方面的扶持。

一是加大农产品出口示范的财政资金扶持力度。黑龙江省对2009年出口额增长较快和出口规模较大的企业实施奖励。河南省对农产品出口示范基地建设共投入资金200万元。湖北省在促进农产品出口方面瞄准优势产品，突出重点企业、基地，结合板块基地建设，安排专项资金重点支持优质水果、茶叶、小龙虾等出口示范基地建设。广西对罗非鱼等名特优养殖出口品种予以扶持。对罗非鱼出口养殖基地进行登记备案，每个登记备案的基地补助5 000元。

二是改善融资环境。四川省加强政银联合、银企联合，协助解决农产品出口企业融资难题。农业厅与中国进出口银行成都分行签署战略合作协议，建立全面、长期和稳定的合作关系，积极促进农产品出口。浙江省积极争取有关部门加大财税等政策的扶持力度，把农产品出口企业参加境外展纳入省重点扶持参展项目，帮助农产品出口企业克服困难。江西省农业厅为帮助企业解决融资难，采取“一业一策，一场一策”，组织银企会商，积极向银行推荐优质水产企业，促进了银企合作，较好地解决了水产品加工出口企业流动资金不足的难题，迅速扭转了出口量和出口额双双大幅下降的被动局面，使水产品出口呈现大幅回升的良好势头。

三是充分利用外贸发展基金服务农产品出口。广西壮族自治区利用广西外贸发展资金、西部外经贸发展基金以及中小企业国际市场开拓基金，对广西农产品出口企业进行相应扶持，将出口龙头企业列入广西外经贸重点企业名单，予以重点支持和跟踪服务。同时，大力支持企业建设农产品出口基地，突破性发展农产品加工业，鼓励企业积极引进新技术、新品种、新工艺、新设备，不断提高出口创汇能力和国际市场竞争力。

四是设立农产品出口促销专项经费。广西壮族自治区2009年农产品促销专项经费达195万元，2002—2009年累计

1 200万元；安徽省2009年设立农产品出口促销专项经费300万元；福建省2009年专项促销经费160万元，2002—2009年累计430万元；青岛市2009年专项促销经费100万元，2002—2009年累计1 500万元。

（二）农产品出口企业金融服务

金融危机以来，农产品企业出口所面临的困难增多、市场风险加大，国家通过政策性金融机构为企业提供信贷融资和保险服务对农产品贸易促进的意义彰显。

1. 出口信贷

中国进出口银行2006年起开展农产品出口卖方信贷业务，对中国企业农产品出口所需资金提供本、外币贷款。贷款对象为在中国工商行政管理部门登记注册，具有独立法人资格，并从事农产品出口业务的企业，年农产品出口额原则上须达到100万美元及以上。

2. 出口信保

农产品市场竞争激烈，出口产品质量要求高，又面临着国外技术性贸易壁垒越来越高的挑战，出口风险增大，充分利用政策性、非赢利性的出口信用保险有利于农产品出口企业稳健经营。

2001年成立以来，中国出口信用保险公司就积极为农产品出口企业提供出口信用保险及相关服务。2009年，短期出口信用保险支持农产品出口额达到29.4亿美元。

2009年7月起，商务部、财政部对西部地区投保农产品短期出口信用保险的保费扶持比例提高到50%。广西专门对农产品出口企业投保出口信用保险在保费方面予以补助。云南省为促进企业扩大农产品出口，从2009年起对企业投保农产品短期出口信用保险的保费扶持比例由30%提高到50%，并决定2010年在全国率先对农产品出口信用保险进行全额保费扶持。

（三）培训服务

2009年度，全国贸促会系统在境内组织企业培训1 484次，企业接受培训157 471人次；在境外组织企业培训107次，企业接受培训3 275人次。其中，贸促会农业行业分会组织农产品企业境内培训2次，境外培训1次，接受培训人数共计229人。

1. 农产品贸易经理及管理人员培训

为提高农业部门的对外经贸管理水平，培养复合型农业外贸人才，农业部乡镇企业局、贸促会农业行业分会与农科院研究生院自2008年起启动了“农产品贸易经理及管理人员培训”项目。2009年该项目将境内外培训与境外优势农产品推介相结合，国内培训共有82名农产品贸易经理和管理人员参加，同时组织安徽省、河北省、天津市的农产品出口促进系统和相关企业人员赴英国举办了“中欧农产品贸易研讨会暨中国农产品推介会”。从学员构成来看，企业人数占学员总人数的63%，比上届有较大增长。培训内容涵盖了中国农产品贸易状况及国家相关政策、中小农产品企业扶持政策和手段、国际农产品食品质量体系、农产品企业市场营销策略以及外事外贸礼仪等方面（图45）。

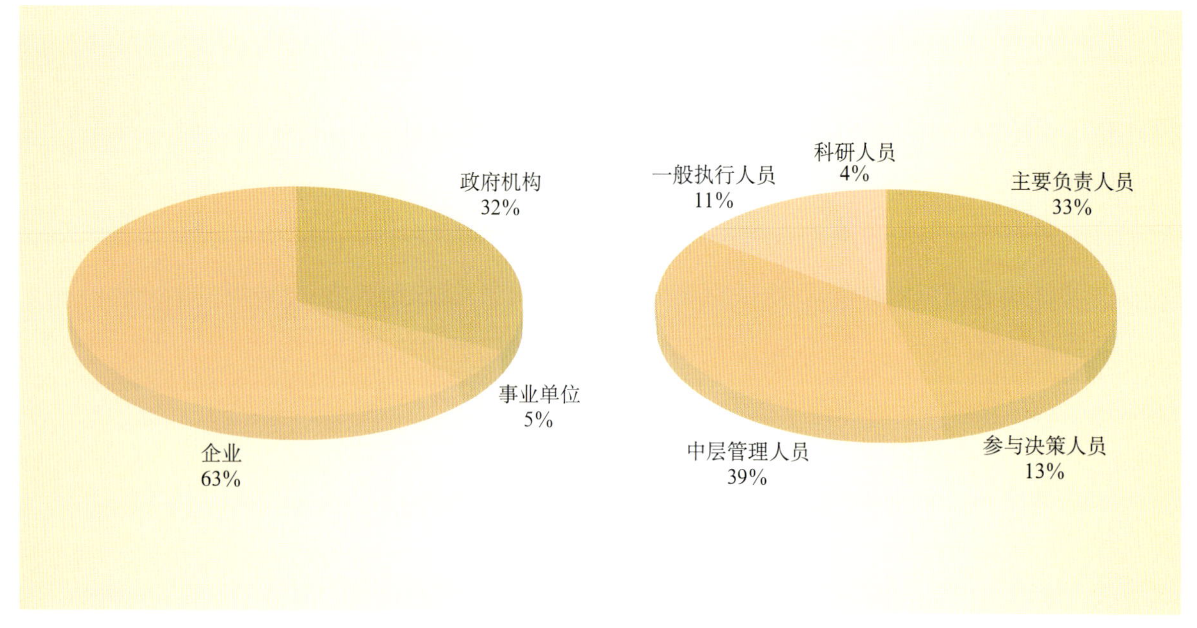

图45　2009年参加中国“农产品国际贸易经理及管理人员培训班”的单位和人员构成

2. 生态可持续水产品认证培训

2009年，农业部农业贸易促进中心与持续渔业伙伴组织（SFP）合作组织开展了首期“生态可持续水产品认证培训”，培训国内水产企业经理及业务人员共计100人。培训内容包括系统介绍生态可持续水产品的含义、认证机构以及生态可持续水产品需求的增长给中国水产企业带来的影响，探讨中国水产企业如何利用优势资源提高生态可持续水产品的生产等。

（四）法律服务

政府为企业提供能够解决行业或个案问题的相关专业咨询服务体系，通过法律途径为农产品出口企业给予支持。江西省积极组织企业应对输美小龙虾反倾销案，省渔业局与江西鄱阳湖四海国际水产集团跟踪了解美国方面的信息，并聘请国外律师团，在美国商务部重新审理中国小龙虾企业时，最终裁决给予该集团唯一“零关税”待遇。2009年该集团小龙虾出口额2 020万元，比上年翻了二番多，一跃成为全国同行业龙头老大。

据统计，2009年度，全国贸促会系统共签发原产地证283.9万份，商业证明文件34.3万份，暂准进口通关（ATA）单证册3 890份，使馆认证12.56万份；调解涉外纠纷案件571件，为企业提供法律咨询12 174次，参与仲裁案件722件。

法律服务的另一项内容是以法规体系来规范农产品企业主体行为，维护有序的市场环境。2006年11月1日实施的《农产品质量安全法》、2009年6月1日颁布实施的《食品安全法》为有效地规范农产食品的生产、流通等环节提供了坚实的法律基础。

（五）市场服务

1. 国际市场多元渠道促销

经济全球化和信息化的不断推进使各国经贸活动的内在联系日益紧密，合作的基础和空间更加广泛，促销渠道更趋多元化。

一是政府间的交流为企业创造贸易机会。通过政府间的政治、文化、技术等领域的交流接触，营造和谐交流气氛，为中国农产品、食品出口奠定了良好的基础。如中法文化交流年、中俄文化交流年，都为中国农产食品企业创造了大量的贸易机会。相比于企业单独来进行对外经贸商务洽谈活动，不仅节省成本，提高效率，更使成功率大大提高。因此，加强政府间的高层商务性接触，是进一步扩大新时期农产品出口贸易空间的一个重要手段。

二是组织企业国外参展为企业提供贸易平台。在农业部财政专项的支持下，2009年农业部农业贸易促进中心组织国内农产品企业参加比利时渔展、韩国国际食品展、日本食品配料展、巴西国际食品展、马来西亚国际饮食品展、莫斯科国际饮食品展、美国天然及有机产品展等10多个展会，来自宁夏、安徽、浙江、新疆、青海、山东、湖北等省（自治区）的百余家企业参展，取得丰硕贸易成果。

三是组织专家研讨农产品出口受阻问题。针对中国农产品出口主要市场份额下降的关键问题，组织相关专家探讨如何稳定并扩大中国农产品的市场份额。如近年中日农产品贸易在中国农产品出口中所占份额由2004年的1/3下降到不足20%，根据中国驻日使馆的建议，农业部农业贸易促进中心制定了旨在帮助日本消费者恢复对中国农产品质量信心的“恢复信心行动计划”，调整了以往出境展览及推介活动中以推介单一产品为重点的工作思路，重点介绍中国农产品源头管理和质量全程监控等内容，引导日本消费者对自中国进口的农产品重树信心。2009年3月，在日本东京成功举办了“中日农产品贸易交流研讨会”。来自中日两国的农产品贸易及质量安全问题专家、农产品生产企业、进出口商、经销商等参会代表共计120余人。

该活动得到了中日双方代表，特别是日方媒体的热切回应和广泛报道，效果良好。

2. 出口促进行业组织发挥积极作用

为实现中国农产品国际贸易的良性发展，各地大力加强农产品贸易行业组织建设，充分发挥行业组织的作用，打造贸易平台，为政府部门、银行、出口企业等提供信息咨询、市场服务、政策传递、中介纽带等多种服务，有力促进了农产品出口贸易。以苹果为例，在专业协会的营销促销组织和政府相关支持下，目前已形成了山东和陕西两大苹果出口产业基地（表 75）。

表 75 中国部分省（自治区）农产品出口组织化情况

省（区）	农产品出口企业（家）	千万美元以上出口企业（家）	出口基地（个）	出口基地面积（千公顷）	农业协会组织（家）	省级农业协会组织（家）	农民合作经营组织（家）	农业网络信息平台（家）
山东	3 857	227	—	—	—	25	41 316	140
福建	1 514	85	1 766	66.8	44	31	4 435	—
安徽	350	6	50	80.0	1 441		10 785	27
河南	322	9	—	41.3	—	22	17 000	131
江西	414	4	234	13.3	415	14	8 416	86
四川	200	11	110	5.9	—	—	10 688	70
甘肃	135	5	—		2 210	16	5 222	—
广西	324	20	3	3.7	1 510	40	4 310	—
海南	128	14	78	7.4	53	23	2 150	38

注：本表数据基于 2009 年调查。

（六）农业会展促销活动

农业展（博）览会是农业产业发展的风向标，是农业技术信息交流的桥梁纽带，对促进农产品贸易发展具有重要意义。

据不完全统计，2009 年全国县级以上农业部门累计举办农业展会及各种展示推介活动 700 多场次，开辟网络促销专栏或网上对接会 6 000 多个，组织参加境外大型展会 10 多场。农业部支持的农业展览包括中国国际农产品交易会、全国名优果品交易会、全国优质稻米博览会、中国国际渔业博览会等 9 个，以及中国—中东欧国家农业科技与经贸合作论坛、中国农业投资和贸易论坛等国际会议近 10 场。

2009 年全国各地举办中等以上规模（1 500 平方米以上）农业展（博）览会

约160个，总数较上年有所下降；但大型、专业性展览大部分呈现出面积增长、质量提升的良好态势。根据160个展览的统计数据，2009年全国中等以上规模农业展览展出面积约为265万平方米，平均展出面积16 685平方米，最大单个展览展出面积6.7万平方米。160个农业展览的净展出面积为147.4万平方米，参展企业共计14.2万家，参展观众约1 792万人次。

在获得贸易信息的39个展览项目中，通过展览实现贸易成交额总计逾673.6亿元，意向贸易额671.9亿元，投资合作合同额1 673.4亿元，三项合计约3 019亿元。排除贸易成交额重复统计等因素影响，每平方米农业展览实现贸易额约2.16万元。

2009年国内展会的主要特点是：会展总数明显下滑；大型农业展览发展态势较好，呈现逆周期性；品牌农业展览发展稳定，专业化办展初现端倪；展商参展目的多元化，观众参展需求多样化；展览功能定位与举办地密切相关，多数展览侧重产销对接；展览活动政府参与度高，行政化办展依然较为普遍。

此外，2009年，在农业部和中国国际贸促会的支持下，贸促会农业行业分会组织开展了中国农业会展分类认定工作，对全国农业展（博）览会的发展情况进行了调查和梳理，收集了47个农业会展项目的数据信息，包括展会定位、展会规模、展商信息、观众信息、贸易效果等五大类70多项内容；发放回收展商和观众意见调查表3 140多份。此项工作的开展，有利于进一步提高农业会展的质量，使农业会展更加规范化、标准化，从而促进农业会展业健康发展。

农业贸易信息服务

2009年，全球金融危机深化蔓延，中国农产品出口面临巨大压力。为化解危机，国内各类农业贸易信息服务主体全力以赴，以维护农业产业安全、提高农产品质量安全水平和增强国际竞争力为目标，以构建多层次、一体化的农产品进出口信息服务体系为主线，通过健全服务制度、夯实服务基础、丰富服务内容和拓展服务形式，进一步增强了向企业和农民提供信息服务的能力。农业贸易信息服务的扎实推进，为促进农林牧渔业产品的出口，实现农产品贸易的长期稳定发展提供了重要支撑。

（一）农业贸易信息服务的政策环境

农产品和食品的质量安全问题是农产品贸易的敏感话题，也是国际贸易中非关税壁垒的高发领域。继2006年《中华人民共和国农产品质量安全法》颁布实施之后，2009年，《中华人民共和国食品安全法》（以下简称《食品安全法》）颁布实施，法律明文规定国家建立食品安全信息统一公布制度，要求国务院卫生行政部门统一公布国家食品安全总体情况，食品安全风险评估信息和食品安全风险警示信息，重大食品安全事故及其处理信息，以及其他重要的食品安全信息。《食品安全法》专门规定了食品进出口产品质量安全信息的管理制度，要求国家出入境检验检疫部门收集、汇总进出口食品安全信息，并及时通报相关部门、机构和企业。

《食品安全法》的颁布实施，对农业贸易信息服务提出了更高的要求，国家质量监督检验检疫总局、商务部、财政部和农业部等相关部门依照法律规定的职责加强了国内食品和进出口食品质量安全的管理和信息服务工作。2009 年 3 月，国家质量监督检验检疫总局发布了《关于全国质检系统开展质量和安全年活动的通知》，商务部、财政部联合发布了《关于进一步加强城乡市场信息服务体系建设的通知》。4 月，农业部召开了全国农业市场信息工作会议，会议进一步明确了农业部农业市场信息服务的重点。

（二）农业贸易信息服务基础建设

1. 信息采集发布制度

近年来，中国十分重视农业信息的采集和发布工作，农产品市场的价格信息、监测预警信息采集、发布制度基本形成。农业部从 1995 年开始，开通了“全国农产品批发市场信息网”，建立了农产品批发价格信息日监测报告制度，截至 2009 年，农业部的农产品价格采集和发布体系，涵盖了粮、棉、油、糖、肉、蛋、奶和主要的蔬菜、水果，涉及 200 多个品种，采集数据 2 000 多万条。2009 年，国家粮油信息中心进一步完善了粮油生产、库存、消费、进出口以及价格等数据采集制度和月度信息发布制度。海关总署、国家粮食局、国家统计局也都强化了各自的信息采集和发布工作。

2. 信息标准化

2009 年，为建立符合国内要求、与国际接轨的农业信息标准体系，农业部启动了“农业信息化标准体系框架”项目的研究工作，为系统、全面的制定农业信息分类标准、采集标准、处理标准和发布标准提供基础，进一步推进农业信息标准体系建设，促进中国农产品贸易的发展。此外，为加强农产品市场监测预警工作，在 2008 年农产品市场监测指标体系基础上，进一步完善了农产品市场监测指标统计口径，为农产品市场监测预警打下了坚实的基础。

3. 数据库建设和完善

2009 年，商务部对涉外政策法规数据库、国际经贸公约与惯例、中国商品数据库、世界买家数据库、商展信息数据库进行了扩容更新，提供的信息更加丰富。农业部继续扩充农产品数据库的数据源，升级数据库服务器。目前，农业部农产品价格数据库采集的重要农产品品种已达200多种，存储数据2 000多万条。

4. 信息服务平台建设

“农产品批发市场价格信息服务子系统”和“农村市场供求信息全国联播服务子系统”是“金农工程”一期项目的重要系统。两个子系统项目于2009年10月初步验收，子系统的建成及运行将对完善农村市场服务起到巨大的推进作用。

5. 强化能力建设

为进一步加强农产品市场监测预警队伍建设工作，农业部开展了农产品市场监测预警试点省和其他相关省份专职干部的业务培训，14个省（区）及相关行业协会的70余人参加，在4个省开展了直达定点监测县的业务培训，既提高了定点省、定点县业务干部的业务能力和监测预警工作专业知识水平，也为强化体系建设打下了良好的基础。

（三）农业贸易信息服务工作进展

1. 国际农产品市场信息服务

2009年，商务部进一步加强和完善国际农产品市场信息服务，初步建成了全方位、多层次的国际农产品市场信息服务体系。一是网上提供农产品价格趋势、动态分析和指数指标等服务，全年发布3 000余条信息；二是与中国食品土畜进出口商会加强了在农产品出口信息服务方面的协调与合作，以“食品土畜频道”为农产品出口信息平台，开办农业贸易新闻、国际市场、行业动态、农贸资讯和法律法规等栏目，通过这些栏目共发布国际市场农产品价格趋势、市场分析和预测报告、中国和主要贸易伙伴的农产品贸易政策、法律法规等信息上万条；三是继续发布《重要农产品进出口月度统计报告》。

农业部继续在中国农业信息网的“国际动态”、“经济述评”、“分析预测”、“价格行情”四个栏目发布国际国内农产品市场信息，平均日发布信息100余条。信息覆盖国际重要期货市场、国内农产品批发市场，提供农产品贸易及国际国内价格走势分析，已成为中国农产品贸易信息的权威发布平台之一。

农业部农业贸易促进中心形成了比较完善的国际农产品价格信息采集分析制度；建立了与地方农业贸易促进主管部门的信息服务交流机制，向50多个地方农业部门提供数据信息服务，交换信息200多份；在“中国农业外经外贸信息网”上系统全面的发布WTO农业谈判和自由贸易区谈判、农业贸易救济、农业贸易政策、国际农业会展、国际市场动态和各国农业质量标准方面的信息，为农业贸易促进提供丰富的信息资源。

2. 网上农产品营销促销信息服务

2009年，政府部门、大型电子商务网站、农业龙头企业继续大力发展农产品电子商务，为缓解金融危机对中国农产品贸易的不利影响提供了重要支持，促进了农产品贸易的发展。

商务部网站下属的“中国商品网”，“世界买家网”，“各国商品网”，“供求信息网”内均有农产品、食品专区，为中国优势农业企业、优势农产品进行国际营销促销提供了一套完整的信息服务体系。“中国商品网”还提供了英文版，可以实现中国农业企业和农产品的全球营销。“供求信息网”通过中英双语，实现了国际国内供求信息的全球联播和全球对接。

农业部的中国农业信息网商务版和“一站通”栏目搭建了农产品贸易的重要平台，实现了农产品供求信息的全国联播，该平台免费为农业企业和农民服务，影响日益扩大。

大型电子商务网站阿里巴巴专门开辟了农业板块，通过注册收费的方式向中国大量中小型农业企业提供农产品贸易平台，农产品交易量迅速增长。农博网、汇农网等网站在开展农产品电子商务方面也取得了不俗的成绩。

国内农业产业龙头企业新希望集团也开始进军电子商务，新希望集团和比尔·盖茨基金会达成协议，共同打造中国西部农村电子科技和商务网，已获得国家发展与改革委员会批准通过，即将正式启动，这将大大促进西部优势农产品在国内市场的流通和国际市场的贸易。

2009年，农业贸易信息服务继续发挥支撑国内外农业会展的重大作用。农业部、商务部组织举办的国内外大型农业展会，基本都搭建了农业会展电子信息平台。农业会展电子信息平台及时、准确发布会展信息，为国内参展农业企业提供企业宣传、产品促销，为国内外农业会展的成功举行做出了重要贡献。

3. 农产品市场监测预警

为了促进农产品贸易，维护农业产业安全，海关总署一直将农产品作为重点监测预警领域之一，海关总署利用自身的进出口监测预警系统，加强了对进出口货物的全过程实时监测、快速反应、科学预测和动态预警，并在官方网站及时对外发布。

国外的技术性贸易壁垒措施一直是中国农产品贸易的重要障碍。2009年，国家质量监督检验检疫总局继续及时跟踪、发布国外技术性贸易壁垒措施，共发布300余条国外新的技术性贸易壁垒措施，其中涉及农产品的约占三分之一。同时，为全面掌握国外技术性贸易壁垒措施对中国出口企业的影响，国家质量监督检验检疫总局2009年对外发布了《2008年国外技术性贸易措施对中国出口企业影响调查报告》。针对2009年突发的食品安全事件以及食品安全的热点问题，国家食品安全信息中心通过“食品聚焦”栏目新增专题10余个，该栏目基本涵盖了所有对农产品国际贸易产生重大影响的事件，同时通过该网站“风险分析”栏目跟踪、发布热点专题下的监测预警信息和风险分析评估报告。

4. 农产品贸易研究

面对全球金融危机的不利影响，农业部高度重视贸易研究工作，着力构建农业贸易研究体系。2009年，在基础性研究方面，农业部农业贸易促进中心积极开展国别研究的基础工作，收集主要贸易伙伴国的资源、生产、贸易、市场分布、法律法规、方针政策、市场准入、行业组织等信息，分析中国与主要贸易伙伴农产品贸易形势；按照“国际农业监测研究重点内容及专家团队分工”，开始实施“国际农业监测研究体系建设实施方案”，初步建立了国际农业监测研究体系；组织编写了《2009中国农产品贸易发展报告》。

在实地调研方面，2009年农业部农业贸易促进中心先后赴各地就金融危机对农产品出口影响、重点产品生产与贸易情况、有关产业发展现状等内容进行专题调研，形成了专题调研报告。

商务部下属的驻200个国家和地区的大使馆、领事馆的经济商务参赞处发挥其靠近本地市场的优势，进行了大量的调查研究，发布了大量农产品贸易方面的调研报告。

世界农产品贸易与中国

贸易规模

（一）进出口额及其变化①

2008 年世界农产品贸易继续保持 2007 年以来的增长趋势，但增速减缓。出口额 11 361.8 亿美元，比上年增长 20.59%；进口额 11 532 亿美元，比上年增长 18.42%（表 76）。

就区域而言，除欧洲和非洲之外的主要贸易区域的农产品出口增速均高于世界平均水平。2008 年北美洲的农产品出口额增长率为 19.36%，略高于世界平均水平；亚洲、独联体、中南美和中东的农产品出口增长率分别为 21.88%、23.73%、25.29% 和 26.45%，均远高于世界平均水平；欧洲的农产品出口增长率为 16.04%，略低于世界平均水平；非洲的农产品出口增长率为 10.52%，远低于世界平均水平。

从贸易伙伴来看，2008 年欧盟（27 国）仍然是世界农产品出口额最大的地区，此后依次是美国、巴西、加拿大、中国和阿根廷。这些国家和地区除中国之外都保持了两位数的出口增长率，其中，阿根廷出口增长率最高，为 30.19%，巴西次之，为 27.16%，接着是美国、欧盟（27 国）、加拿大和中国，分别为 23.11%、15.37%、10.98% 和 8.83%。

世界农产品贸易额在世界商品贸易总额中的比重，从 2003 年的 9.19% 持续下降到 2006 年的 7.92%，

① 数据来源于联合国 COMTRADE 数据库。凡是来自 COMTRADE 数据库的数据均采用了“中国农业部农产品贸易分类”中关于农产品的定义和分类，农产品包括畜产品、谷物、棉花、食用油籽、植物油、园艺产品、食糖、水产品、饼粕、坚果、干豆、其他农产品等。下同。

2007 年提高到 8.21%，2008 年进一步提高到 8.45%，但仍未达到 2003 年的水平。

表 76 2003—2008 年世界农产品贸易额及增长率

单位：亿美元、%

年份	进口总额	出口总额	进口增长率	出口增长率
2003	5 831.71	5 627.61	16.35	16.49
2004	6 815.13	6 538.37	16.86	16.18
2005	7 367.20	7 094.53	8.10	8.51
2006	8 143.54	7 889.79	10.54	11.21
2007	9 738.23	9 422.13	19.58	19.42
2008	11 532.00	11 361.80	18.42	20.59

注：由于联合国 COMTRADE 数据库的数据调整，本表所列数据与本系列报告（2009）中表 79 的数据有差异。

数据来源：联合国 COMTRADE 数据库。

（二）出口量及其变化[①]

2008 年农产品出口量的增速略微放慢，从上年的 20% 下降至 19%。与其他部门相比，2008 年农产品出口量增长率比制成品出口量增长率高 9 个百分点，但比燃料及矿产品出口量增长率低 14 个百分点（表 77）。

（三）出口价格水平及其变化

根据国际货币基金组织的出口产品价格指数，2008 年大部分农产品出口价格有较快的上涨。就大类而言，食品出口价格比上年增长 23.3%，饮料出口价格比上年增长 23.27%，农业原料出口价格降低 0.78%。

在食品中，涨幅较大的是谷物类产品和植物油。2008 年谷物产品出口价格较上年大幅度上涨 40.25%，其中，小麦、玉米、稻米和大麦的出口价格指数分别比上年上升 27.7%、36.7%、110.7% 和 16.3%。植物油出口价格比上年增长 34.2%，其中，豆油、菜籽油、棕榈油、葵花油和花生油的出口价格指数分别比上年上升 41.8%、40.7%、20%、151.7% 和 33.14%，而橄榄油出口价格指数比去年下降了 8.6%；2007 年跌幅较大的食糖和水产品出口价格指数也分别上升 14.6% 和 0.6%。

在饮料中，2008 年可可出口价格比上年增长 31.4%，咖啡出口价格指数上升 16%，茶叶出口价格指数由 2007 年的下降 12.3% 转变为 2008 年上升 31.4%。

农业原料 2008 年的总体出口价格指数比上年下降 0.8%，但是棉花出口价格

① 数据来源于 WTO 国际贸易统计（ITS）2009。

指数显著提高，比上年增长 12.8%。

表 77 2000—2008 年世界主要商品出口量增长情况

单位：%

	2000—2008	2006	2007	2008
农产品	12	11	20	19
燃料和矿产品	19	28	15	33
制成品	11	13	15	10

数据来源：WTO 国际贸易统计（ITS）2009。表中农产品使用了世界贸易组织 2009 年年鉴中的定义。

贸易结构

（一）区域结构[①]

1. 各区域贸易比重及其变化

从出口额来看，2008 年欧洲仍然是世界最大的农产品出口区域，其出口额占世界农产品出口总额的近 45%，排在其后的依次为亚洲、北美、中南美、独联体、非洲和中东。所有区域中欧洲和独联体占比重略有下降，分别下降 0.13 个百分点和 0.61 个百分点，其余区域比重均略有增加，其中中南美洲出口份额增幅最大为 0.59 个百分点。中东出口规模依然最小，出口份额仍未达到 2%（表 78）。

从进口额来看，2008 年欧洲也仍然保持了最大的农产品进口区域的地位，其进口额占世界农产品进口总额的近 45%，但比上年下降近 4 个百分点，其后依次为亚洲、北美、非洲、中东、独联体和中南美。与上年相比，进口额占比重在 10% 以上的欧洲、亚洲和北美洲其所占份额均有下降，其中欧洲下降近 4 个百分点，北美洲下降近 2 个百分点。而进口规模较小的中东、非洲、独联体和中南美所占份额均略有增加（表 78）。

2. 区域间贸易流向及其变化

2008 年世界区域间农产品贸易流向仍然相对集中在北美、中南美、亚洲和欧洲四个区域之间。按照区域间出口额大小排序，前五位依次为：从北美出口到亚洲 700 亿美元，从中南美出口到欧洲 492 亿美元，从亚洲出口到欧洲 406 亿美元，从亚洲出口到北美 327 亿美元，

① 本部分数据来源于 WTO 国际贸易统计（ITS）2009。在 WTO 资料中，将世界分为北美、中南美、欧洲、独联体、非洲、中东和亚洲 7 个区域。其中，北美包括加拿大、美国等 3 个国家；中南美包括中美 7 国、加勒比海 17 国和南美 12 国；欧洲包括欧盟 27 国，挪威、瑞士等其他西欧 4 国和阿尔巴尼亚、罗马尼亚、土耳其等东南欧 8 国；独联体包括俄罗斯、乌克兰、乌兹别克斯坦等 12 国；中东包括伊拉克、伊朗、沙特阿拉伯等 13 国；亚洲包括中国、日本、韩国、印度等国家（地区）及澳大利亚、新西兰等大洋洲共 36 个国家或地区。这里的农产品使用了 WTO 的 2009 年年鉴中的定义。

从中南美出口到亚洲330亿美元。

表78 2007—2008年世界农产品贸易的区域结构

单位:%

区域	出口额占世界农产品出口总额比重		进口额占世界农产品进口总额比重	
	2007年	2008年	2007年	2008年
欧洲	46.05	44.92	48.61	44.73
亚洲	18.92	19.38	21.79	20.89
北美	15.76	15.81	13.43	11.67
中南美	11.10	11.69	3.51	3.82
非洲	3.04	3.56	4.42	4.59
独联体	3.43	2.82	3.84	3.91
中东	1.70	1.80	4.40	4.89

数据来源：WTO国际贸易统计（ITS）2008、2009。表中农产品使用了世界贸易组织2009年年鉴中的定义。

与上年相比，2008年区域间贸易流量增长最快的是从中南美出口到亚洲，增幅达31.47%；其次是从北美出口到亚洲，增幅为25.9%；第三位是中南美出口到欧洲，增幅为20.59%；上述区域间贸易流量的增速都超过了20%（表79）。

表79 2007—2008年主要区域间农产品贸易流向

单位：亿美元、%

贸易流向	2007	2008	比上年增长
欧洲→亚洲	267	312	16.85
欧洲→北美	239	237	-0.84
亚洲→欧洲	354	406	14.69
亚洲→北美	287	327	13.94
北美→亚洲	556	700	25.90
北美→欧洲	207	228	10.14
中南美→欧洲	408	492	20.59
中南美→亚洲	251	330	31.47
中南美→北美	205	215	4.88

数据来源：WTO国际贸易统计（ITS）2008、2009。表中农产品采用了世界贸易组织2009年年鉴中的定义。

2008年欧洲农产品进口大于出口，其区域外出口市场主要是亚洲和北美，向亚洲和北美出口的农产品分别占欧洲出口总额的5.2%和3.9%；

区域外主要进口来源地为中南美、亚洲、北美和非洲，其中从中南美进口总额为492亿美元，占欧洲进口总额的7.8%。

2008年亚洲也是农产品净进口区域，其农产品区域外主要出口市场为欧洲和北美，对欧洲和北美的出口额分别占亚洲出口总额的15.6%和12.6%；区域外主要进口来源地是北美、中南美和欧洲，其中从北美进口总额达700亿美元，占亚洲进口总额的比重为23.7%。

与欧洲和亚洲不同，2008年北美和中南美的农产品贸易均呈现顺差。北美农产品区域外主要出口市场是亚洲和欧洲，对亚洲和欧洲的出口额分别占北美出口总额的33%和10.5%，与上年基本保持一致；区域外主要进口来源地为亚洲、欧洲和中南美，其中从亚洲和欧洲的进口额分别占北美进口总额的19.8%和14.4%。中南美的区域外出口市场主要是欧洲、亚洲和北美，其出口比重分别占中南美出口总额的31.4%、21.0%和13.7%；其区域外主要进口来源地是北美，2008年从北美进口总额达164亿美元，占中南美进口总额的30.4%。

独联体、非洲和中东的农产品贸易区域相对集中，区域外主要出口市场和进口来源地均集中在欧洲和亚洲，但贸易流量相对较小。

3. 区域内贸易比重及其变化

2008年区域内农产品贸易占世界农产品贸易的58%。其中欧洲区域内农产品出口占欧洲农产品出口总额的比重最大，为80.5%；其次是中东地区，占其出口总额的64.5%，比上年提高8.2个百分点；亚洲占其出口总额的54.8%，位居第三，比上年下降1.1个百分点；此外，北美占其出口总额的39.6%，独联体占其出口总额的32.1%；而非洲和中南美分别占其出口总额的20.8%和17.3%。

（二）产品结构[①]

1. 各类农产品出口比重及变化

2008年畜产品、园艺产品、谷物、水产品、植物油和食用油籽出口额合计占全部农产品出口总额的61.78%。其中，最大的是畜产品，占18.87%；其次为园艺产品，占13.59%；谷物居第三，占9.82%；水产品、植物油和食用油籽出口分别占农产品出口总额的9.72%、4.91%和4.87%。与上年相比，2008年各类农产品出口额占世界全部农产品出口额比重变化不大。其中，水果、花卉、水产品、坚果、干豆、棉花和植物油出

① 数据来源于联合国COMTRADE数据库。由于从世界范围来看，同类产品出口额和进口额应该基本平衡，所以本部分主要从出口额来描述世界农产品贸易的产品结构。

口比重都有所上升，而茶叶、蔬菜、食糖、饼粕、畜产品、粮食和食用油籽比重有所下降。

2. 各类农产品的主要出口产品

（1）畜产品。2008 年畜产品出口总额2 144.52 亿美元，占世界农产品出口总额比重 18.87%。

2008 年猪及制品、牛羊及制品、禽及制品、乳品和动物皮毛的出口额为1 652.49亿美元，占世界畜产品出口总额 77.06%。其中，乳品的出口额为 649.24 亿美元，占世界畜产品出口总额的 30.27%，位居首位；其次为牛羊及制品，出口额 495.28 亿美元，占 23.1%；禽及制品位居第三，出口额 317.22 亿美元，占 14.79%；猪及制品和动物皮毛出口额分别为 134.5 亿美元和 56.25 亿美元，分别占世界畜产品出口总额的 6.27% 和 2.62%。

（2）园艺产品。2008 年蔬菜、水果、花卉和茶叶出口额为 1 543.9 亿美元，占世界农产品出口总额的 13.59%。其中，水果出口额为 669.11 亿美元，占世界园艺产品出口额的43.34%，位居首位；其次是蔬菜出口额为 636.66 亿美元，占41.23%；花卉和茶叶的出口额为 184.68 亿美元和 53.45 亿美元，分别占 11.96% 和 3.46%。

（3）水产品。2008 年世界水产品出口额1 103.99 亿美元，占世界农产品出口总额的 9.72%。

2008 年冻鱼片、冻鳕鱼、加工河鳗和新鲜冷对虾出口额合计 503.21 亿美元，占世界水产品出口总额的 45.58%。其中，冻鱼片出口额居首位，为 153.82 亿美元，占 13.93%；其次为冻鳕鱼，出口额 136.82 亿美元，占 12.39%；加工河鳗位居第三，占 5.31%；新鲜冷对虾 3.3%。

（4）谷物。2008 年世界谷物出口额为 1 115.55 亿美元，占世界农产品出口总额的 9.82%。小麦、稻米和玉米出口额合计 994.22 亿美元，占世界谷物出口总额的 89.12%。其中小麦出口额居首位，为 501.08 亿美元，占 44.92%；其次为玉米，出口额 278.60 亿美元，占 24.97%；稻米出口居第三，出口额 214.54 亿美元，占 19.23%。

（5）油料产品。2008 年世界食用油籽出口额 553.75 亿美元，占世界农产品出口总额 4.87%。其中大豆出口额为 362.03 亿美元，占世界食用油籽出口总额的 65.37%。

2008 年世界植物油出口额为 557.68 亿美元，占世界农产品出口总额的 4.91%。其中棕榈油和豆油出口额合计为 287.16 亿美元，分别占世界植物油出口额的 30.73% 和 20.76%。

（三）市场结构

1. 主要贸易市场的比重及变化[①]

从出口规模看，2008 年欧盟 27 国农产品出口额为 5 663.24 亿美元，占世界农产品出口总额的 42.2%，位居第一；其次是美国，出口额为 1 399.67 亿美元，占世界农产品出口总额的 10.4%；巴西位居第三，为 614 亿美元，占 4.6%；加拿大和中国分别位居第四和第五，分别为 540.8 亿美元和 422.9 亿美元，占 4.0% 和 3.2%。排名前 15 位的国家和地区的农产品出口额合计为 11 174.74 亿美元，占世界农产品出口总额的 83.3%。

2008 年主要国家和地区的农产品出口与上年相比都有不同程度的增长。其中，印度尼西亚的农产品出口增长最快，增幅为 38%；其次是马来西亚，增长 35%；阿根廷与印度分列第三、第四，增幅分别为 30%、29%；巴西的增幅为 27%，位居第五。

从进口规模看，2008 年欧盟 27 国农产品进口额最大，为 6 111.75 亿美元，占世界农产品进口总额的 43.3%；其次是美国，农产品进口总额为 1 159.1 亿美元，占 12.2%；中国位居第三，为 868.3 亿美元，占 6.1%；位居第四和第五的分别是日本和俄罗斯，进口额分别是 806.3 亿美元和 342.4 亿美元，分别占 5.7% 和 2.4%。排名前 15 位的国家和地区的农产品进口额合计为 11 121.7 亿美元，占世界农产品进口总额的 78.5%。

2008 年主要国家和地区的农产品进口额与上年相比都有不同程度的增长。其中，中国和土耳其的农产品进口额增长最快，增幅为 33%；其次是阿拉伯联合酋长国，增长 30%。

2. 各类农产品的主要贸易市场[②]

（1）畜产品。主要出口国是德国、美国、荷兰、法国和巴西，前五国出口额合计为 942.81 亿美元，占世界畜产品出口总额的 43.96%。主要进口国是德国、意大利、日本、英国和美国，前五国畜产品进口额合计为 687.43 亿美元，占世界畜产品进口总额的 35.01%。

猪及其制品。主要出口国是荷兰、德国、丹麦、西班牙和加拿大，前五国出口额合计为 71.9 亿美元，占世界猪及制品出口总额的 53.5%。主要进口国家或地区是英国、德国、中国香港、美国和法国，合计占世界猪及制品进口总额的 52.24%。

牛羊及制品。主要出口国是澳大利亚、巴西、新西兰、法国和美国，前五国出口额合计为 222.12 亿美元，占世界牛羊及制品出口总额的 44.85%；其中，澳大利亚出口额最大，占世界牛羊及制

① 数据来源于 WTO 国际贸易统计（ITS）2009。
② 数据来源于联合国 COMTRADE 数据库。

品出口总额的13.33%。主要进口国是美国、意大利、俄罗斯、法国和日本，前五国牛羊及制品进口额合计为190.9亿美元，占世界牛羊及制品进口总额的42.76%；其中，美国的牛羊及制品进口额最大，占世界牛羊及制品进口总额的12.52%。

乳品。世界乳品出口总额为649.24亿美元，其中德国居首位，占世界乳品出口总额的14.6%；其次是法国和荷兰，分别占11.37%和10.64%。同时，德国也是乳品进口最多的国家，进口额为67.81亿美元，占世界乳品进口总额的11.71%；其次是意大利，进口额为45.3亿美元，占7.83%；英国乳品进口额居第三位，为36.77亿美元，占6.35%；比利时和法国分别位居第四和第五，分别占世界乳品进口总额的6.08%和5.79%。

动物生皮。主要出口国是美国、澳大利亚、法国、加拿大和德国，前五国出口额合计占世界动物生皮出口总额的57.76%。其中，美国的出口额最大，占世界动物生皮出口总额的31.99%。进口国家集中在中国、意大利和韩国，进口额分别占世界动物生皮进口总额的31%、15.67%和6.74%。

(2) 谷物。主要出口国是美国、法国、加拿大、阿根廷和泰国，前五国出口额合计为620.28亿美元，占世界谷物出口总额的55.6%。主要进口国是日本、墨西哥、韩国、阿尔及利亚和西班牙，前五国谷物进口额合计为274.10亿美元，占世界谷物进口总额的26.78%。

玉米。主要出口国是美国、阿根廷、法国、巴西和匈牙利，前五国出口额合计225.2亿美元，占世界玉米出口总额的80.83%。其中，美国的玉米出口额最大，占50.66%。主要进口国是日本、韩国、墨西哥、西班牙。其中日本玉米进口额最大，为55.81亿美元，占世界玉米进口总额的18.7%；其次是韩国，占9.48%；墨西哥和西班牙位居第三和第四，分别占8.24%和5.65%。

稻米。主要出口国为泰国、越南、印度、巴基斯坦和美国，前五国出口额合计166.42亿美元，占世界稻米出口总额的77.57%。其中，泰国稻米出口额最大，占世界稻米出口总额的28.88%。进口国分布比较分散，主要进口国是菲律宾、阿拉伯联合酋长国、马来西亚、美国和塞内加尔，前五国稻米进口额合计占世界稻米进口总额的35.24%，其中，菲律宾进口额最大，占12.23%，阿拉伯联合酋长国次之，占9.53%，马来西亚位居第三，占5.14%。

小麦。出口国前五位是美国、加拿大、法国、澳大利亚和俄罗斯，前五国出口额合计306.69亿美元，占世界小麦出口总额的61.21%。美国小麦出口额最大，占世界小麦出口总额的22.87%；其次是加拿大和法国，分别占13.48%和12.13%。进口国也较为分散，日本是小麦进口最大的国家，进口额为32.8亿美元，占世界小麦进口总额的7.18%；其次是阿尔及利亚、意大利、巴西和埃及，分别占6.95%、5.01%、4.77%和4.63%。

（3）园艺产品

水果。主要出口国为西班牙、美国、荷兰、中国和意大利，前五国水果出口总额为266.41亿美元，占世界水果出口总额的39.82%。主要进口国为美国、德国、英国、荷兰和法国，前五国水果进口额合计为331.95亿美元，占世界水果进口总额的46.12%。

蔬菜。主要出口国是荷兰、西班牙、中国、美国和比利时，前五国蔬菜出口额合计为310.7亿美元，占世界蔬菜出口总额的48.8%。其中，荷兰蔬菜出口额最大，为89.35亿美元，占14.03%；其次是西班牙和中国，出口额分别是71.95亿美元和64.09亿美元，分别占11.3%和10.67%。主要进口国是美国、德国、英国、法国和日本，前五国蔬菜进口额合计为299.12亿美元，占世界蔬菜进口总额的47.88%。其中，美国蔬菜进口额最大，为85.25亿美元，占13.65%；其次是德国，进口额为76.72亿美元，占12.28%；英国和法国位居第三和第四，分别占9.07%和7.9%。

茶叶。主要出口国是斯里兰卡、肯尼亚、中国、印度和英国，前五位国家的茶叶出口额合计为37.54亿美元，占世界茶叶出口总额的70.24%。其中，斯里兰卡的茶叶出口额位居世界第一，为12.59亿美元，占23.56%。肯尼亚茶叶出口额次之，为9.32亿美元，占17.43%。中国位居第三位，为6.82亿美元，占12.76%。主要进口国是俄罗斯、阿拉伯联合酋长国、英国、美国和巴基斯坦，前五国茶叶进口额合计为19.07亿美元，占世界茶叶进口总额的41.44%。其中，俄罗斯茶叶进口额最大，为5.11亿美元，占11.11%；阿拉伯联合酋长国次之，进口额4.52亿美元，占9.83%；英国位居第三，进口额3.68亿美元，占7.99%。

花卉。荷兰是世界最大的花卉出口国，出口额为90.97亿美元，占世界花卉出口总额的49.26%。哥伦比亚和意大利位居第二和第三，出口额分别是11.01亿美元和9.03亿美元，分别占5.96%和4.89%。主要进口国是德国、荷兰、英国、美国和法国，前五国花卉进口额合计96.96亿美元，占世界花卉进口总额的55.34%。其中，德国是最大的进口国，进口额28.6亿美元，占16.32%；

其次是荷兰，进口额17.73亿美元，占10.12%；英国位居第三位，进口额为17.36亿美元，占9.91%。

（4）水产品。主要出口国为中国、泰国、挪威、越南和美国，前五国水产品出口额合计为382.95亿美元，占世界水产品出口总额的34.69%。其中，中国水产品出口额最大，为119.93亿美元，占10.86%；泰国和挪威位居第二和第三，水产品出口额为88.6亿美元和70.39亿美元，分别占8.03%和6.38%。水产品主要进口国是美国、日本、西班牙、法国和意大利，前五国水产品进口额合计为595.97亿美元，占世界水产品进口总额的47.49%。其中，美国水产品进口额最大，为202.09亿美元，占16.1%；其次是日本，进口额为164.9亿美元，占13.14%；西班牙位居第三，进口额92.73亿美元，占7.39%。

（5）食糖。主要出口国家是巴西、法国、印度、泰国和德国，前五国食糖出口额合计为105.42亿美元，占世界食糖出口总额的59.6%。其中，巴西食糖出口额最大，为54.83亿美元，占31%；法国居第二位，占8.82%。食糖主要进口国是美国、英国、俄罗斯、意大利和德国，前五国食糖进口额合计为46.69亿美元，占世界食糖进口总额的27.97%。其中，美国食糖进口额最大，为12.24亿美元，占7.33%；其次是英国，进口额为10.99亿美元，占6.58%。

（6）棉花。主要出口国为美国、印度、巴西、澳大利亚和希腊，前五国出口额合计80.26亿美元，占世界棉花出口总额的79.44%。其中，美国出口额最大，为49.43亿美元，占48.93%；印度位居第二位，占16.4%。中国是世界上最大的棉花进口国，棉花进口额占世界棉花进口总额的31.82%；其次是巴基斯坦、土耳其、泰国和墨西哥。前五国棉花进口额合计为69.7亿美元，占世界棉花进口总额的62.92%。

（7）油料产品

食用油籽。主要出口国是美国、巴西、阿根廷、加拿大和中国，前五国出口额合计为404.72亿美元，占世界食用油籽出口总额的73.09%。其中，美国是食用油籽最大出口国，出口额为173.74亿美元，占31.37%。主要进口国是中国、日本、德国、荷兰和墨西哥，前五国食用油籽进口额合计为394.4亿美元，占世界食用油籽进口总额的62.77%。其中，中国食用油籽进口额最大，占36.42%。

植物油。主要出口国是马来西亚、阿根廷、荷兰、西班牙、巴西，前五国出口额316.29亿美元，占世界植物油出口总额的56.72%。其中，马来西亚出口额最大，占 24.98%。主要进口国是中国、美国、荷兰、意大利和德国，前五国植物油进口额合计 262.62 亿美元，占世界植物油进口总额的 39.44%。其中，中国是世界最大的植物油进口国，进口额占 14.58%。

中国在世界农产品贸易中的地位

为便于国际比较，本节分析采用了联合国 COMTRADE 数据库的农产品贸易数据。其中中国农产品贸易的相关数据与中国海关数据有所不同，如 2008 年中国农产品贸易总额按 COMTRADE 数据库为1 009.79亿美元，而按中国海关数据库为 993.26 亿美元，但这种差异不会影响对中国在世界农产品贸易中的地位分析。

（一）贸易位次及其变化

2008 年中国农产品贸易总额为 1 009.79亿美元，在世界农产品贸易总额中排在欧盟和美国之后，居第三位。其中进口总额 583.01 亿美元，在世界农产品进口中排在欧盟和美国之后，居第三位；出口总额 426.78 亿美元，在世界农产品出口中排在欧盟、美国、巴西、加拿大之后，居第五位。

从进口额来看，2008 年中国食用油籽、植物油、棉花和动物生皮进口额位次与上年相同，仍然排在世界该类产品进口额的第一位；水产品进口额在世界该类产品进口额中位次由上年的第八位上升到第六位；禽及其制品进口额在世界该类产品进口额的位次由上年的第七位下降到第八位；干豆、食糖和稻米进口额在世界该类产品进口额中的位次分别由上年的第十一位、第十四位和第十六位下降到第十二位、第十七位和第二十二位。

从出口额来看，2008 年中国水产品、干豆、水果和食用油籽出口额在世界该类产品出口额的位次与上年相同，分别继续排在世界该类产品出口额的第一、第二和第五位；蔬菜和茶叶出口额的位次也与上年相同，均继续排在第三位。坚果、玉米、稻米、禽及其制品和小麦出口额位次有所下降，其中玉米和小麦位次大幅度下降，分别由上年的第六位和第九位下降到第二十二位和第三十三位；坚果由上年的第四位下降到第五位；稻米由上年的第七位下降到第八位；禽及制品由上年第七位下降到第十位（表 80）。

（二）贸易份额及其变化

2008 年中国农产品进口额占世界农产品进口总额的 5.06%，比上年上升 0.83 个百分点；出口额占世界农产品出口总额的 3.76%，比上年下降 0.36 个百分点。

表 80 中国农产品贸易在世界农产品贸易中的位次及其变化

产品类别	进口额		产品类别	出口额	
	2007 年	2008 年		2007 年	2008 年
农产品	4	3	农产品	5	5
食用油籽	1	1	水产品	1	1
植物油	1	1	干豆	2	2
棉花	1	1	蔬菜	3	3
动物生皮	1	1	茶叶	3	3
水产品	8	6	食用油籽	5	5
禽及制品	7	8	坚果	4	5
干豆	11	12	水果	4	4
食糖	14	17	玉米	6	22
稻米	16	22	稻米	7	8
			禽及制品	7	10
			小麦	9	33

数据来源：联合国 COMTRADE 数据库。

从进口方面来看，2008 年中国依然是棉花、食用油籽和植物油的最大进口国，上述产品的进口额分别占世界该类产品进口总额的 31.82%、36.42% 和 14.58%。与上年相比，大类产品中进口额占世界同类产品进口额比重增加 0.5 个百分点以上的产品有食用油籽、棉花和坚果，其中增幅最大的是食用油籽，增加 4.64 个百分点，其次是棉花，增加 0.65 个百分点，最后是坚果，增加 0.5 个百分点；进口额比重下降的产品有食糖和植物油，其中食糖下降 0.51 个百分点，植物油下降 0.02 个百分点。蔬菜占比重没有变化，花卉、茶叶、谷物等产品占比重变化不大（表 81）。

从出口方面来看，2008 年中国仍然是世界最大的水产品出口国，出口额占世界水产品出口总额的 10.86%。中国是茶叶、蔬菜和干豆的重要出口国，该产品出口额均占世界同类产品出口额的 10% 以上，其中干豆出口额占比重达 13.53%，比上年增加 1.5 个百分点。出口额占比重下降的产品有谷物、茶叶、蔬菜、食用油籽、饼粕和食糖等，其中谷物占比重下降 2.2 个百分点，茶叶下降 1 个百分点，蔬菜下降近 0.6 个百分点。棉花、花卉、水果等产品占比重变化不大（表 81）。

表 81　中国农产品贸易在世界农产品贸易中的份额及其变化

单位:%

产品类别	进口额占世界该产品进口总额的比重		出口额占世界该产品出口总额的比重	
	2007 年	2008 年	2007 年	2008 年
农产品	4. 23	5. 06	4. 12	3. 76
水果	1. 18	1. 30	6. 39	6. 48
茶叶	0. 33	0. 39	13. 76	12. 76
蔬菜	0. 18	0. 18	10. 65	10. 07
花卉	0. 51	0. 52	0. 78	0. 80
食糖	2. 42	1. 91	0. 29	0. 15
水产品	4. 16	4. 39	10. 55	10. 86
饼粕	0. 48	0. 77	1. 72	1. 31
坚果	1. 52	2. 02	4. 89	4. 99
干豆	2. 19	2. 54	12. 03	13. 53
畜产品	3. 70	3. 87	2. 16	1. 99
谷物	0. 71	0. 72	2. 88	0. 70
棉花	31. 17	31. 82	0. 39	0. 41
食用油籽	31. 78	36. 42	3. 87	3. 23
植物油	14. 60	14. 58	0. 55	0. 80
其他农产品	1. 68	1. 69	2. 55	2. 74

数据来源：联合国 COMTRADE 数据库。

（三）对世界农产品出口的贡献率

作为农产品贸易大国，2008 年中国的农产品出口增长对世界农产品出口增长发挥着重要的作用。2008 年中国农产品出口对世界农产品出口的贡献率为 2%，比上年降低 2.1 个百分点。

分产品来看，中国不同农产品出口对世界同类农产品出口的贡献率差异较大。2008 年，中国干豆出口对世界干豆产品出口的贡献最大，为 17.76%；其次是水产品，为 16.18%；再次，中国茶叶、水果和坚果出口对世界该类农产品的出口贡献率也都在 5% 以上；此外，中国蔬菜、花卉、饼粕、畜产品、食用油籽、植物油、棉花和其他农产品对世界该类农产品出口也有贡献，但是贡献率较小，都低于 5%；而中国食糖和谷物对世界该类农产品的出口贡献率为负数（表 82）。

表 82 中国农产品出口对世界农产品出口增长的贡献率

单位:%

产品类别	出口增长率				占世界农产品出口额的比重		出口增长贡献率	
	2002—2008		2007—2008		2002	2007	2002—2008	2007—2008
	中国	世界	中国	世界				
农产品	156.95	158.99	10.00	20.59	3.79	4.12	3.74	2.00
水果	340.93	108.59	15.40	13.75	3.07	6.39	9.63	7.16
茶叶	105.66	189.78	12.85	21.66	17.99	13.76	10.01	8.17
蔬菜	272.00	216.91	3.63	9.63	8.58	10.65	10.75	4.02
花卉	245.06	100.55	12.92	8.81	0.47	0.78	1.14	1.14
食糖	-66.03	132.37	-44.00	6.30	1.05	0.29	-0.52	-2.03
水产品	155.58	125.69	9.08	5.92	9.59	10.55	11.87	16.18
饼粕	30.13	184.28	11.26	46.04	2.86	1.72	0.47	0.42
坚果	13.14	78.22	13.44	11.18	7.86	4.89	1.32	5.88
干豆	158.72	175.58	52.34	35.46	14.41	12.03	13.03	17.76
畜产品	64.12	110.12	9.13	18.53	2.55	2.16	1.49	1.07
谷物	61.60	1 011.24	-64.54	45.22	4.83	2.88	0.29	-4.10
棉花	-75.75	165.19	12.39	5.02	4.52	0.39	-2.07	0.95
食用油籽	150.60	253.90	30.16	55.83	4.56	3.87	2.71	2.09
植物油	457.60	271.81	118.82	49.86	0.54	0.55	0.90	1.31
其他农产品	180.96	135.35	25.52	17.05	2.29	2.55	3.07	3.82

注：中国某类农产品出口贡献率 = 中国该类农产品出口增长率 × 期初的中国该类农产品出口额占世界该类农产品出口额的比重/世界该类农产品出口总额增长率。

数据来源：联合国 COMTRADE 数据库。

专论

金融危机对农业发展和农产品贸易的影响

2007—2008年国际市场农产品价格大幅波动与全球金融危机几乎同步发生，两者都对农业和农产品贸易发展产生了重大影响。探讨金融危机的成因，剖析其影响农业发展和农产品贸易的机制，从各国的经验教训中提炼对中国的启示，有重要的意义。

金融危机的发生和发展过程

2008年的全球金融危机是由美国2007年初发生的“次贷”危机引爆的。进入21世纪后，美国政府实行宽松的货币政策，三年内连续多次降息。借贷成本下降刺激了美国民众的贷款消费行为，引起资金大量流入证券、股票、期货等投机性领域。金融危机爆发前，美国出现这样一种情况：抵押贷款经纪商极力鼓励民众贷款购买房产，贷款公司放宽资质要求向购房者提供贷款，金融投资机构将房贷打包成为抵押证券，经评级机构评级后上市交易。通过这一过程，一些信用等级很低的人得以贷款购房，形成所谓的“次贷”。“次贷”迅速膨胀拉动房产市场需求，房价上涨则使投资者对房产抵押证券的收益产生乐观预期，抵押证券价格随之节节上升。房市和股市兴旺产生的财富效应导致居民消费进一步膨胀，使美国经济呈现一派繁荣局面。然而当美国联邦储备委员会为了缓解通货膨胀压力而从2004年开始实行加息政策后，贷款购房者违约的情况越来越多，使“次贷”金融机构蒙受了严重的坏账损失。“次贷”危机在2007年初开始显现，2007年中蔓延到房地产抵押贷款市场，年底波及到正常抵押贷款和信贷市场，2008年后半年演化成为一场全球性经济危机。

本次金融危机的发生和急剧恶化源自于一些深层次因素，主要有：

（一）世界经济多年保持良好发展态势导致对市场经济制度的盲目信任

上世纪90年代初，前苏联和东欧社会主义国家在内部和外部压力下先后发生社会制度更迭，走上向市场经济转型之路。与此同时，中国、越南等亚洲社会主义国家开始坚定地推进市场化改革，将自己纳入既有的全球经济体系。1994年建立WTO为扩大多边贸易开放奠定了制度基础，随之出现的贸易规模迅速扩大成为世界经济增长的重要动力。虽然90年代以来多次发生过区域性经济危机，但其影响很快得到控制，世界经济持续稳定扩张。这种大好局面让很多人产生乐观情绪，认为市场经济制度已经不再面临任何其他经济模式的竞争，既有的国际和国家层次经济治理体系有能力摆脱经济周期的阴影。在这一背景下，美国等一些国家的政府放松了对企业和金融机构的监管，纵容各种形式的金融创新，使企业管理层得以利用掌握内部信息的优势谋取私利，为金融危机种下了种子。

（二）全球宏观经济持续失衡侵蚀了经济稳健发展的基础

在过去的10多年中，全球宏观经济失衡现象日益严重，突出表现为美国的居民储蓄率长期处于低位，而美国政府一方面对内承担了保障居民福利的广泛责任，另一方面借助于政治、军事等手段对外强力输出美国的社会政治模式，造成总需求持续超过总供给、财政支出持续超过财政收入、商品进口持续超过商品出口的局面。与美国形成对照的是，在日本、中国等一些国家，居民长期保持高储蓄率，面对内部需求不足的情况，政府借助于鼓励出口的宏观经济政策和贸易政策，通过扩大外需拉动经济增长，形成持续性高额外贸盈余。上述情况使全球宏观经济平衡呈现这样一种模式：美国的总需求持续膨胀拉动进口，成为外汇盈余国经济增长的重要动力；外汇盈余国通过购买美国政府债券的方式使美元回流，从而允许美国政府和居民摆脱财政收支平衡和外贸收支平衡的约束而不断扩大支出。资金回流使美国金融市场呈现流动性充斥局面，低利率为金融投机活动创造了良机，热钱大量流入房产、股票、证券和其他金融衍生品市场，引起各种投资品的价值虚增，为金融危机发育提供了适合的土壤。

（三）经济全球化和贸易自由化加快了危机的蔓延

20世纪90年代以来，经济全球化和贸易自由化取得了实质性进展，国际贸易规模迅速扩大，跨国投资和融资活动不断加强，由大型跨国公司主导的供应链在全球范围不断延伸，世界各国的经济联系日见密切。美国是全球最大的经济体，也是世界金融体系的中心，美元在国际外汇储备中居于主导地位，美国的模式为很多国家所仿效。在虚拟经济中，随着所谓的“金融创新”不断推进，以追逐最大利润为目标的热钱可以方便地在房地产、股票债券、期货等不同市场之间流动，使这些市场的运行密切联系在一起。在实体经济中，全球供应链也使不同国家的企业形成密切的商务联系，当一个环节出现问题时，冲击会沿着供应链向上下游传导，产生放大效应。由于这些因素，美国发生的金融危机迅速波及全球。从这个角度可以说，经济全球化和贸易自由化为金融危机快速蔓延提供了良好的环境。

金融危机使持续多年的全球宏观经济失衡和微观经济失控现象受到广泛关注。从某种意义上说，危机实际上是经济体系对上述问题的自我校正。金融危机爆发使国际货币基金组织等国际协调机构面临巨大压力，不得不考虑如何通过对自身的改革来加强其职能。美国等一些国家吸取了教训，开始加强对金融机构的监管。一些政府债务高昂的国家出现由于主权信用下降而难以融资的问题，不得不对政府财政支出实行更严格的规则约束。然而，由于美元是当前最主要的国际储备货币，这使得美国得以靠增发政府债券和货币的方式摆脱困境，这种向债权国转嫁负担的做法缓解了美国面临的结构调整压力。从这一角度看，金融危机的根源并未完全消除。

金融危机对世界经济的影响

金融危机爆发对世界经济和贸易造成重大冲击。根据国际货币基金组织发布的数据①，全球 GDP 增长率从 2007 年的 5.2% 下滑到 2008 年的 3% 和 2009 年的 -0.6%；其中发达国家的增长率 2007 年为 2.7%，2008 年为 0.5%，2009 年为 -3.2%，发展中国家的增长率 2007 年为 8.3%，2008 年为 6.1%，2009 年为 2.4%。全球商品和服务贸易量增长率 2007 年为 7.2%，2008 年为 2.8%，2009 年则出现 10.7% 的负增长；其中发达国家的出口增长率 2007 年为 5.9%，2008 年为 0.6%，2009 年为 -12%，发展中国家的出口增长率 2007 年为 9.6%，2008 年为 8.5%，2009 年为 -8.4%。经济衰退导致了失业增加、居民收入下降和消费萎缩、私人投资减少等现象。

① IMF《世界经济展望》，2010 年 4 月，经济增长率利用基于购买力平价的权重计算。

全球金融危机对不同类型国家产生的影响存在明显差异（表83）。由美国主导的全球金融体系遭受重创对发达国家的影响最为深重。美国的“次贷”危机通过经贸和金融联系传导到其他发达国家，对实体经济造成严重冲击，所有发达国家发生不同程度的经济衰退，失业率普遍上升，其中西班牙的失业率在2009年末达到19%，商品进出口额也大幅下降。

主要发达国家陷入经济衰退一方面引起居民消费萎缩，另一方面也减少了对能源和其他初级原料的需求。这一变化使高度依赖发达国家市场的其他国家受到不利影响，受影响最大的既包括如俄罗斯等一些高度依赖资源性产品出口的国家，也包括韩国、新加坡等以对发达国家出口高附加值产品为主的国家。高度依赖西欧市场的中东欧国家、高度依赖美国市场的墨西哥等国也受到较强冲击。相比之下，亚洲、非洲和南美洲发展中国家受到的影响较小，其中一些国家是由于参与全球化程度较低得以避免严重冲击，也有一些外贸依存度高的国家通过实施有效的反危机措施抑制了外部环境恶化造成的消极影响。

表83 典型国家金融危机发生前后部分经济指标变化

国　家	经济增长率%[a]		商品出口额增长率%[b]		商品进口额增长率%[b]		失业率%[c]	
	2007	2009	2007	2009	2007	2009	2007	2009
印度	9.3	5.7	23	-20	29	-24	—	—
俄罗斯	8.1	-7.9	17	-36	36	-34	6.8	8.4
波兰	6.8	1.7	27	-21	31	-29	9.6	8.2
巴西	5.7	-0.2	17	-23	32	-27	9.3	8.4
墨西哥	4.9	-6.5	9	-21	10	-24	3.7	5.5
韩国	5.1	0.2	14	-14	15	-26	3.2	3.6
美国	2.0	-2.4	12	-18	5	-26	4.6	9.3
德国	2.5	-5.0	19	-22	16	-21	8.3	7.4
日本	2.4	-5.2	10	-26	7	-28	3.9	5.0

说明：a. IMF：世界经济展望，2010年4月；b. WTO报告：“经历2009年的经济低迷后，2010年贸易增长9.5%”，2010年3月26日；c. IMF数据库：全球主要指标，部分数据为估计值。

金融危机发生后，世界各国纷纷采取稳定金融、刺激经济、促进就业的措施，其中主要为扩张性财政政策和货币政策，但也有进口限制措施。总体上看，国际社会能够吸取历史教训，避免采取极端的贸易保护主义措施，这使得经济下滑态势得以较快扭转。从2009年后半年开始，世界经济已经开始复苏，但失业率仍普遍处于高位。很多研究机构做出判断，世界经济有望呈现V形复苏。

然而，各国采取的反危机财政和货币政策措施具有某些长期性后患，其中最突出的一个问题是，很多国家的政府债务负担快速增加。根据国际货币基金组织的数据，2009年政府净债务占GDP的比重美国为58.3%，德国为64.3%，日本为111.6%。希腊、冰岛、西班牙等一些国家更因其政府缺乏应对债务负担的明确措施而遭到评级机构下调主权信用级别，使这些国家难以在金融市场上筹措资金。从目前情况看，主权债务危机还有进一步蔓延的可能。此外，各国在危机爆发后普遍放宽货币供给埋下了通货膨胀的种子。实际上，一些重要国家近期已经出现通货膨胀苗头，特别是阿根廷、印度、土耳其和俄罗斯，其2010年1月的CPI同比增幅均超过8%，PPI同比增幅均超过6%；该月美国的CPI同比增幅虽然仅为2.6%，但PPI同比增幅上升到6.3%。通货膨胀势必引起汇率调整，增大汇率波动风险。整体上看，世界经济复苏的基础仍不够稳固，新的局部性危机仍可能频繁发生。

这次金融危机暴露出现行世界经济管理体制存在的诸多问题，特别是美国扮演的世界经济领导者和改革推动者的角色受到严重质疑，美元作为国际储备货币的地位也发生动摇。相反，中国、印度等一些发展中国家的良好经济表现受到广泛关注。这些因素无疑会影响到未来国际经济秩序的调整。

金融危机对世界农业发展和农产品贸易的影响

（一）粮食安全危机与金融危机的联系

在金融危机发生的同时，世界还经历了一场粮食安全危机。2007—2008年上半期，国际市场谷物、油籽和植物油等重要农产品价格出现暴涨。金融危机爆发后，这些农产品的价格转为暴跌（图46）。这不仅使世界各国的农业生产者蒙受巨大的价格风险，而且也使消费者深受其害，特别是发展中国家的低收入居民。

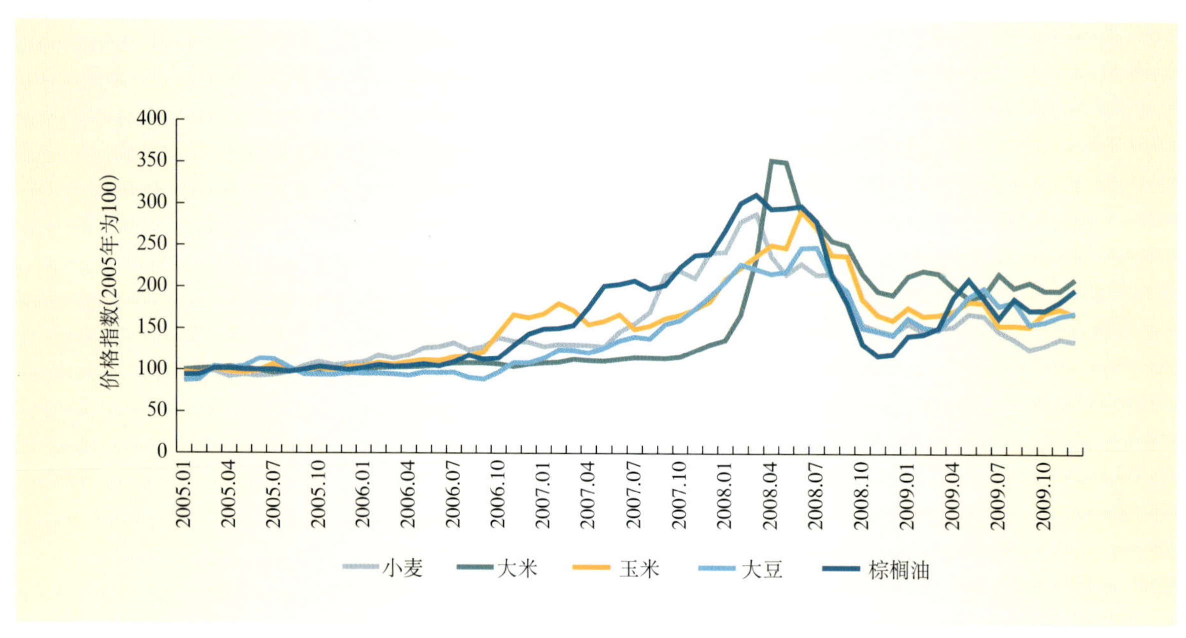

图 46　2005 年以来国际市场主要农产品价格变化

数据来源：根据 IMF 的商品价格数据库数据计算得出。

这一次粮食安全危机与金融危机存在密切的内在联系。从实体经济角度看，供给和需求变化是决定价格变化方向的基本因素。由发达国家主导的乌拉圭回合谈判针对的主要是世界农产品供给过剩问题，试图通过扩大市场准入、削减出口补贴和国内支持来摆脱持续多年的农产品价格低迷局面。乌拉圭回合后，美国等一些发达农产品出口国一方面通过实行休耕等措施抑制供给增长，另一方面通过发展生物能源来拉动需求，从而实现抬高价格和减少维持谷物库存财政负担的目的。在这一背景下，世界谷物使用量连续多年超过生产量，库存量大幅下降，价格也从本世纪初开始转为上升。然而即使发生这些变化，全球食品供求平衡并未恶化，人均可获得量实际上仍在增加（图 47）。根据联合国粮农组织数据，2004 年以来世界谷物总产量一直保持在 20 亿吨以上，2008/2009 年度的总产量为 22.82 亿吨，创历史最高纪录。在粮油价格暴涨之前的两年，世界谷物使用量均低于供给量，库存量与使用量的比值相应增加，于危机爆发之时上升到 23.2%（图 48）。因而尽管当时澳大利亚等一些重要农产品出口国因灾减产，经济高速增长的中国和印度食品需求也确实在增加，但世界并没有发生供给不足情况，谷物价格没有理由出现暴涨。

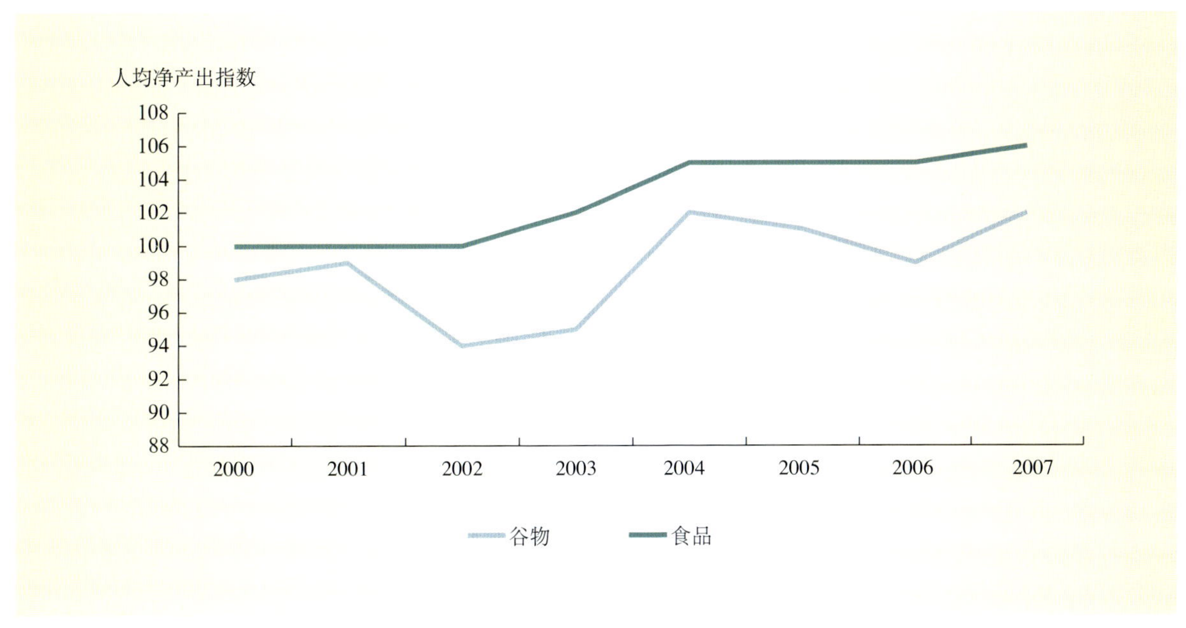

图 47　全球农业生产率变化情况

数据来源：联合国粮农组织数据库（1999—2001 年为 100）。

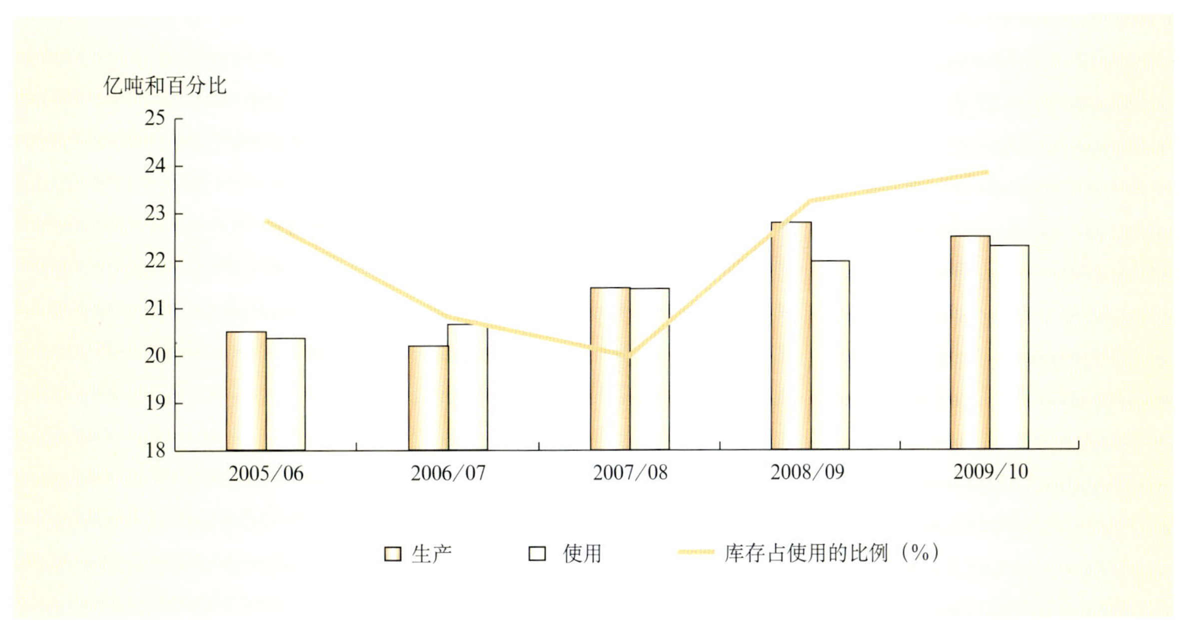

图 48　世界谷物库存变化情况

数据来源：联合国粮农组织数据库。

在很大程度上，虚拟经济中的资本投机活动导致了粮油价格的剧烈波动。随着美国等一些发达国家大力推进“金融创新”，能源、大宗农产品、基础原料等初级产品已经在不同程度上转变为金融投资品，其价格走势越来越多地受到金融市场投机活动的影响。根据有关报告，美国政府于2005年放宽了对农产品期货交易中投机性持仓量的限制，随后出现商品指数基金大量进入农产品期货市场谋利，非商业性持仓量显著上升，这在一定程度上改变了期货市场的运行模式。2007年初，当“次贷”问题导致美国的房地产和相关证券价格下跌后，投机资本大量流入农产品期货及衍生品市场，收入提高导致发展中国家的食品消费增加，生物能源发展形成对粮油的额外需求，气候变化和自然灾害引起供应下降，这些都成为投机者炒作的因素，由此造成粮油价格急剧攀升的局面。金融危机爆发后，房产、证券等各种资产价值缩水，金融机构开始收紧信贷，迫使投机资本从农产品期货市场撤出，这一情况与经济衰退引起需求萎缩结合在一起，导致农产品价格急剧下跌，直到进入2009年后才逐步止跌回稳。可以说，粮食安全危机与金融危机密切相关（表84）。

表84 不同类型交易者在持仓量中所占比重

单位:%

期货市场	1995—2005			2005—2008		
	非商业性	商业性	未申明	非商业性	商业性	未申明
玉米	28	47	25	39	46	15
大豆	33	42	25	40	44	16
豆油	31	51	18	34	58	8
小麦（芝加哥）	35	42	22	42	48	10
小麦（堪萨斯）	20	55	25	32	48	20
棉花	34	53	13	41	52	7
活牛	30	41	29	40	44	16
育肥牛	32	24	43	42	27	32
瘦肉猪	34	36	30	40	45	15

数据来源：Sanders, D. R., S. H. Irwin, and R. P. Merrin. “农产品期货市场过分投机不一定是好事”，营销与展望研究报告，2008－02，美国伊利诺斯州大学分校农经系，2008年6月。

（二）金融危机影响农业和农产品贸易的传导机制

全球金融危机爆发后，学术界针对金融危机对农业和农产品贸易的影响做了大量研究。一种普遍认识是，金融危机并不会对农业生产和贸易造成严重的

直接冲击，而是通过宏观经济环境变化间接产生影响。

从全球范围看，金融危机影响农业和农产品贸易的传导机制如下：

1. 农产品需求萎缩。经济衰退使各国居民收入下降，农产品需求随之出现萎缩。相对于非农业产品而言，农产品需求的收入弹性较低，因而危机造成的冲击整体上相对较小，肉类、深加工食品、用作工业原料的农产品等一些收入弹性高的品种则受到较大的不利影响。

2. 增大涉农企业融资难度。金融危机使投资银行和商业银行持有的证券及各种抵押资产大幅贬值，受准备金率规则的限制，金融机构被迫收缩信贷规模，提高获得贷款的资质要求。融资难导致农场减少农业生产投入，涉农加工、零售和贸易企业缩小交易活动规模。

3. 增加涉农企业经营活动成本。紧缩贷款通常伴随着贷款利率上升。发达国家的农场和涉农企业在生产、加工和营销活动中大量使用信贷资金，融资成本增加使经营活动受到不利影响。

4. 减少涉农外国直接投资。金融危机爆发后，主要发达国家不仅政府面临财政支出的巨大缺口，企业也普遍出现财务困难，这些因素与对市场前景的悲观预期结合在一起，导致政府和企业收缩对外投资，包括涉农的投资。这一情况对最不发达国家影响尤为严重。

5. 供应链断裂冲击农产品贸易。随着经济全球化的逐步推进，由大型涉农企业主导的农产品供应链已经实现在全球范围布局。当金融危机导致供应链上某个环节的企业发生毁约行为时，冲击会沿着供应链向上下游企业逐级传导甚至逐步放大。由于在供应链中处于主导地位的企业更有能力将损失转嫁给处于从属地位的企业，这使得发展中国家从事外向型农业生产、加工、贸易的企业和相关农户成为最主要的受害者。

6. 价格水平下跌加大供给波动。金融危机引起的经济衰退使总需求减少，价格水平随之下跌，向生产者传递了减少供给的信号，而供给萎缩则形成未来的价格上涨压力。在某些条件下，这种动态调整可以引起价格大幅度波动，使农业生产者和涉农企业面临风险。

7. 减少农村人口的非农业收入。很多发展中国家依赖对外输出劳工挣取工资收入，而外流劳工很多来自农村。金融危机发生后，发达国家开始减少雇佣外来劳工，发展中国家的劳工汇款收入随之减少。在很多发展中国家内部，农村劳动力大量流入非农业部门挣取工资收入，当金融危机使非农业出口受到影响后，农村劳动力在非农业的就业减少，降低了农村居民的收入，进而影响到农业生产投入和投资。

8. 食品自给自足倾向得到强化。金融危机前后国际市场农产品价格出现剧烈波动。面对这一情况，一些国家再度强调通过自给自足来保障本国的粮食安全，这种做法不仅对农产品贸易扩大造成不利影响，而且扭曲了资源配置，限制了国家长期发展潜力的充分发挥。

9. 汇率波动加剧贸易风险。金融危机引发了剧烈的汇率波动，这一情况使外向型经济和产业面临巨大的经营风险。发展中国家对农产品出口的依赖程度通常较大，一些发展中国家靠大量进口食品来保障国内市场供给。由于发展中国家缺乏适当的金融工具回避汇率风险，因而容易受到汇率波动的影响。

10. 国际经济多边协调机制受到削弱。全球金融危机暴露出现行国际经济协调机制存在的问题，国际货币基金组织等机构指导各国经济政策的权威性受到质疑。过去两年的实践表明，尽管主要国家在 G20 峰会等场合都对挽救世界经济的方案表示原则性支持，但各国普遍基于自身利益实施应对措施而不考虑是否会对其他国家造成损害。金融危机也使 WTO 多边贸易谈判进程进一步拖延。国际经济多边协调机制受到削弱使世界经济运行面临更大的不确定性。

11. 贸易保护主义抬头。金融危机爆发后，世界各国普遍出现贸易保护主义抬头现象，其表现包括对敏感商品进口实行限制、增加出口补贴、滥用反补贴和反倾销措施等。贸易保护主义重新抬头不仅对国际贸易造成不利影响，而且也加大了价格的波动性，使发展中国家的农民和消费者面临更大的风险。

12. 长期性投资受到影响。金融危机爆发以来，很多国家通过实施扩张性财政政策来扭转经济下滑局面，导致政府发生高额财政赤字，债务占 GDP 的比重显著上升。在这一背景下，政府常常压缩不太急迫的支出项目，如长期性科研投资等，影响到未来农业生产力的提高。

13. 对发展中国家的外援减少。受到金融危机严重冲击的发达国家开始将关注的焦点转回国内，这一情况与政府面临平衡财政收支的压力结合在一起，导致对外援助减少，而这种援助通常主要用于促进发展中国家的农业和农村发展及消除贫困和饥饿现象。

（三）金融危机对农业和农产品贸易的冲击

金融危机爆发前，世界市场粮油价格暴涨引起很多国家采取应对措施，包括对粮油出口实行限制，对进口实行优惠关税或给予补贴，加大对本国农业的政策扶持，对消费需求进行控制，释放政府储备等，其中部分措施是靠牺牲农民的利益来维护国内市场价格稳定。金融危机爆发后，世界市场农产品价格开始急剧下跌，引发贸易保护主义反应。

很多国家试图利用 WTO 规则允许的政策空间限制进口和鼓励出口。例如，在进口方面，美国的《2009 财政年度综合拨款法案》明确禁止其相关政府机构开展中国禽肉产品进口解禁工作，印度对进口豆油开征 20% 的关税，南锥共同体国家将酒类、乳制品等产品的共同进口关税提高 5%，埃及提高精炼糖的进口关税，西非国家经济共同体全面提高共同关税等。在出口方面，欧盟和美国先后重新启动对奶制品的出口补贴，巴西增大了出口信贷规模，印度出台了棉花出口免税政策等。在国内政策方面，美国和欧盟通过支持价格等政策手段来稳定农产品市场。这类政策干预常常产生加大国际市场价格波动的效应。

FAO 等一些国际机构发现，本次金融危机期间，全球饥饿人口数量变化由过去多年的减少转为增加[①]。这一情况引起国际社会对全球粮食安全问题的忧虑。需要注意的是，在这一期间，引致饥饿现象恶化的机制发生了变化。2007 到 2008 年上半年的食品价格暴涨使消费者购买食品的支出大增，主要受害者是发展中国家的低收入城镇居民，农民是否受益则取决于各个国家的制度和政策。金融危机爆发使城镇居民收入受到不利影响，但其食品购买力会由于价格下跌而得到一定程度补偿，农民的收入则出现下降。从整体上看，粮食安全发生危机的国家普遍存在本国政府缺乏治理能力的问题，金融危机只是引起其食品供求平衡恶化的外部因素，而不是内因。

农产品作为生活必需品，需求的收入弹性和价格弹性均相对较低。由于这一性质，全球金融危机对世界农产品市场造成的直接冲击相对较小。根据 FAO 和美国农业部发布的数据[②]，2009/2010 年度全球谷物生产虽然略有下降，但总产量仍接近历史最高水平，期末库存进一步增加，贸易量也略有增加。2009/2010 年度世界棉花产量和贸易量较前几年有所下降，其中美国的下降幅度最大，经济衰退导致纺织品需求萎缩是主要原因。世界油料产量近三年来一直保持增长势头，2009/2010 年度的增幅接近 10%，油脂产量也同步提高。从短期效应看，金融危机并未造成农业生产和贸易量的急剧下跌，但贸易额则由于价格回落而降低。在美国，甚至生物能源生产也继续保持强劲增长势头，用于生产生物酒精的玉米数量由 2007/2008 年度的 30.5 亿蒲式耳上升到 2009/2010 年度的 43 亿蒲式耳。2008 年后期发生的农产品价格大幅下跌肯定会降低农民收入，但需要注意的是，价格实际上是向危机前的趋势水平回归，因而价格下跌并不

---

① FAO《粮食和农业形势》，2009 年。

② FAO《粮食展望》，2010 年 1 月；美国农业部：世界农产品供需预测，2010 年 4 月。

意味着农产品市场供求形势急剧逆转。

一些研究认为，金融危机会导致长期性农业投资减少，特别是农业科研投资，进而影响到未来农业生产力的提高潜力。从中长期前景看，农业资源会随着发展进程的推进逐步向非农业转移，这一现象在经济增长较快的发展中国家表现更为明显，这使得农业科学技术进步成为提高农业生产力的主要途径。考虑到这一情况，如何避免金融危机对农业科研投资产生不利影响需要受到特别关注。

从发展前景看，世界农产品市场在经过近期的剧烈波动后会逐步回归由供需决定的基本面。目前全球并不存在由于供给短缺造成的粮食安全危机，但今后提高农业生产力的难度会变得越来越大，全球农产品供求平衡可能趋紧。由于全球储备量有限和缺乏有效的国际协调机制，未来农产品价格仍会发生较大幅度的波动，投机资金炒作会使波动进一步放大，使全球农业生产和贸易发展继续面临巨大的风险。

金融危机对中国的启示

2009 年，中国在受到金融危机冲击的严峻局面下仍实现了 9.1% 的 GDP 增长速度，农业生产也保持良好的发展局面。尽管如此，从各国应对金融危机的实践中仍可以得出一些对中国有重要意义的启示。

第一，此次粮食安全危机和金融危机交织发生的情况表明，农业和农产品贸易发展绩效越来越多地取决于本国和世界宏观经济状况。由于消除全球经济失衡是一个长期性任务，在各主要国家宏观经济走上良性发展轨道之前，农产品贸易会不断受到通货膨胀、汇率、利率等宏观经济因素急剧变化带来的冲击，进而影响到农业发展。鉴于当前的世界经济体系已经高度复杂化，存在多种潜在的风险来源，其传导机制有时非常隐秘，这使得识别风险和做出预警的难度显著加大。为了应对这种局面，政府应加强对国内外潜在宏观经济风险因素的监测分析，开展具有前瞻性的研究，筹划应对不同情况的对策预案。

第二，加入 WTO 后，中国已经与世界经济实现高度整合，国际经济动荡不可避免地会对国内市场造成冲击。然而，出于对这种风险的恐惧而回避参与经济全球化并不是解决问题之道。入世后的实践充分表明，中国是全球化的重要受益者。要防范外部冲击造成不利影响，一方面要提高自身的应变能力，如制定应对各种风险的预案，另一方面要通过完善国际经济制度来预防和及时化解风险。就此而言，中国应推动对国际货币基金组织、世界贸易组织等多边机构的

改革，使其更平衡地反映各类国家的利益要求和更有效地发挥监督和协调功能，同时也促使主要国家采取更负责任的经济政策。金融危机后中国的国际地位上升为中国发挥影响力提供了良好机会。在这方面需要注意的一个情况是，由于全球经济在较短时间内实现了复苏，这在一定程度上削弱了改革的动力，一些长期性问题有可能再度被忽视，成为未来世界经济发展的隐患。

第三，虽然中国政府及时制定并有效实施反危机措施使中国经济避免出现严重衰退，但是此次成功并不意味着已经找到可以在今后用来应对类似风险的有效模式。美国的“次贷”问题逐步演化成严重的金融危机是一个非常典型的例子，说明一个国家在实现良性发展时决不应盲目乐观，以至于对于潜在的风险因素视而不见，拖延必要的改革，直至酿成危机。中国经济同样面临一些深层次问题，包括宏观经济失衡、城乡发展失衡、不同群体利益分化等。采取科学态度对待自身问题和认真探求解决之道，有助于减少发生危机的可能，或抑制危机造成的影响。

第四，实践表明，任何政策措施都会引起利益分配格局的调整，而反危机措施由于其力度通常较大，引起的利益格局调整也非常巨大，以至于有可能引发剧烈的利益冲突，这既涉及到国内不同集团的利益冲突，涉及局部与整体的利益冲突，也涉及到国家间的利益冲突。例如，中国2008年实行的限制农产品出口和鼓励进口的措施就在一定程度上损害到农民的利益，2009年中国大力鼓励出口的政策措施则加剧了与贸易伙伴的利益冲突。如何在制定政策时平衡短期和长期利益、局部与整体、不同群体的利益、本国和贸易伙伴的利益，仍是中国政府需要在今后探索的问题。

第五，中国成功应对本次危机并实现经济高速发展对其他国家产生了巨大的吸引力，这使得中国扩大对外合作面临更好的机会，包括在农业领域的对外合作和投资。然而近年的经验表明，在经济正常发展时形成的良好合作关系很容易在遇到危机时受到破坏。在法治尚不健全的国家，出现这种情况的风险更大。因此，中国的农业企业虽然面临走出去的有利机会，但做到这一点一方面需要企业积极适应国外的制度和文化，认真考虑投资地公众的真实需要；另一方面政府也应从政治层面解决投资者的利益保障问题，帮助企业降低风险。

近五年中国重要贸易伙伴农产品贸易政策变化

近年来，世界农产品市场和农产品贸易的宏观经济环境发生了剧烈的变化，特别是2007—2008年间世界农产品价格的急剧波动，2008年以来发生的国际金融危机，都会对各国的农业贸易政策产生重大影响。因此，总结分析近五年来中国重要贸易伙伴[①]的农业贸易政策变化趋势，探讨其对于中国农产品贸易发展的启示，具有重要意义。

近五年影响农业贸易政策的重要经济环境变化

（一）WTO谈判陷入困境，自贸区建设进展迅速

由于谈判各方利益冲突严重，WTO多哈回合谈判陷入困境。2008年7月，WTO主要成员部长会议谈判未能达成一致，使得多哈回合谈判再次陷入僵局。然而在WTO多哈回合谈判尚未取得实质性成果的情况下，自贸区谈判却取得了较快的进展。

中国重要贸易伙伴是自贸区建设积极参与者与推动者。根据WTO的数据，2005—2009年间，中国重要贸易伙伴签署执行的区域贸易协定至少超过38项，平均每年7.6项[②]。其中，日本最多10项，欧盟8项，美国7项，韩国与澳大利亚各2项（图49）。相对比较重要的有日本—墨西哥、南美共同市场、泰国—澳大利亚、美国—澳大利亚、多米尼亚共和国—中美洲—美国、欧盟—韩国、日本—马来西亚、南亚自由贸易区、东盟

---

① 根据中国农产品贸易的进出口格局，将中国的重要贸易伙伴确定为美国、欧盟、日本、韩国、巴西、阿根廷、东盟、澳大利亚、俄罗斯等国家和地区。

② 只根据图49所列国家和地区的统计加总的结果，因此是一个不完全的统计。

—中国、中欧自由贸易协定、智利—日本、东盟—日本、中国—新西兰、日本—印尼、日本—菲律宾、日本—越南、美国—秘鲁等区域贸易协定。

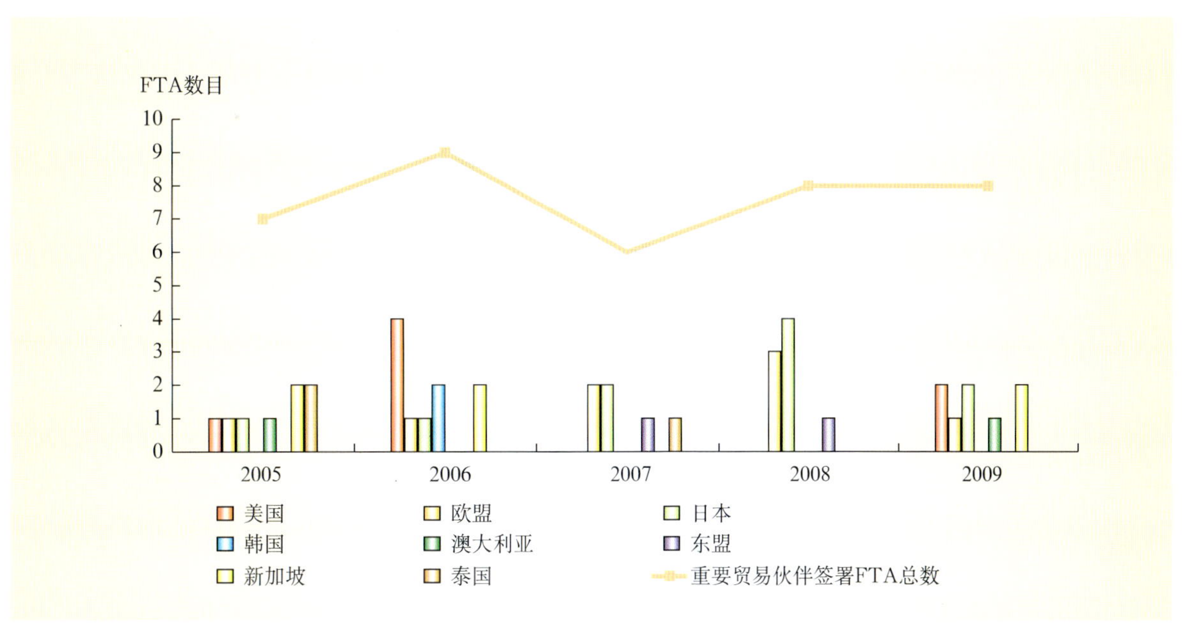

图 49　2005—2009 年间中国重要贸易伙伴签署执行的 FTA 数

数据来源：根据 WTO 网站的查询结果整理。

（二）国际农产品供求短期失衡，市场价格剧烈波动

随着生物能源需求和部分发展中国家粮食需求的迅速扩展和农业生产的变动，国际农产品库存减少，导致近年来国际农产品市场出现短期失衡，再加上国际期货市场上的投机等因素，造成2007—2008 年间国际农产品市场价格的剧烈波动。

根据 FAO 的价格数据，以 2002—2004 年为基准的食品价格指数从 2002 年开始持续上升，特别是 2007 年的食品价格指数从 2006 年的 122.4 快速上升到154.1；2008 年在此基础上进一步上升到 191.3。在短短的两年时间内，食品价格上涨 56.3%。2009 年的食品价格指数回落到 151.5（图 50）。

月度价格数据更清楚地反映了这一轮的价格剧烈波动过程。根据 FAO 的数据，2007 年 1 月的食品价格指数 130.9，此后持续上升，到 2008 年的 3 月超过 210，5 月到达最高点 213.5，此后转为持续下降，到 2008 年 12 月回落到 143.3。分农产品大类来考察，国际市场价格的波动更加明显。除了肉类价格波动幅度较小外，其他几个大类的农产品价格波动都非常剧烈，

其中以谷物、食用油和奶制品的价格波动 最为剧烈（图 51）。

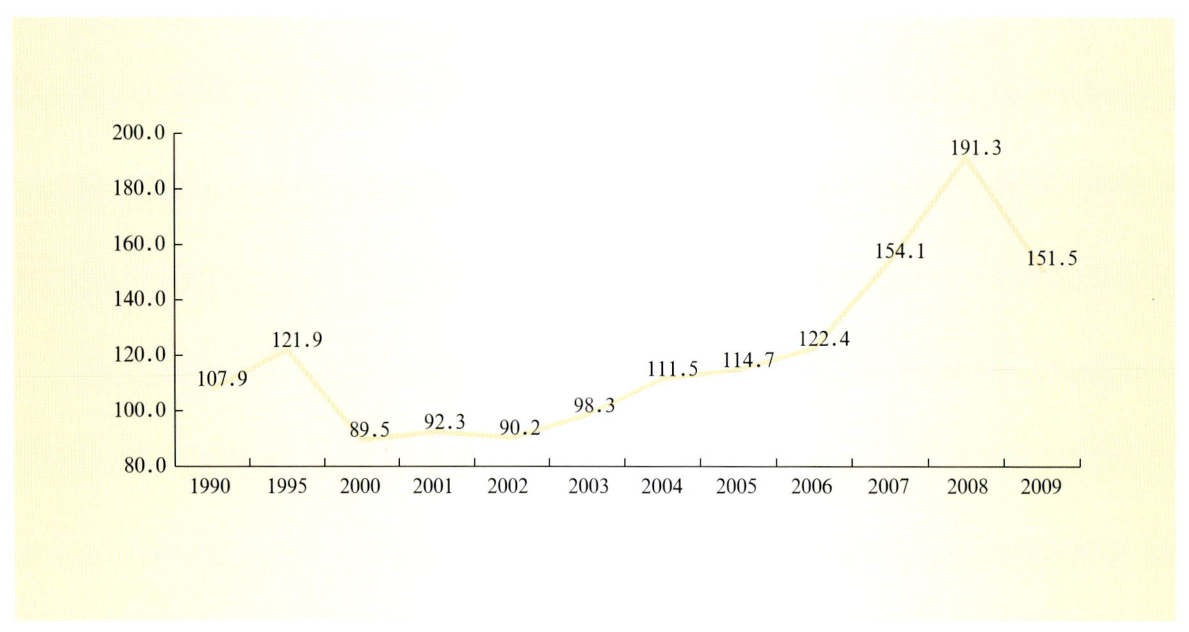

图 50 1990—2009 年国际农产品市场价格的年度变动

数据来源：FAO 农产品市场价格指数数据库（2002—2004 年为 100）。

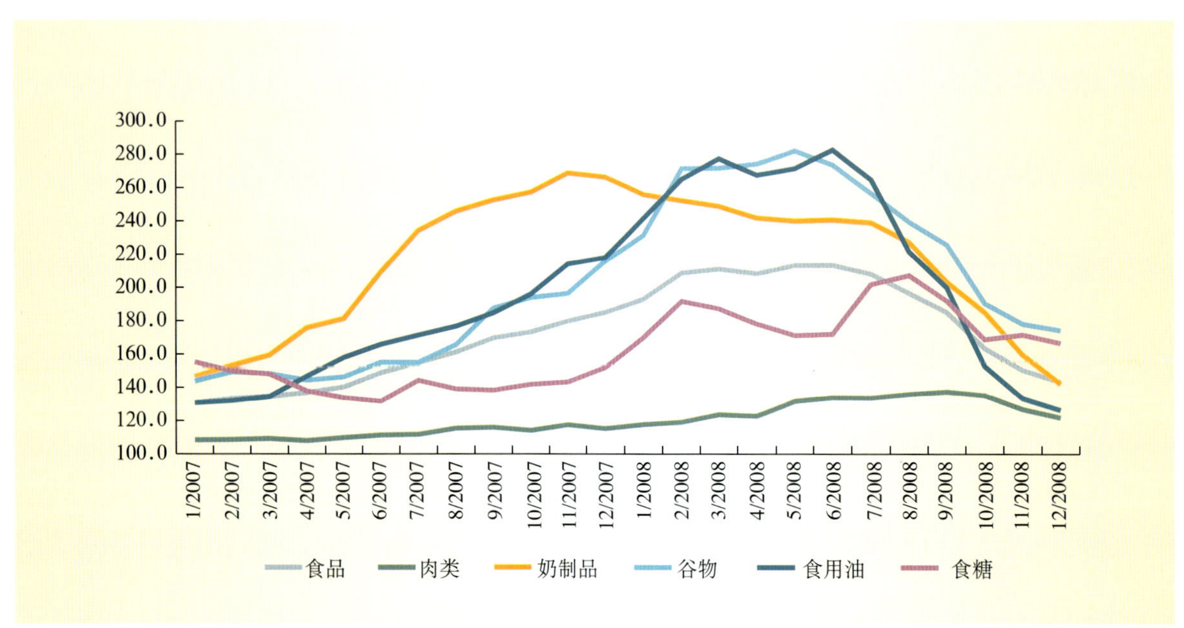

图 51 2007—2008 年国际农产品价格的月度波动

数据来源：FAO 农产品价格指数数据库（2002—2004 年为 100）。

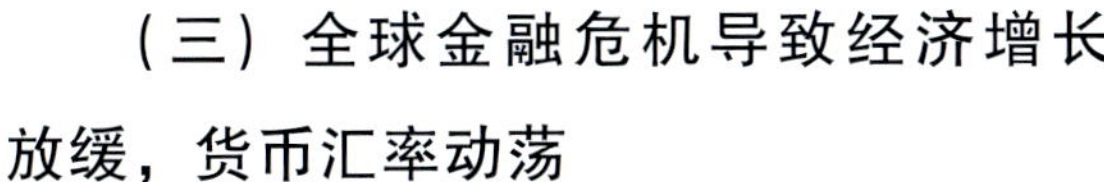

（三）全球金融危机导致经济增长放缓，货币汇率动荡

随着国际金融危机影响的深化和蔓延，各国经济增长从2008年开始明显放缓。根据国际货币基金组织的数据，2008年中国重要贸易伙伴中，日本GDP开始出现负增长，其他国家和地区的GDP年均增长全面趋缓，其中美国下降0.9个百分点，欧盟下降2个百分点，东南亚下降2.3个百分点，南美下降1.4个百分点。2009年随着金融危机的进一步加剧，中国主要贸易伙伴的GDP呈现为全面的负增长。其中，尤以发达国家和俄罗斯负增长最显著，日本GDP年均下降6.5%，美国下降3%，欧盟下降4.6%，俄罗斯下降8%（表85）。

表85 中国重要贸易伙伴的GDP年均增长率

单位:%

国家或地区	1991—2002[a]	2003	2004	2005	2006	2007	2008[b]	2009[b]
日本	1.0	1.4	2.7	1.9	2.0	2.4	−0.6	−6.5
美国	3.3	2.5	3.6	2.9	2.8	2.0	1.1	−3.0
欧盟	2.3	1.3	2.5	1.9	3.1	2.9	0.9	−4.6
俄罗斯		7.3	7.1	6.4	6.7	8.1	5.6	−8.0
巴西	2.6	1.2	5.7	3.2	4.0	5.7	5.1	−0.8
东亚	7.6	7.1	8.3	7.9	8.8	9.2	6.3	3.7
中国	10.1	10.0	10.1	10.2	11.1	11.4	9.0	7.8
东南亚	4.6	5.5	6.6	5.8	6.2	6.4	4.1	−0.8
南美	2.7	2.4	7.4	5.6	6.0	6.8	5.5	−0.3

注：a：平均值，b：预测值。

数据来源：IMF数据库。

国际金融危机导致世界主要货币的汇率产生剧烈波动。根据国际货币基金组织的数据，2007年6月为止，中国重要贸易伙伴货币对美元的汇率相对稳定，此后开始出现快速升值或者贬值的急剧动荡。在短期内，多次出现升值和贬值的来回变化，同时升值或贬值的幅度之大，都是此前所不多见的（图52）。

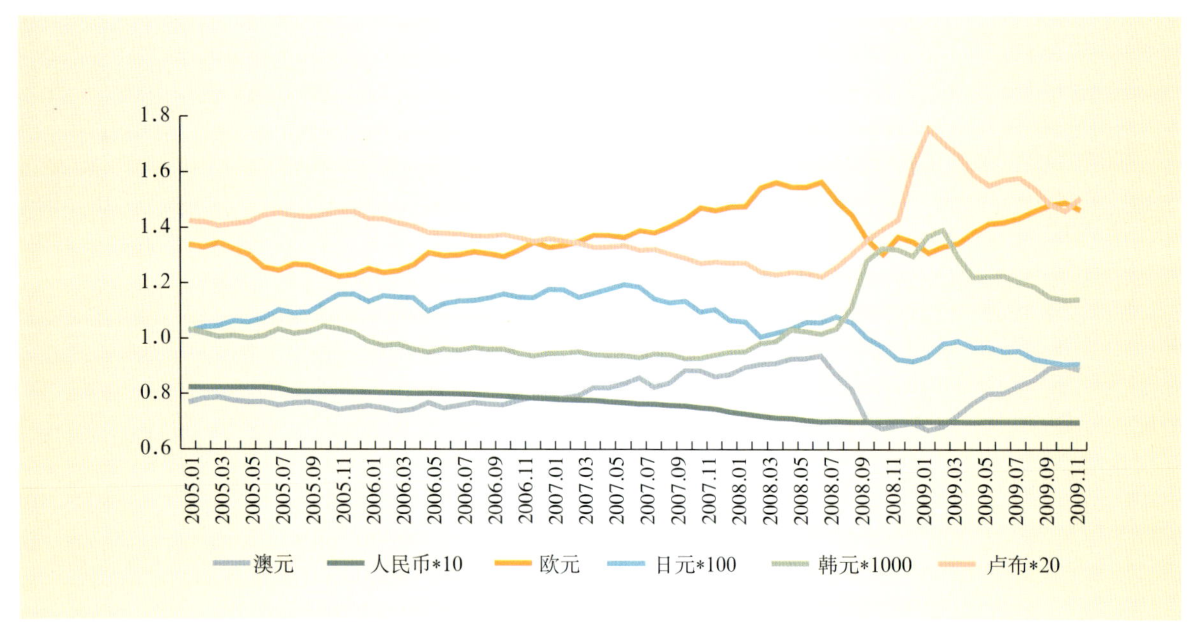

图 52　2005—2009 年中国重要贸易伙伴货币对美元的汇率变动

注：图中数据为 1 美元兑换多少单位其他货币，月度汇率根据每天汇率加总平均计算。

数据来源：IMF 数据库。

国际金融危机导致的经济增长放缓和负增长，影响对农产品的贸易需求，汇率的短时期剧烈动荡，增加了农产品贸易的不确定性，从而可能影响各国的农业贸易政策。

近五年中国重要贸易伙伴农业贸易政策的变动趋势

（一）关税政策

中国重要贸易伙伴的农产品进口关税整体上看呈现出下降的趋势。根据世界银行的数据，2005—2009 年农产品最惠国实际实施税率与 2000—2004 年相比，美国从 5.8% 略降到 5.4%，欧盟从 16.7% 下降到 13.1%，日本从 25.1% 下降到 23.8%，韩国从 103.8% 下降到 90.2%，阿根廷从 12.2% 下降到 10.5%。东盟的关税水平虽然 2005—2009 年比 2000—2004 年略有上升，但 2008 年和 2009 年的关税水平已经低于 2000—2004 年间的平均水平（表 86）。

近年来中国重要贸易伙伴农产品中高关税的使用有增加的趋势。比较 2000—2004 年和 2005—2009 年采用高关税（最惠国实施税率的简单平均 3 倍以上）的税目占农产品税目的比重，除了东盟国家有所降低外，其他贸易伙伴大多上升，而且欧盟和日本差不多增加了 1 倍（图 53）。

表 86 中国重要贸易伙伴农产品 MFN 实际实施税率水平

单位:%

主要贸易伙伴	2000—2004	2005—2009	2005	2006	2007	2008	2009
美国	5.8	5.4	5.3	5.8	5.3	5.3	5.1
欧盟	16.7	13.1	13.9	12.4	12.4	13.6	
东盟	13.6	14.1	17.3	16.8	18.2	11.8	6.2
日本	25.1	23.8	27.7	22.2	21.7	23.8	
韩国	103.8	90.2	89.7	90.3	90.4	90.4	
澳大利亚	7.0	2.7	2.9	2.4	3.1	2.4	2.7
巴西	10.9	10.4	10.3	10.4	10.4	10.4	10.4
阿根廷	12.2	10.5	10.5	10.5	10.5	10.5	10.5
世界平均	17.2	16.3	17.2	16.3	17.2	16.2	14.5

注:(1) 数据为从价与非从价 MFN 关税税率按照进口金额权重加权平均得到的平均关税税率。

(2) 时期数为各年的简单平均数。空格表示数据未获得。

数据来源:世界银行:世界贸易指南。

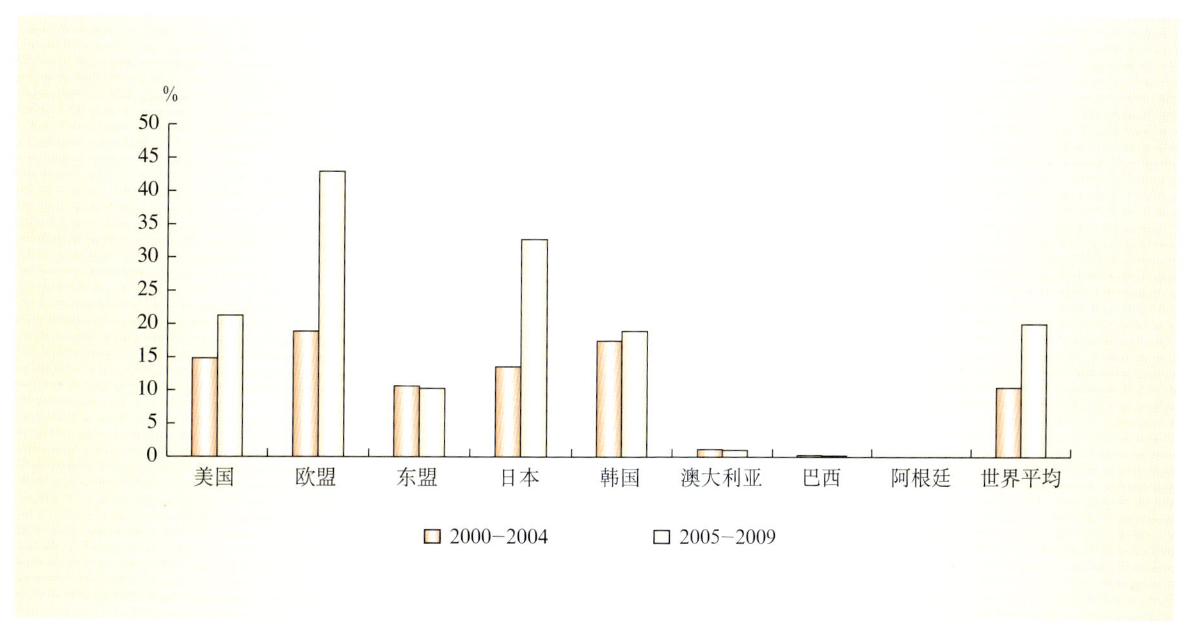

图 53 重要贸易伙伴农产品高关税的变化

注:(1) 数据为 AOA 定义的农产品中超过 MFN 实施税率简单平均三倍以上的税目占农产品税目的比例。

(2) 时期数根据时期内各年份数值的简单平均计算。

数据来源:世界银行:世界贸易指南。

从2008年中国重要贸易伙伴的农产品关税配额使用情况来看，韩国是使用农产品关税配额比例最高的国家，占农产品税目的17.9%，欧盟次之，占15.1%，之后是日本和美国，均占9.5%。其他贸易伙伴农产品使用关税配额的比例都小于2%（图54）。

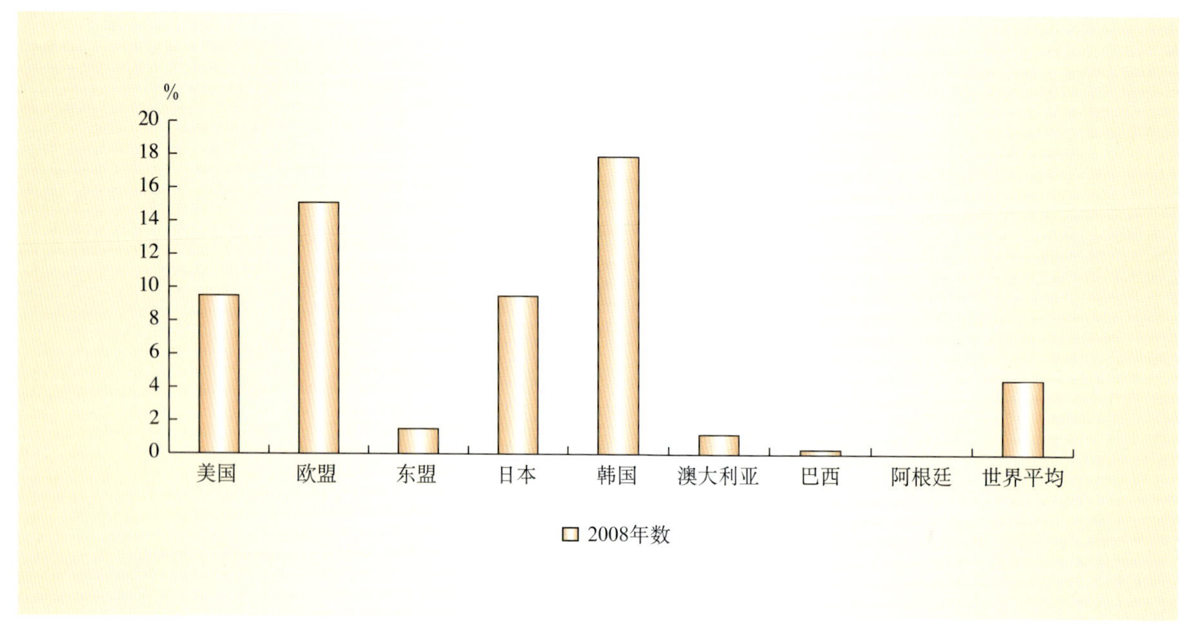

图54 重要贸易伙伴农产品关税配额情况

注：数据为采用关税配额农产品占农产品税目的比例。

数据来源：世界银行：世界贸易指南。

（二）国内支持与补贴政策

在国际农产品价格暴涨的背景下，近年来中国重要贸易伙伴的国内支持的实际运用水平整体上出现了一定程度的下降。根据经济合作与发展组织（OECD）的数据，美国实际运用的农业国内支持水平有所下降，生产者补贴等值（PSE）总额从2004年的432亿美元下降到2008年的233亿美元。欧盟的PSE总额基本稳定在1 000亿欧元左右，年度间虽然有波动，但是变化不大。日本的PSE总额由5.2万亿日元下降到2008年的4.3万亿日元。韩国的PSE总额在2004—2007年间基本维持在24万亿韩元略高的水平，2008年下降到20.2万亿韩元（图55）。

从PSE占农业生产总值的比重来看，近年来中国重要贸易伙伴中的大多数也呈现出略有下降的趋势。欧盟从2004年的41.5%持续下降到2008年的29.6%，美国从2004年的18.4%下降到2008年的7.3%，日本从2004年的59.7%略降到2008年的51.6%，韩国从2004年的68.6%下降到2008年的55.4%。澳大利

亚、巴西等原本比重很小的国家，基本保持在5% ~8%之间，年度之间变化不大（图56）。

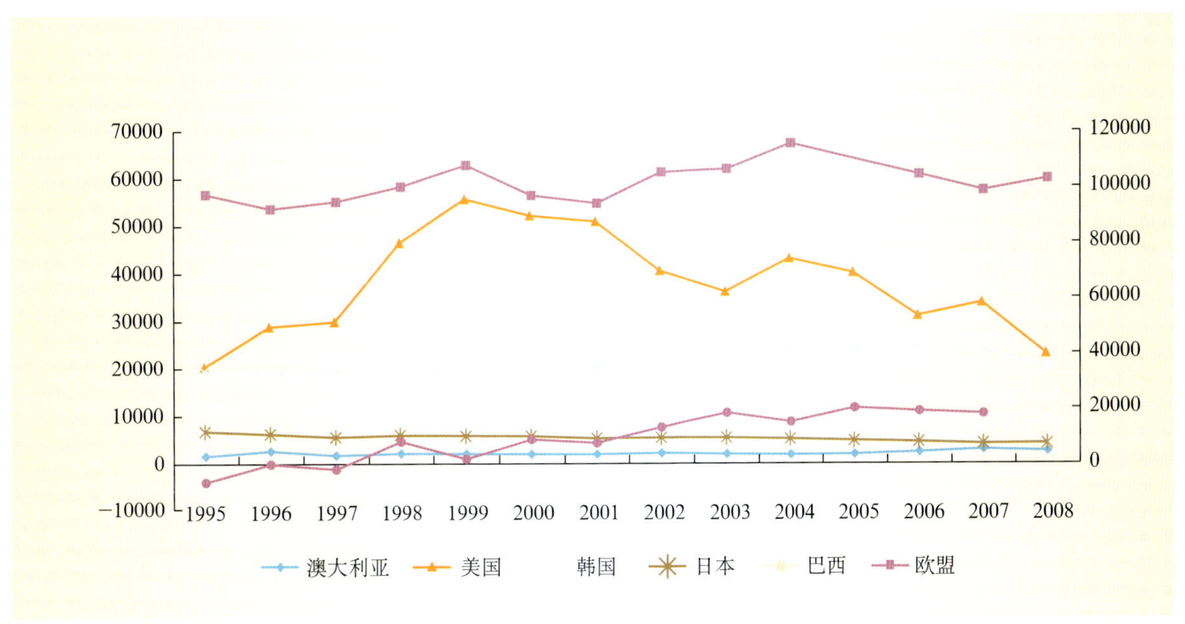

图55 主要贸易伙伴的生产者补贴等值PSE总额的变动

注：（1）欧盟参照右轴，其他国家参照左轴；

（2）PSE的数据均以本国货币作为计量单位。日元和韩元单位是10亿，其他是100万。

数据来源：OECD的PSE数据库。

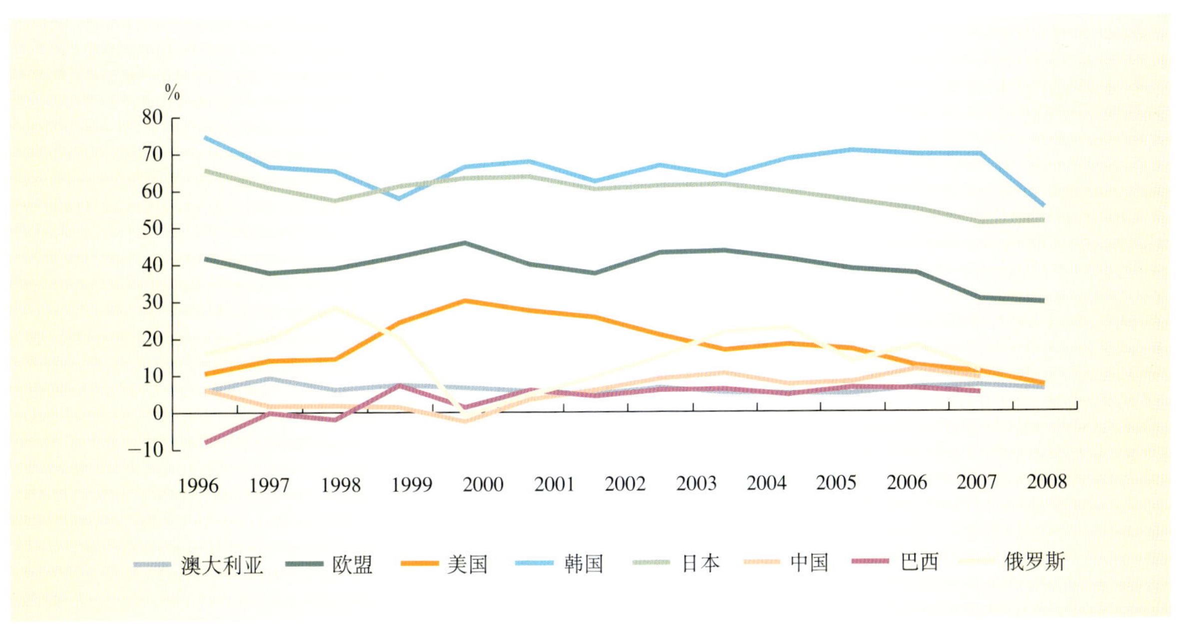

图56 重要贸易伙伴PSE占农业生产总值的比重

数据来源：OECD的PSE数据库。

但是，在分析上述数据变化的时候，特别要注意2007—2008年之间国际市场价格暴涨带来的影响。由于国际市场价格暴涨，根据OECD的PSE计算的价格扭曲部分的国内支持数额会显著减少。因此，虽然从PSE总额以及PSE占农业生产总值的比重上看，表现为减少或者降低，但是这并不意味着农业国内支持已经呈现持续减少的趋势。要全面判断中国重要贸易伙伴的国内支持政策的变化趋势，还必须从结构等方面更加全面地考察其国内农业支持政策的调整情况。这里重点关注美国和欧盟近年来的国内农业政策调整动向。

2008年5月，美国的新农业法案正式出台。根据该法案，今后10年内，美国联邦政府用于农业的补贴将达1 900亿美元，比旧法规定的补贴增加80%。在国内支持方面，在新法案中得到延续的政策包括固定直接补贴、反周期补贴、营销援助贷款、贷款差额补贴等措施，但对补贴范围和资格做了调整，并提高部分商品的目标价格和贷款率。值得关注的是该法案第一次导入的收入保障直接补贴政策；新法对食糖、乳制品的生产者继续提供贷款补贴和价格支持，但利率和支持方式上有所变动；原本不属于政府保护范围的蔬菜水果，首次纳入到了补贴范围，但支持方法上采用了补贴消费的间接保护方法。

2005年12月17日，欧盟各成员国就《2007—2013年财政规划》（Financial Perspective 2007—2013）达成一致。根据此项规划，2007年欧盟27个成员国向欧盟财政预算的注资额为1 246亿欧元，到2013年将增加到1 431亿欧元，其中农业补贴占45%。这样，欧盟的农业补贴总额一定会维持在高水平。2005年的CAP（共同农业政策）改革的主要内容包括：①取消了原有的直接补贴方式，从2005年开始代之以“单一农场支付”（Single Farm Payment，SFP），就是向生产者提供不与生产挂钩的直接补贴，实行不挂钩直接支付政策[①]。在以上补贴政策之外，欧盟继续执行以前的市场稳定政策，即保留原来的价格支持政策，但是必须进一步削减农产品的价格支持水平，以减少补贴对生产决策和贸易的扭曲作用。②决定对大农场的直接补贴标准予以调减。欧盟针对获得不同补贴水平的农场设计了不同的调整办法：对于获得直接补贴在5 000欧元以下的农场，免于削减补贴；5 001～50 000欧元的农场，2007年补贴削减幅度为直接补贴额的1%，以后逐年削减，直到2013年削减12.5%；对补贴在50 000欧元以上的农场，2007年削减幅度为直接补贴额的1%，逐年削减，到2013年削减

① 如果某个成员国需要一个过渡期，则最迟要在2007年开始执行。

19%。据测算，此项措施每年可节省12亿欧元的支出。③同时将“共同农业政策”转型为“共同农业和农村发展政策”，引入了农村发展政策作为共同农业政策的第二支柱，强调农业的多功能性和可持续性。

综合以上情况判断，中国主要贸易伙伴的国内支持水平尚缺乏持续降低的可能性，近期PSE总量的减少趋势应该是国际农产品市场价格处在高位时才出现的短期现象。但是，国内支持的结构将会随着WTO规则变化的动向等进行调整，可以预见的趋势是直接扭曲贸易的国内支持将持续减少，但是其他的国内支持将会持续增加，因而国内支持总量不会减少。

（三）贸易救济措施政策

贸易救济措施的频繁使用成为近年来中国重要贸易伙伴农业贸易政策变化的一个重要趋势。根据WTO的数据，2005—2009年，重要贸易伙伴在农产品贸易中因为贸易救济措施而引起的贸易争端，在总体上看呈现增加的趋势。

从分类分析中可以看出，近年来中国重要贸易伙伴选择使用的各类贸易救济措施的趋势并不相同。反倾销措施的使用明显增加，反倾销措施贸易争端涉及次数由2000—2004年的8次增加到2005—2009年的14次。与此同时，中国重要贸易伙伴反补贴措施的贸易争端次数也显著增加，由2000—2004年的10次增加到2005—2009年间的15次。与此相反，重要贸易伙伴因为保障措施的贸易争端起诉次数则显著下降，由2000—2004年间的36次减少到2005—2009年间的17次（表87）。

表87 中国重要贸易伙伴的贸易救济措施使用情况[a]

措施	区别	2000—2004年[b]	2005—2009年[b]	2005	2006	2007	2008	2009
反倾销	起诉方	4	7	0	4	0	1	2
	应诉方	4	7	1	4	0	1	1
	小计	8	14	1	8	0	2	3
反补贴	起诉方	5	9	1	3	3	1	1
	应诉方	5	6	1	1	2	1	1
	小计	10	15	2	4	5	2	2
保障措施	起诉方	20	7	1	3	0	1	2
	应诉方	16	10	2	1	2	3	2
	小计	36	17	3	4	2	4	4

注：a. 包括美国、欧盟、韩国、泰国、澳大利亚、日本和阿根廷的数据总和，仅统计与农产品相关的案例。

b. 合计数。

数据来源：根据WTO网站贸易争端数据库查询整理。

上述结果表明，中国重要贸易伙伴近5年来在贸易救济措施上，呈现出减少使用保障措施，而越来越多地使用反倾销和反补贴措施的趋势。中国作为农产品出口大国，遭受贸易伙伴反倾销和反补贴的影响将会进一步加大。

（四）技术性贸易措施政策

技术性贸易措施在农业贸易政策中的地位越来越重要，已经成为近年来中国向重要贸易伙伴出口的最重要制约因素。WTO/TBT－SPS 通报数据显示，中国重要贸易伙伴的通报数量显著增加，由2000—2004年的233次增加到2005—2009年的385次，增长65%。其中，美国的通报次数增加最快，增加6倍多；欧盟和韩国均翻了一番，巴西和阿根廷的通报次数也有明显增加。从2005—2009年的年度数据来看，虽然通报次数没有明显增加的趋势，但大多保持较高水平（表88）。

表88 中国重要贸易伙伴与农产品有关的TBT通报数

国家或地区	2000—04年	2005—09年	2005	2006	2007	2008	2009
美国	17	112	20	17	28	24	23
欧盟	16	36	6	7	3	6	14
日本	41	40	7	10	2	18	3
韩国	11	26	2	3	4	13	4
东盟	59	37	1	7	12	7	10
巴西	50	69	20	11	8	17	13
阿根廷	34	59	13	8	15	9	14
澳大利亚	5	6	1	2	2	1	0
小计	233	385	70	65	74	95	81
WTO成员合计	486	1 336	140	184	225	331	456

注：农产品按照HS2位编码的01章到24章。

数据来源：根据WTO网站中TBT信息管理系统的查询结果整理。

日本2005—2009年的技术性贸易措施通报次数虽然略少于2000—2004年，但是在2006年和2008年分别达到10次和18次。特别是在2005年11月29日公布、并自2006年5月29日起执行新的“日本食品中农业化学品残留肯定列表制度”（简称“肯定列表制度”），对中国的农产品贸易具有重大影响。肯定列表制度把进口农产品和食品中限用和禁用的化学物质的范围扩大，由原来的288种限量标准物质（255种农药残留和33种兽药残留）增加到799种；原来法规涉及的186种食品、农产品增加到264种食品、农产品。799种物质在不同食品和农产品中的最大残留限量标准，由原来的9 312个增加到53 862个，增加4.8倍。制度不但规定了具体农业化学品种类在特定食品中的最大残留限量(Maximum Residue Limits，MRLs)，而且对没有设定具体MRLs的农业化学品作出了采用不得检出的统一规定，因此所有的食品和农业化学品，将不再存在例外。

从近年来中国重要贸易伙伴通报的技术性贸易措施的领域来看，农兽药、动植物检疫、转基因、农产品特别是畜产品的质量标准仍然是通报最多的领域，公共卫生、动植物健康、环境以及动物福利等方面的标准的通报呈现增加的趋势。美国、欧盟、日本等发达国家的技术性贸易措施对中国农产品出口影响较大。同时，由于受限于科研发展水平等因素，中国很少涉足一些科技含量较高的技术性贸易措施领域，在技术性贸易措施的使用上与发达国家相比尚存在差距。

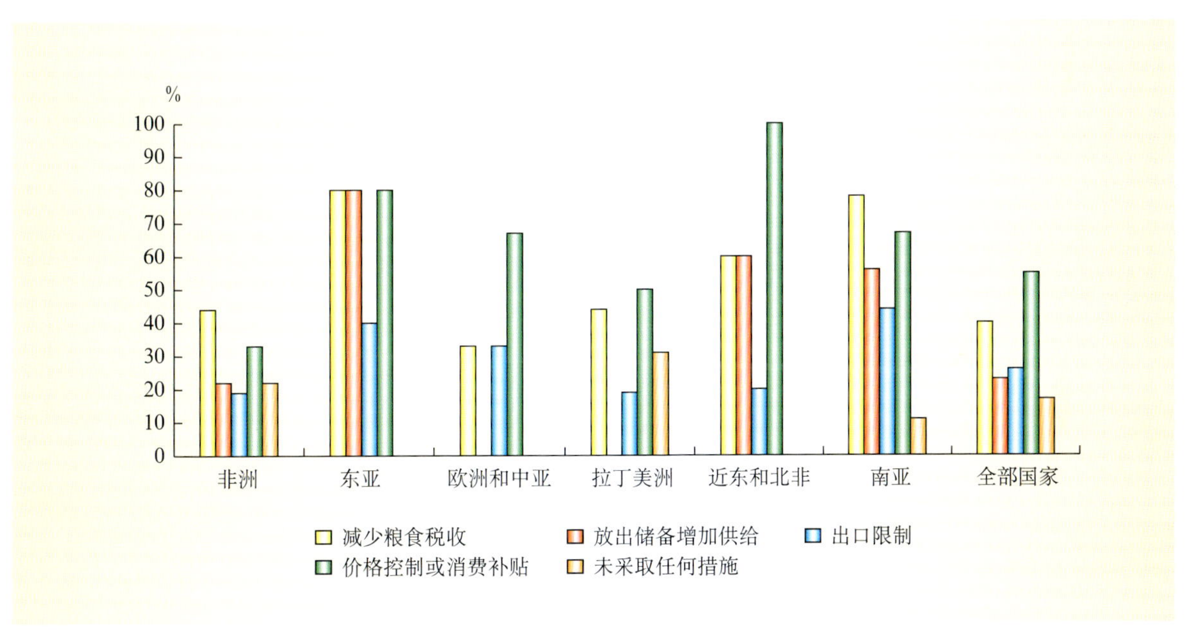

图57 国际市场价格剧烈波动时采取应对政策措施的国家比例

注：图中表示的是采取某项措施或未采取任何措施的国家占调查国家总数的百分比。

数据来源：FAO：农产品市场报告，2009

(五) 国际粮食危机与金融危机的应对政策

在2007—2008年间的国际农产品价格暴涨时期，许多发展中国家采取了应对措施。根据FAO于2008年5月对77个国家的调查，有40%的国家采取了促进生产的措施，55%的国家采取了保障消费者的措施，也有27%的国家采取了出口限制措施。主要的出口限制措施包括限制出口和临时调整关税等。分地区来看，南亚国家采取出口限制的比例最高，为44%，其次为东亚和欧洲中亚国家，分别为40%和33%，其他地区为20%左右。阿根廷采取了禁止小麦出口、提高谷物、大豆和油籽出口税收的措施，巴西采取了降低小麦进口关税、取消小麦进口配额的措施（图57）。

虽然针对这些重大贸易相关事件的应对政策中，大部分措施可能带有临时性质，但是对农产品国际贸易的影响不可低估。在国际农产品价格暴涨过程中，部分国家采取的出口限制政策无疑起到了推波助澜的作用。而应对金融危机的政策，如果使贸易保护成为贸易政策的一种倾向，也势必影响到中国农产品贸易的整体环境。

结论与启示

WTO多哈回合谈判和区域贸易建设发展的影响、对国际农产品价格剧烈波动危机的应对和国际金融危机的应对，是近年来影响中国重要贸易伙伴农业贸易政策变化的阶段性特殊因素。正是这些因素与影响农业贸易政策的一般因素结合在一起，决定了中国重要贸易伙伴农业贸易政策变化的趋势。总结归纳上述分析，可以得到以下几点结论与启示：

（1）主要由关税政策等反映的贸易自由化的总体趋势没有改变，而WTO谈判的进展和区域贸易协定的签署是最重要的推动力量，表现为中国重要贸易伙伴的约束性关税和实际实施税率的不断下降趋势。但是高关税、关税配额和关税升级等问题依然存在，显著的变化仍将有待于WTO多哈回合谈判的结果。因此，中国应该采取积极的态度，进一步促进WTO多哈回合谈判，促进中国与重要贸易伙伴间区域贸易协定的发展，以推动农产品贸易的整体自由化趋势。

（2）近年来中国重要贸易伙伴实际运用的农业国内支持总额略有下降，但这种暂时的下降与国际农产品市场的价格高涨密切相关，从各国国内农业政策调整的情况看，农业国内支持水平仍然具有进一步增加的可能。农业国内支持的结构调整在继续，导致贸易扭曲的黄箱支持保持下降，而其他支持有可能较快增长。这说明，对重要贸易伙伴的国内支持削减不能抱有太大的期望，同时根据重要贸易伙伴的农业调整经验，应该继续提高中国农业国内支持水平①，同时也必须重视中国农业支持结构的合理完善。

（3）在贸易救济措施使用上，中国

① 中国PSE占农业生产总值的比例，仍然显著低于其他国家。

重要贸易伙伴越来越多地采用反倾销和反补贴措施，减少特殊保障措施的使用。反倾销和反补贴措施的广泛使用，必将对中国的农产品出口产生更加重大的影响，重视对反倾销和反补贴的应诉，将成为越来越重要的贸易课题。同时，中国应该参照重要贸易伙伴使用贸易救济措施的经验，加强贸易救济措施的基础工作，积极运用反倾销和反补贴等措施。

（4）技术性贸易措施逐步成为影响中国重要贸易伙伴市场准入越来越重要的因素。中国主要贸易伙伴向 WTO 通报的技术性贸易措施通报数显著增加，涉及内容越来越广，提出的标准越来越严格，已经逐步成为对中国农产品出口最为重要的制约因素。因此，如何提高中国农产品的安全质量水平，已经成为应对国外技术性贸易措施增长趋势的关键。同时，中国也应该积极加强技术性贸易措施的研究工作，在农产品贸易中用好技术性贸易措施。

（5）重大贸易相关事件发生时中国主要贸易伙伴的应对政策调整值得关注。在国际农产品市场价格暴涨时，主要出口国家采取的出口限制政策，加剧了市场的不稳定。由于农产品作为生活必需品的特殊性，国际金融危机对农产品贸易的影响呈现为短期性，但是贸易保护主义抬头的可能性依然存在。所以，我们应该未雨绸缪，做好农产品贸易的监测预警工作，及时为政府的政策调整提供依据。

2009年国际农产品价格波动及其影响因素

经过2008年的大起大落，2009年绝大部分农产品的国际价格在2008年回落的基础上保持了基本稳定。随着金融危机的探底和2009年下半年全球经济的微弱复苏，FAO食物价格指数[①]呈现出动态上升的态势。2009年2月FAO食品价格指数降至139，5月份以后开始上涨，12月份已涨至172。在各类食品中，谷物价格指数基本稳定且轻微下降，而乳制品和食糖价格指数出现了较大上升。

2009年国际农产品价格波动呈多元态势

（一）谷物价格动态调整稳中有降

大米价格在2009年基本上延续了2008年中期以来的整体下行的态势，其中伴随出现了几次较小的波动。从年均价看，2009年泰国100% B2级大米曼谷离岸价为每吨583美元，比2008年均价回落了114美元，但仍比2007年的均价高出74.4%。2009年第一季度，泰国100% B2级大米曼谷离岸价扭转了2008年5月以来不断下跌的态势，实现了连续三个月上涨，3月上涨至637美元。此后9个月里，大米价格小幅涨跌，12月份为618美元。

与大米相比小麦价格波动的幅度较小，但下行的态势更为明显。美国2号硬红冬小麦墨西哥离岸价在2009年1月实现了8.9%的增长达到每吨256美元以后，又出现了连续三个月的下跌。6月小麦价格升至阶段新高，达到270美元，此后又进入下行通道，直跌到9月份的201美元，较全年最高价低25.5%。10

① FAO食物价格指数是6大类55种商品价格的加权指数（以2002—2004年为基期）。

月和11月份国际小麦价格均出现小幅回升，但回升并没有持续太久，最终仍以下跌的态势结束2009年，并最终回落至12月份的222美元。

在经历了2008年过山车似的波动以后，2009年国际玉米价格表现相对稳定，但总体来看仍延续着2008年6月份以来的跌势。2009年1月，美国2号黄玉米墨西哥湾离岸价每吨172美元，较2008年12月份上涨9.7%，但比2008年6月份的最高价下跌38.8%。在2009年前两个季度里，除2月小幅回调5.3%，玉米价格基本上都在上涨。6月份玉米价格达到本年度最高的183美元。7月玉米价格在陡降16.8%至152美元后又呈现出动态上升的态势，但调整幅度很小，最终于12月份收于167美元（图58）。

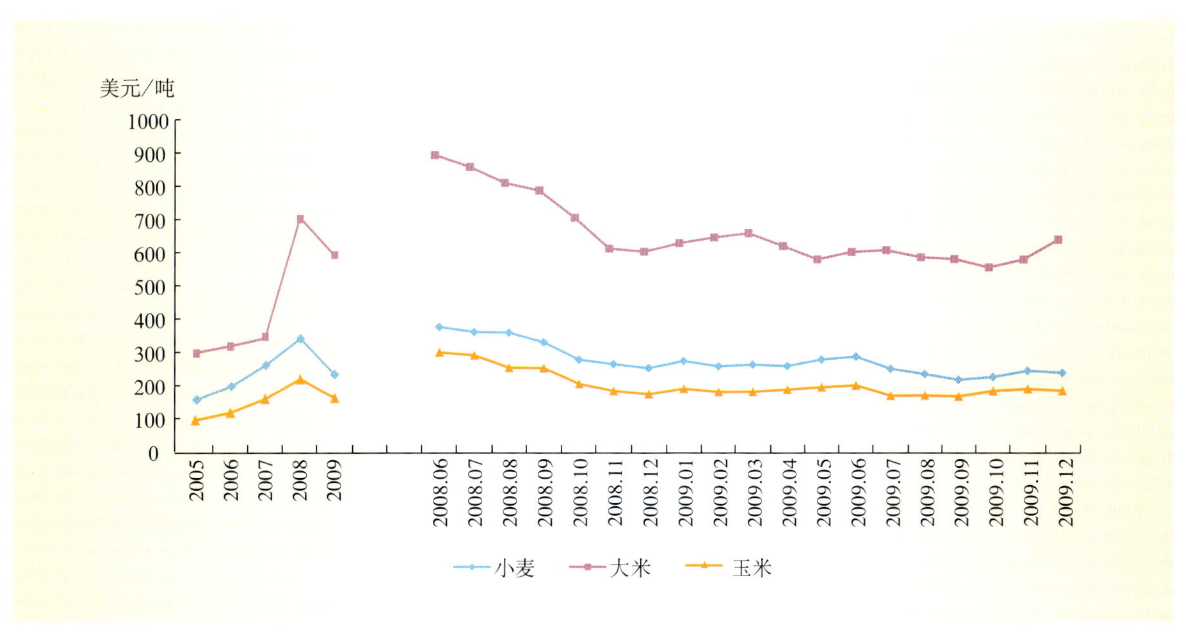

图58 国际市场谷物价格变化趋势

注：大米为泰国100% B2级大米曼谷离岸价，小麦为美国2号硬红冬小麦墨西哥湾离岸价，玉米为美国2号黄玉米墨西哥湾离岸价。

数据来源：FAO国际商品价格数据库。

（二）油料产品价格基本稳定

大豆价格在2009年上半年扭转了2008年7月以来的跌势，开始震荡上扬，下半年整体走弱。2009年1月美国1号黄大豆墨西哥湾离岸价为每吨397美元，比2008年12月的价格上涨15.4%，比2008年最高价低190美元。大豆价格在6月份达到469美元以后一路回落到9月份的373美元，其后4个月一直在370～390美元之间徘徊。

豆油价格在2009年中呈现出震荡上行的态势，但总体价位仍远低于2008年的水平。2009年1月荷兰现榨豆油离岸价为每吨789美元，比2008年12月提高6.9%，但比2008年的最高价低48.7%。此后两个月豆油价格连续回落至本年度最低的727美元，第二季度又连涨三个月至6月份的896美元。下半年豆油价格出现几次较小波动并高收于12月份的935美元，这也是本年度的最高价。国际市场菜籽油价格的波动与豆油基本相似，不同的是菜籽油价格2009年第一季度延续了始于2008年6月以来的跌势。

棕榈油国际市场价格一年中出现了较大波动。西北欧粗棕榈油到岸价在2008年11月份降至2008年以来的最低点的每吨488美元，此后一路上涨，并于2009年5月升至本年度最高位的801美元，半年上涨64.1%。7月份棕榈油价格下滑至640美元，较5月份价格下跌20.1%。四季度棕榈油价格上行，最终收于12月份的792美元。花生油价格在2009年基本上延续了2008年9月以来的跌势。花生油鹿特丹到岸价从2008年8月的每吨2 372美元一路下行至2009年9月份的1 120美元，跌幅达52.8%。年末花生油价格强劲回升，并且延续到2010年年初（图59）。

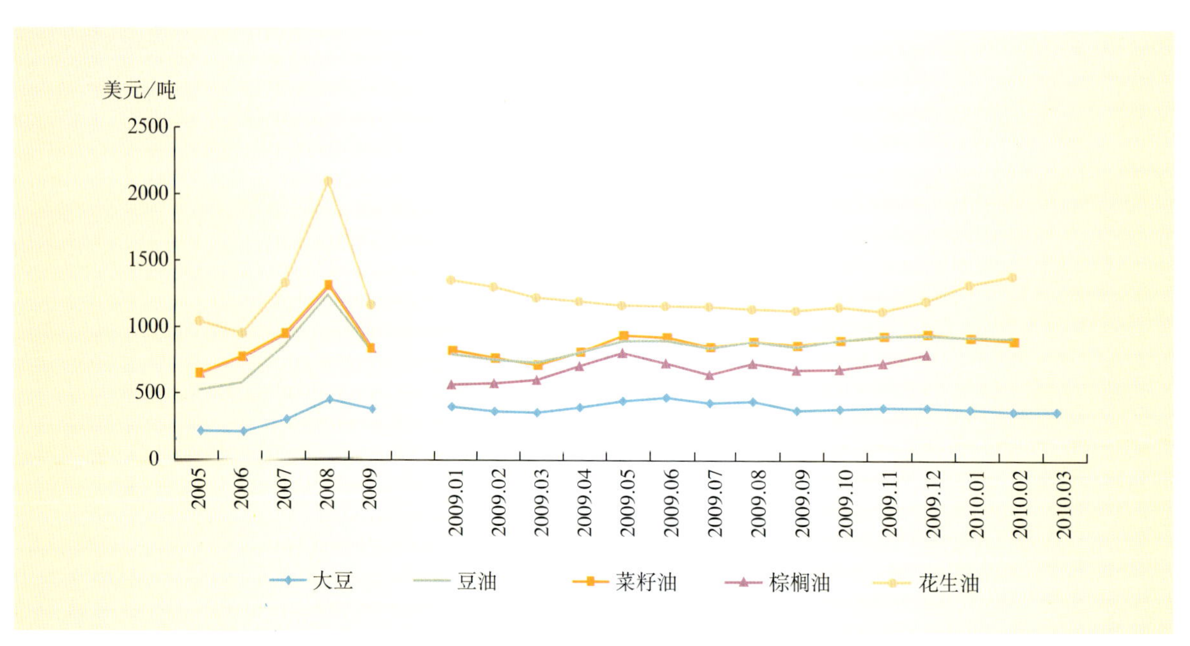

图59 国际市场主要油料产品价格变化趋势

注：大豆为美国1号黄大豆墨西哥湾离岸价，豆油为荷兰现榨豆油离岸价，菜籽油为荷兰现榨菜籽油离岸价，棕榈油为西北欧粗棕榈油到岸价，花生油为鹿特丹花生油到岸价。

数据来源：FAO国际商品价格数据库。

（三）肉类价格稳中有升，猪肉价格有所走软

猪肉价格在2009年延续着2008年以来的跌势，但全年来看跌幅很小。2009年猪肉均价比2008年下跌58美元，跌幅为2.6%。2009年1月，美国冷冻猪肉出口价为每吨2 195美元，较2008年最高价下降14.3%。在此后的四个月里，猪肉价格有所上升，5月份达到每吨2 312美元。下半年猪肉价格动态走低，最低价是10月份的每吨2 105美元。

牛肉价格在2009年扭转了2008年7月以来的跌势，保持了动态上涨。2009年1月，澳大利亚冷冻无骨牛肉美国东海岸到岸价为每吨2 516美元，比2008年最高价下跌35%，比2008年12月份价格上涨16.8%。7月份牛肉价格升至2 734美元，最终收于12月的2 800美元年度最高位。鸡肉价格变化与牛肉类似，巴西鸡肉出口离岸价格的跌势从2008年9月一直持续到2009年2月，然后价格动态上扬，并于11月份达到本年最高的1 743美元。

羊肉价格整体也呈涨势。1月份，新西兰全冷冻羔羊肉伦敦斯密斯菲尔德市场批发价为每吨4 512美元，较2008年12月份上涨14.8%。然而，随后的两个月羊肉价格回落15.7%和1.5%，并于3月份跌到本年度最低的3 746美元。第二季度羊肉价格持续上涨至6月份的4 935美元，此后保持了基本稳定，并于11月份达到年度最高的4 570美元（图60）。

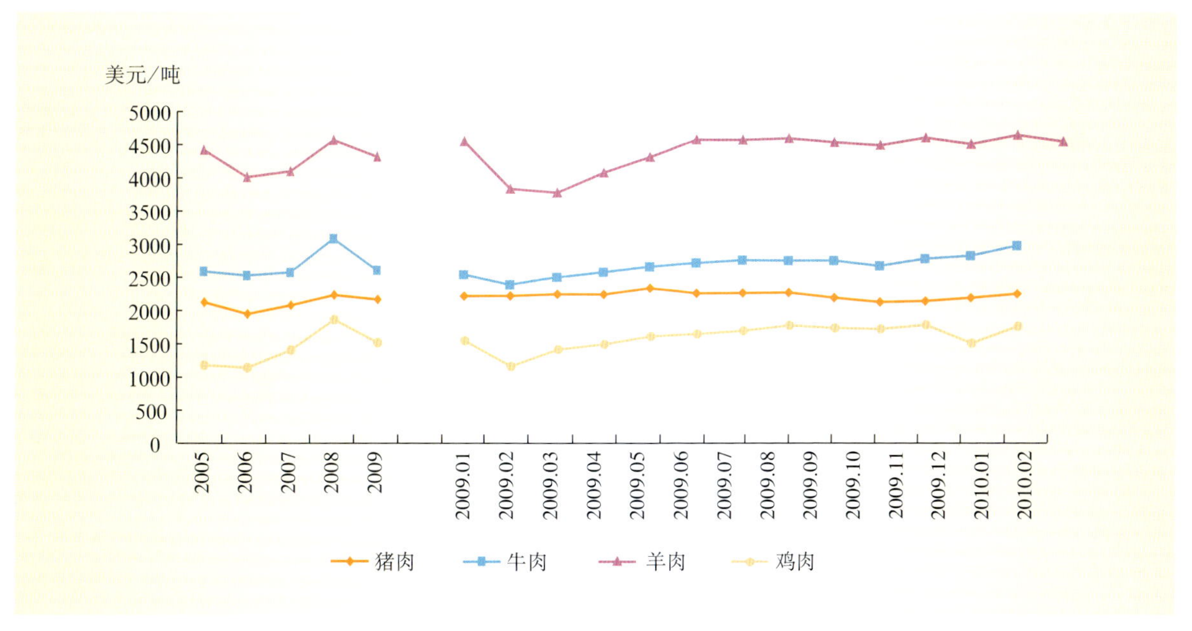

图60 国际市场肉类价格变化趋势

注：猪肉为美国冷冻猪肉出口价，牛肉为澳大利亚冷冻无骨牛肉美国东海岸到岸价，羊肉为新西兰全冷冻羔羊肉伦敦斯密斯菲尔德市场批发价，鸡肉为巴西鸡肉出口离岸价。

数据来源：FAO国际商品价格数据库。

（四）乳制品年初下跌下半年暴涨

国际市场乳制品价格在2009年的第一季度仍处于回落阶段，第二个季度扭转了2007年以来的跌势，并且在几个月内攀升至2007年中期的水平。

黄油和乳酪2009年1月份大洋洲出口离岸指标价均处于2007年年末以来的下行通道，分别为每吨1 925美元和2 675美元，随后继续下跌并分别于4月达到各自本年度最低位的1 800美元和2 425美元。从5月份开始，黄油和乳酪价格开始上涨，到了10月二者价格分别达到2 725美元和3 213美元，12月又达到本年度最高的4 100美元和4 425美元，比各自年度最低价分别提高1.3倍和82.5%。

脱脂奶粉的价格跌势从2007年的8月一直持续到2009年的2月，其后行情逆转，8月份开始强势上升。2009年2月，脱脂奶粉大洋洲出口离岸指标价为全年最低的每吨1 750美元。4月到8月间，价格缓慢上升，在9月和11月分别上涨12.7%和35.7%以后，脱脂奶粉价格于12月升至本年度最高值每吨3 375美元，比年度最低价高92.9%。

全脂奶粉也是以跌势进入2009年。2月份大洋洲出口全脂奶粉离岸指标价达到2007—2009年中最低值，为每吨1 850美元，只有2007年10月最高值的37.4%。在经过连续3个月的上涨和2个月的连续回落以后，下半年全脂奶粉价格急剧上升，其中9月份和11月份分别出现23.4%和23.7%的单月增幅。12月份，全脂奶粉以3 550美元的高价结束2009年，该价格是2月份的1.9倍（图61）。

（五）食糖涨势强劲

国际食糖价格从2005年下半年开始上涨，在2006年一季度升至高点后逐步回落，经过2007年的低价徘徊和2008年的恢复性上涨后，2009年食糖价格一路飙升，年均价是2008年的1.4倍。1月份国际糖业组织平均报价为每吨275美元，在缓慢上升至4月份的297美元后，国际糖价进入快速上涨通道。5月，糖价单月上涨17.1%，7月和8月又分别上涨12.5%和21.5%。9月份糖价小幅上涨2.8%，然后进入3个月的调整期，但最终还是高收于512美元。这个价格几乎是2008年年末价格的两倍（图62）。

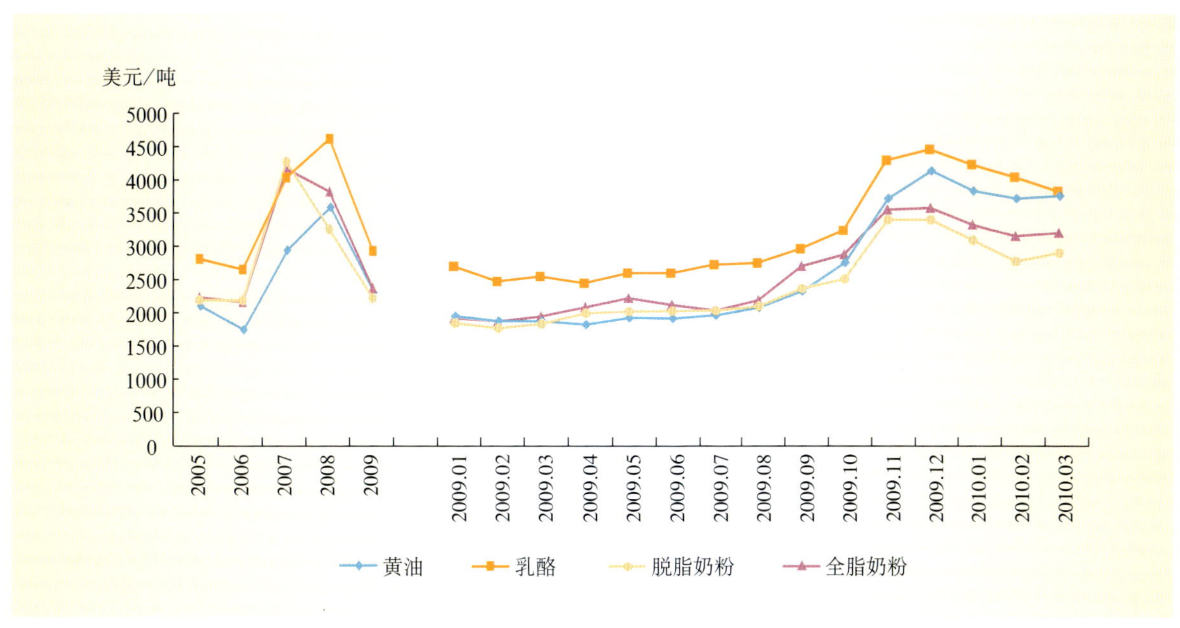

图61 国际市场乳制品价格变化趋势

注：黄油、乳酪、脱脂奶粉和全脂奶粉均为大洋洲出口离岸指标价。

数据来源：FAO国际商品价格数据库。

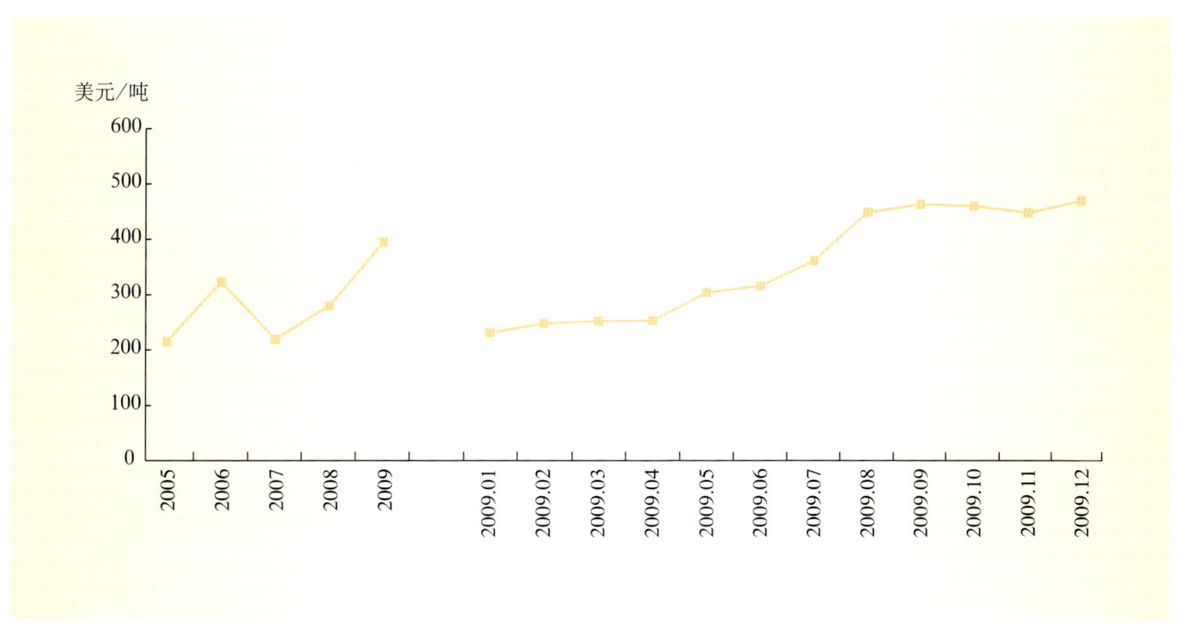

图62 国际市场食糖价格变化趋势

注：食糖为国际糖业协定（ISA）平均价。

数据来源：FAO国际商品价格数据库。

（六）棉花价格低位攀升

2009年国际市场棉花价格总体呈上升走势，但全年平均价格仍低于上年水平。Cotlook A指数全年平均价格为每吨1 383美元，较上年下降12.1%。2009年一季度国际市场棉花价格延续2008年下半年的下跌惯性，3月Cotlook A指数跌至年度最低位的1 134美元。4月和5月份Cotlook A指数分别上涨10.4%和8.8%，然后进入3个月的稳定期。下半年最后四个月棉花价格连续上涨并于12月份达到本年度最高位的1 676美元，同比上升36.9%（图63）。

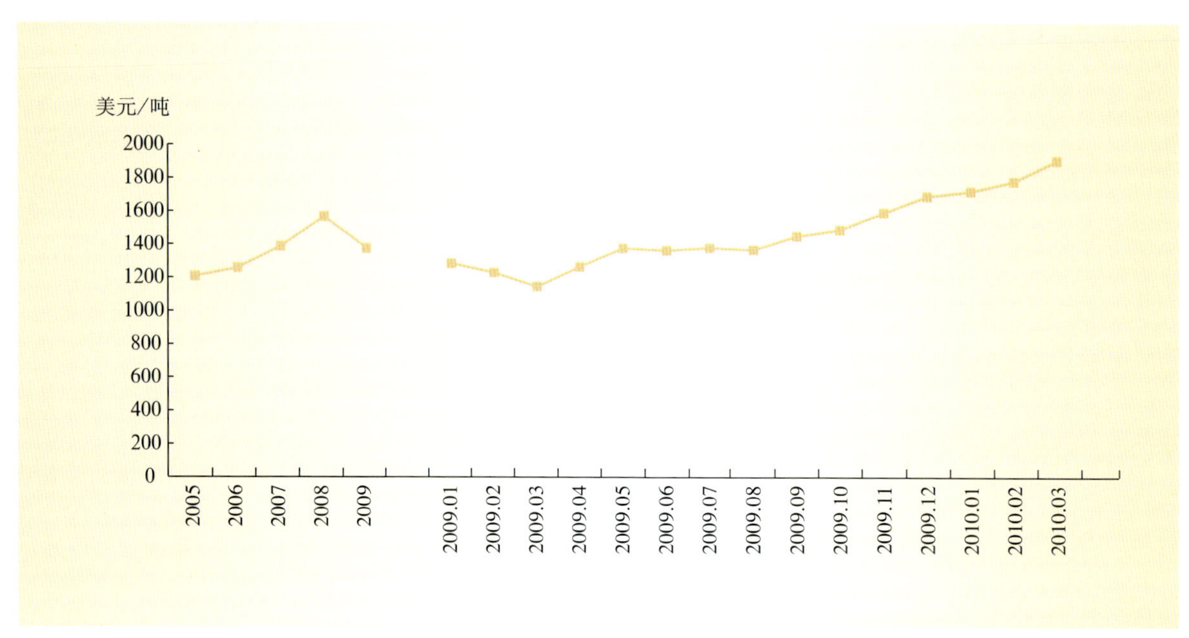

图63 国际市场棉花价格变化趋势

注：棉花为Cotlook A指数（远东）。

数据来源：世界银行商品价格数据库。

（七）豆粕价格小幅上涨，鱼粉价格大幅上升

豆粕在2008年下半年开始回落，12月份阿根廷44%～45%颗粒状豆粕鹿特丹到岸价降至每吨300美元。2009年1月，豆粕价格跳升23%至369美元，6月份升至年度最高的446美元。下半年，豆粕价格震荡下行，最终收于年末的425美元，较年初价格高15.2%，但全年均价仍比上年下跌3.3%，为412美元。

鱼粉在2009年前4个月因延续2008年7月以来的下跌惯性而波动，1月份64%～65%规格鱼粉不来梅港口交货价为每吨1 009美元，比2008年12月份下跌2.6%。从3月开始64%～65%规格鱼粉不来梅港口交货价以月均5.3%的速

度稳步上升。12月份鱼粉价格升至1 651美元，为年度最低2月份价格的1.6倍。与豆粕不同，2009年鱼粉年均价比上年上升8.6%，为1 230美元（图64）。

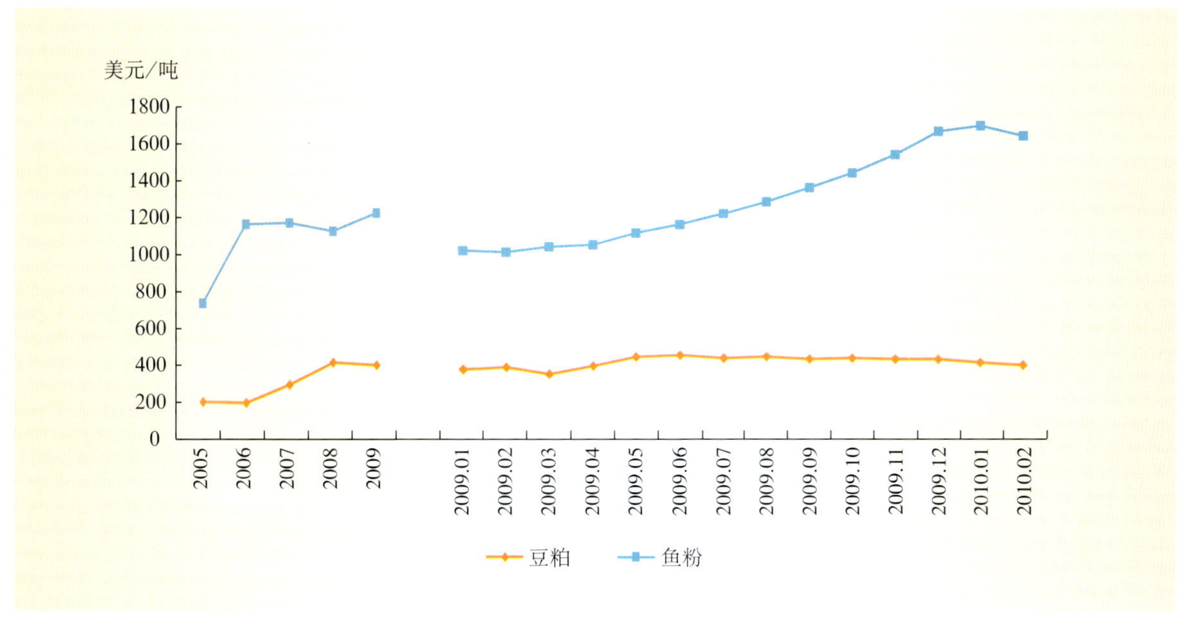

图64 国际市场豆粕和鱼粉价格变化趋势

注：豆粕为阿根廷44%～45%颗粒状豆粕鹿特丹到岸价，鱼粉为64%～65%规格鱼粉不来梅港口交货价。

数据来源：FAO国际商品价格数据库。

农产品价格波动的影响因素分析

与2008年的大起大落相比，2009年的国际农产品市场要平静得多。其中根本原因是供求关系已大为宽松，而价格回落后消费的增加又避免了价格的进一步下跌。此外，美元走势和原油价格也在一定程度上影响了农产品价格的形成。

（一）谷物和大豆供求关系宽松，导致价格难以提升

首先是2009/2010年谷物产量虽低于2008/2009年的创纪录水平，但依然处于较高水平。据2010年5月FAO估计，2009/2010年全球谷物产量为22.51亿吨，较2008/2009年低1.35%，却比2007/2008年高出4.96%。根据预测，由于非洲和亚洲若干国家增产，2009/2010年度世界谷物贸易量将为2.62亿吨，比2008/2009年度的创纪录水平减少7.2%，折合2 000万吨。预计小麦贸易量急剧下滑是预测本年度世界谷物贸易量缩减的主要原因（缩减约1 800万吨），而预计粗粮和稻米的贸易量仍将接近上年度的估算数量。

最新资料显示，2009/2010年度世

界谷物利用量增幅将仅为上年度的一半，利用量将达 22.32 亿吨，比 2008/2009 年度增长 1.5%。预测谷物食用消费量将为 10.4 亿吨，饲料利用总量增幅不足 1%，约为 7.7 亿吨。预测谷物的工业用量增长幅度较以往为弱，主要原因是利润空间缩小致使美国乙醇生产厂家的玉米用量增幅下降。根据官方预测，预计 2009/2010 年度美国乙醇生产的玉米用量将为 1.09 亿吨，比 2008/2009 年度增加 17%，低于过去五年每年 27% 以上的平均增长率。虽然本年度多数谷物的国际价格回落，但由于饲料需求增长乏力且工业用量增速放缓，因此预测总用量仍将低迷。

尽管谷物利用量有所增加，由于产量较高，库存量却达到 8 年来最高水平的 5.32 亿吨。预计全球粮食安全的一项重要指标——世界谷物库存量与利用量之比将在 2008 年本已较高的 23.2% 的基础上进一步提高到 2009 年的 23.8%，这也是 2003 年以来的最高值。相对宽松的供求形势，导致谷物价格呈现出走弱的态势（表 89）。

表 89　世界谷物形势

单位：亿吨、%

年度	产量	利用量	贸易量	供给需求比	库存量	库存利用比
2006/2007	20.1	20.6	2.5	116	4.7	20.1
2007/2008	21.5	21.4	2.7	119	4.3	19.5
2008/2009	22.8	22.0	2.8	124	5.1	23.2②
2009/2010	22.5	22.3	2.6	120	5.3	23.8

注：(1)“供给需求比”指五大粮食出口国的粮食供给量与这些国家正常市场需求量的比例，其中“正常市场需求量”指国内利用量加过去三个季度出口量之和的平均数。除百分比数外，其他单位均为亿吨。由于 FAO 数据是不断修正的，上表“库存利用比”一栏值可能不等于“库存量”和“利用量”之商。

(2) 根据 FAO 2010 年 5 月的《作物展望与粮食形势》提供的数据，2008/2009 年度谷物库存利用比为 22.9%，但是根据同文件提供的数据计算的库存利用比为 23.2%。

数据来源：FAO 历期“作物展望与粮食形势”。

根据美国农业部 2009 年 12 月份公布的月度报告，预计 2009/2010 年世界大豆产量为创纪录的 2.5 亿吨，远高于 2008/2009 年度的 2.1 亿吨，增幅 19%；2010 年 4 月的月度报告将 2009/2010 年全球大豆产量上调 160 万吨，同时上调巴西和阿根廷大豆库存量 1 590 万吨。2009/2010 年大豆库存为 5 709 万吨，比 2008/2009 年度增长 34.6%。由于供应增量远大于需求增量，大豆供需基本面偏空。基于此，2009/2010 年度，国际市场大豆在保持基本稳定的同时呈现出

走弱的态势。

（二）美元走势直接影响国际市场农产品价格的短期波动

虽然农产品价格的基本面决定了农产品价格的基本走势，但美元走势却在很大程度上影响着农产品价格的短期走势。反映美元走势的主要指标是美元指数，它通过计算美元和对选定的一篮子货币的综合变化率，来衡量美元的强弱程度。虽然欧元已经是美元指数期货的标的物，但鉴于欧元的特殊重要性，在利用美元指数的同时，特意强调欧元对美元比价的变化对农产品价格的影响。

尽管影响农产品价格的因素是多元的，但美元走势无疑对于农产品价格的短期变动有着很大影响。2008年7月到11月5个月之间，美元指数上升，美元对欧元强势升值，相应的大豆、小麦和玉米价格都在下跌。2008年12月份和2009年1月份美元较2008年11月份走弱，农产品价格逐渐跌速见缓并实现上涨。2009年2月和3月份，美元对欧元明显升值，农产品价格纷纷回落。4月到6月，美元指数和美元对欧元比价再次回落，农产品价格随之步入上升期。7月到9月，尽管美元仍处弱势，但在增产等因素的影响下，农产品价格依然处于回落态势。进入10月和11月，农产品价格在美元贬值的带动下出现上涨。12月，美元对欧元比价上涨2.1%，农产品价格增幅减缓或出现下跌（图65）。

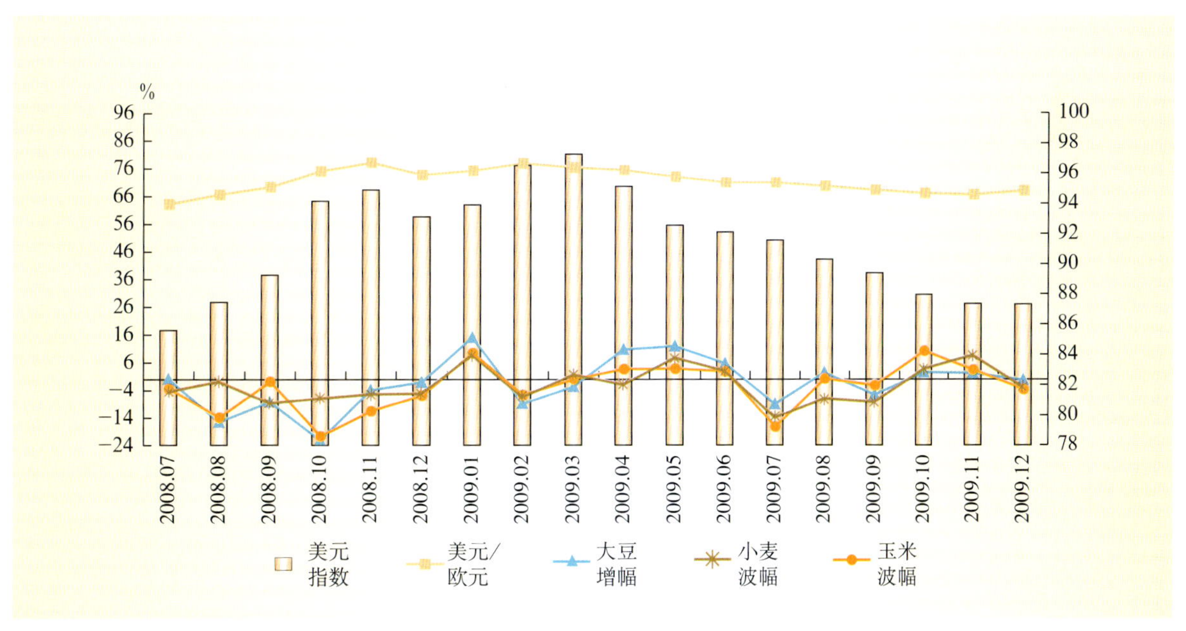

图65 美元走势与主要农产品价格波动

注：小麦为美国2号硬红冬小麦墨西哥湾离岸价，玉米为美国2号黄玉米墨西哥湾离岸价，大豆为美国1号黄大豆墨西哥湾离岸价。

数据来源：FAO国际商品价格数据库；中国人民银行。

（三）原油价格走势直接带动农产品价格的同向变动

生物质能源打通了粮油价格与原油价格之间的通道，原油价格的涨跌直接影响着农产品期货市场的预期，进而影响着国际农产品价格的波动。2008/2009年度下半年以来原油价格一路下滑，相应的主要农产品价格也随着回落。2009/2010年度，原油价格波动与粮油价格之间的波动有着极其密切的关系。1月份原油价格较2008年12月份上涨，粮油价格也呈涨势。2月份，原油价格稍有回落，大豆、玉米和小麦等可作为生物质能源原料的产品价格也纷纷回落。3—6月，原油价格走强，粮油产品价格也大都走强。三四季度原油价格的波动带动了粮油价格的同势波动。总之，原油价格已经成为影响粮油价格波动的主要因素（图66）。

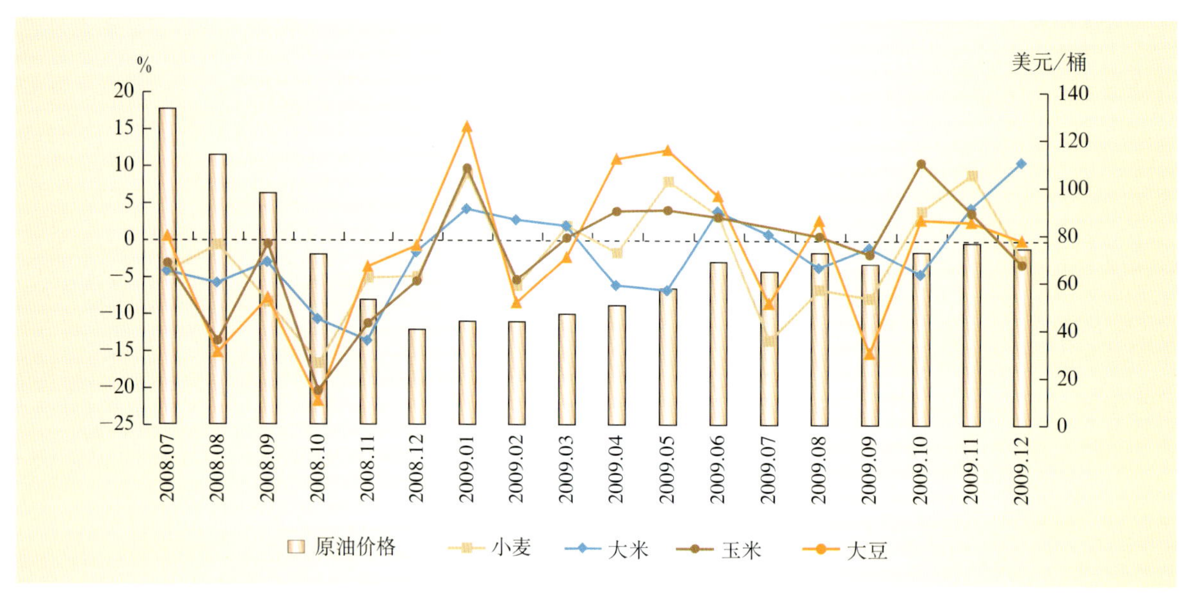

图66　原油价格走势与主要农产品价格波动

注：大米为泰国100% B2级大米曼谷离岸价，小麦为美国2号硬红冬小麦墨西哥湾离岸价，玉米为美国2号黄玉米墨西哥湾离岸价，大豆为美国1号黄大豆墨西哥湾离岸价。

数据来源：FAO国际商品价格数据库；美国能源局。

（四）化肥价格变化及其对农产品价格的影响

2009年氯化钾价格大幅回落，磷酸二胺和尿素价格保持稳定。氯化钾在2009年一季度依然延续着2008年上涨的态势。1月份，标准等级氯化钾温哥华港现货离岸价为每吨853美元，同比上涨2倍多。2月份氯化钾涨至近些年最高位的873美元。从4月份开始氯化钾价格进入回落快车道，8月份价格降至433美元，与2月份相比降幅达49.6%。8—11月，国际市场氯化钾价格保持了基本稳定，价格保持在425～435美元之间。12月份，氯化钾价格再次进入下跌通道，单月回落

8.3%至本年度最低位的354美元。虽然全年来看氯化钾价格基本保持跌势，但年平均价格却保持高位，为652美元，较2008年的水平高出14.3%。

磷酸二胺的价格在2008年下半年回落以后基本上保持稳定。2009年前11个月磷酸二胺在保持稳定的同时也出现三次小幅度的周期性波动。1月到3月为第一波上升期，美国大宗标准散装现货墨西哥离岸价从每吨351美元涨至3月份的368美元左右。二三季度磷酸二胺价格先落后涨。12月份价格骤升24.2%，达到每吨360美元。由于在低位徘徊，2009年磷酸二胺的年均价为320美元，仅为2008年均价的三分之一。

经过2008年的剧烈波动后，2009年国际市场尿素价格表现出很大的稳定性。从年均值看，2009年乌克兰尤日内港尿素离岸价为每吨249美元，较2008年下跌49.6%。年中最低价出现在9月，为234美元，最高价为2月份的273美元。从单月波动看，单月波动最大的是4月份的-7.6%，最小的是6月份的1.4%（图67）。

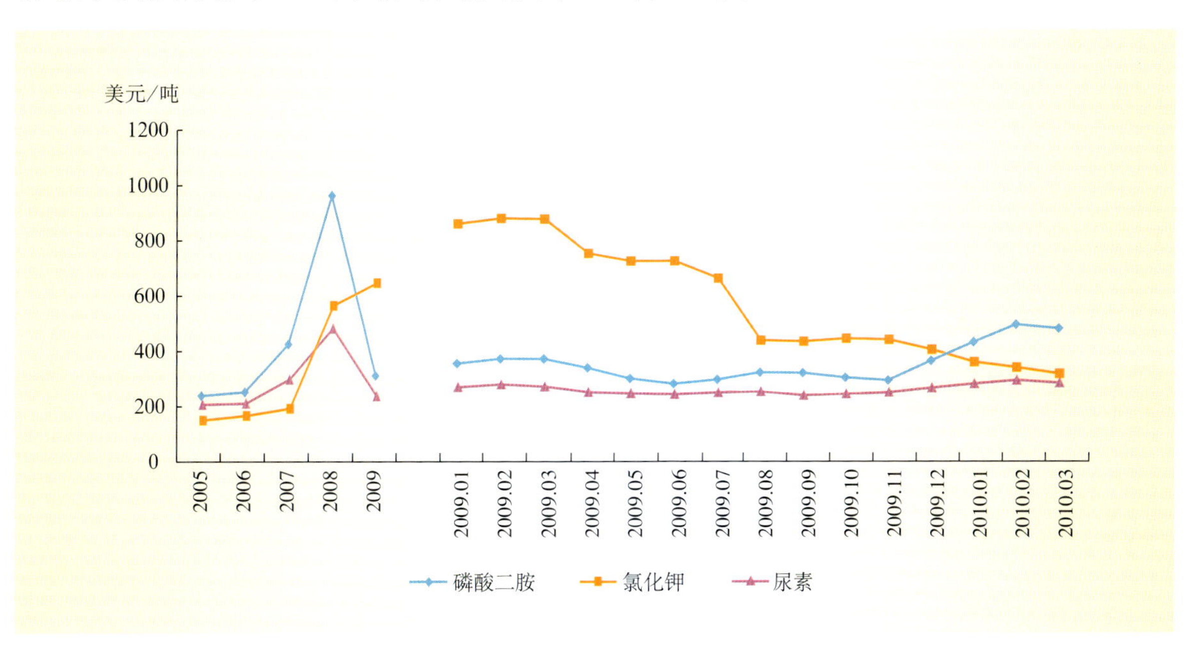

图67 国际市场主要化肥品种价格变化趋势

注：磷酸二铵为美国大宗标准散装现货墨西哥离岸价，氯化钾为标准等级氯化钾温哥华港现货离岸价，尿素为乌克兰尤日内港尿素离岸价。

数据来源：世界银行商品价格数据库。

（五）权威机构的信息发布对期货市场的短期影响十分明显

一些权威机构发布的关于农产品产量、库存、使用量、灾害等信息会对农产品期货市场的表现起到至关重要的影响。其中，美国农业部在这方面的作为引人注目。由于美国是大豆、玉米、小麦等农产品的最主要出口国，其农产品期货市场引导着全球农产品价格。2009年，美国农业部发布的各类信息对于农产品价格的短期波动的影响十分明显。美国农业部2009年1月份供需报告上调了2008/2009年度全球小麦期末库存水平和美国玉米期末库存水平，2月继续上调2008/2009年度全球小麦期末库存水平，同时预计2009年美国玉米播种面积将扩大2%。这些信息的发布成为2月份国际主要农产品价格下跌的主要影响因素之一。一年之中，几乎每当美国农业部发布诸如此类的信息后，农产品期货市场都会作出相应的反应。美国农业部发布的信息对期货市场的影响最终传导至国际农产品市场，并最终使其成为影响国际市场农产品价格走势的重要力量。

2010年国际市场农产品价格趋势

2010年国际农产品价格的走势不仅取决于农产品的库存和生产情况，还取决于全球经济发展态势，以及受其影响的农产品常规需求变化和由原油价格走势引起的工业用粮（油料）需求的变化情况。

如前所述，2007—2009年度谷物生产量均高于利用量，相应的期末库存连续三年增加，库存利用比也达到2003年以来的最高水平。这一切说明2010年全球粮食安全具备了一个较好的基础。2010年的全球谷物产量喜忧参半。由于库存充裕，有迹象显示2010年三个小麦出口大国——阿根廷、澳大利亚和加拿大小麦播种面积下降。由于阿根廷、巴西和南非等国玉米生产面积的扩大和良好的收获条件，预计2010年的玉米产量可能会在2009年的基础上继续提高。在稻米方面，在降雨失常对2009年部分作物造成影响之后，季风格局回归正常可能促使2010年全球产量回升。在农产品价格回落的2009年，世界谷物需求基本恢复正常。尽管2010年全球经济会进一步回暖，但全球农产品正常需求难有太大调整，基本会保持2009年的水平。总之，从供求基本面看，国际农产品市场供求趋于平稳，但也不排除有部分产品价格受产量或者其他因素的影响而出现较大波动。

不过影响农产品价格出现大幅波动的因素依然是存在的。根据国际货币基金组织2010年1月份报告，全球经济正在进入比预期更为强劲的复苏，预计2010年的世界产出将增长4%。由于需求强劲，预计2010年石油价格将上涨22.6%。受此影响，生物燃料的发展对谷物和油料的需求的增长可能还会成为推动农产品价格上涨的主要动力。

跨国公司与农产品贸易

跨国公司作为农产品贸易活动的重要载体，通过跨国投资等一系列活动促进了农产品贸易的发展，加快了全球农业食品体系一体化进程。跨国公司日益增强的市场控制力损害了贸易公平。只有积极应对跨国公司的挑战，才能更有效地利用贸易这一发展工具来增进农业生产者和消费者的福利。

农业跨国公司的历史演变

（一）殖民地农业种植园

跨国公司的早期历史可以追溯至16世纪英国和荷兰等西欧列强在殖民地开办的贸易公司，如英属东印度贸易公司从事远东茶叶和丝绸等贸易。现代意义上的跨国公司则起源于19世纪末，最具代表性的是成立于1899年的美国联合果品贸易公司（United Fruit Company），当时控制了美国90%的香蕉进口。这类第一代农业跨国公司在殖民地种植园生产香蕉、咖啡、茶叶和橡胶等热带作物产品，然后运往工业化国家以满足那里的需要。

（二）农业贸易公司的兴起

第二次世界大战结束后，世界政治经济秩序发生了重大转变。随着殖民地国家相继独立，各个主权政府严格限制外国公司对本国土地等自然资源的占有或控制，导致种植园模式解体。1960—1976年，在发展中国家开展的外国公司国有化浪潮中，大批农业类外国公司被剥夺。农业跨国公司开始将投资重点由直接参与农业生产转向提供贸易服务：如上游的种子和机械等生产资料供应，下游的农产品贸易、加工和零售等。这类第二代农业跨国公司的典型代表是嘉吉等大型谷物贸易商。虽然嘉吉

(Cargill)、大陆（Continental）、邦奇(Bunge)和路易达孚（Louis Dreyfuss）等私有家族公司在19世纪中后期就已经开始从事一定的农产品贸易，但是在世界各地广泛布点却是从这一时期兴起。殖民地时期“香蕉”贸易公司在“第三世界”种植园寻找货源，仅仅是为了满足发达国家国内消费者需要。与此不同，新时期的农业贸易公司从一开始就是为了寻找并满足全球需求，通过直接购买和订单农业等方式，把战后工业化世界所生产的农产品推向世界。

（三）全球农业一体化的形成

20世纪80年代以来的贸易自由化和金融自由化为农业跨国公司发展提供了新的机遇。贸易自由化导致工业化国家农产品进口门槛逐步降低，发展中国家的结构改革不仅增强经济稳定性、扩大市场开放度，而且促进了食品需求扩张和多样化。早在50年代，美国的大型食品加工企业为了规避国内反垄断法的制约，开始到南美寻找投资和市场机会。欧洲由于文化多样性和小规模农场的大量存在，没有发展出类似美国式的大型食品制造商（瑞士的雀巢和荷兰的联合利华是两个例外。因为从一开始这两家公司就是面向全球的，本国市场十分有限），却促成了大资本向食品零售环节的扩张。农业贸易自由化的推进，特别是世界贸易组织有关农业协议的达成，为这些大型食品制造商和零售商的国际扩张提供了机会。通过跨国并购、合资独资等方式，全球农业与食品产业链条（从种子化肥等生产资料供应，到农业生产、农产品加工、农产品贸易和食品零售等）各个环节均出现跨国公司市场控制力日益提高的趋势，甚至各环节跨国公司彼此间以战略联盟方式形成了集群(cluster)。农业贸易公司也开始向产业链条各个环节渗透。这些第三代农业跨国公司在全球寻找市场和资源，形成一个多区域、多环节、多方向交互作用的复合式投资贸易网络，紧紧地将全球农业联系在一起。

农业跨国公司的分布

在贸易自由化背景下迅速成长起来的大型农业跨国公司几乎覆盖了全球农业食品产业链的各个环节，形成了一种“沙漏”状的市场结构：大量的农业生产者通过一个狭长的由少数优势跨国公司控制的流通渠道将农产品卖给几十亿的消费者。

（一）生产资料供应商

在种子、农药、兽药、化肥和农机等农业生产资料供应环节，前25位跨国公司全都来自发达国家，呈现跨国公司市场占有率日益提高的趋势。

农业食品产业链最上游的生物技术

公司控制着育种和农牧业所需要的基因专利及其他生物技术。2007 年全球生物技术行业销售收入为 775.9 亿美元，前 10 位生物技术公司占有 66% 的市场份额，而阿莫根（Amgen）、基因技术（Genentech）、孟山都（Monsanto）和吉利得（Gilead Sciences）等前四家全部来自美国，控制了 48% 的市场。

种子供应环节的市场集中度迅速提高。全球前 10 位种子公司在商业种子市场的占有率由 1996 年的 37% 提高到 2006 年的 57%，其中孟山都、杜邦（Dupont）和先正达（Syngenta）等三家公司控制了 39% 的市场。在转基因种子市场上，孟山都一家则控制了全球 70% ~90% 的市场。

全球农业化学肥料市场和动物医药市场亦高度集中。2007 年前 10 位农业化学公司的市场占有率高达 89%，其中拜尔（Bayer）、先正达和巴斯夫（BASF）等前三家公司控制了近 50% 的市场份额；2007 年全球前 10 位动物医药公司的市场占有率达 63%，其中辉瑞（Pfizer）、梅里亚（Merial）、英特威（Intervet）和帝斯曼（DSM）等前四家公司控制了近 30% 的市场份额。

（二）农业生产企业

直接从事农业生产的跨国公司无论数量还是资产规模都相对较小。联合国贸发会《2009 年世界投资报告》中根据跨国公司所拥有外国资产规模，列出了全球前 25 家农业生产类跨国公司。从企业数分布来看，发达国家和发展中国家平分秋色：12 家来自发展中国家（其中马来西亚有 6 家）、8 家来自欧盟、5 家来自北美。马来西亚的森达美（Sime Darby Bhd）公司位居第一位，美国的都乐（Dole Food）和德尔蒙特（Del Monte）位居第二和第三位。这些公司的国外资产规模差异巨大：前五位都超过 10 亿美元，而最后九位均不足 1 亿美元。这些以农业生产为基础的跨国公司同时也涉足下游的农产品加工和贸易。

（三）贸易商

贸易商是农产品贸易的直接载体，但是有关此类跨国公司的信息十分匮乏，因为嘉吉和路易达孚等大多数贸易商属于私人家族企业，不公开对外投资的详细信息。据 ETC 集团统计，2007 年全球从事粮油糖加工与贸易的前 11 位贸易商依次有嘉吉、邦吉、ADM、丸红、英国 Nobel 食品集团、伊藤忠、中粮集团、路易达孚、丰益国际、英国联合食品集团（ABF）和康格拉（ConAgra Foods），其中前四位的销售收入分别为 883 亿美元、448 亿美元、440 亿美元和 365 亿美元。当贸易官员们在讨论国家之间农产品贸易量的时候，恰恰是这些大型跨国贸易商在从事贸易。虽然巴西、美国和阿根廷是大豆出口国，但是其全部大豆出口和加工都是经由嘉吉、邦吉和ADM等三巨头之手完成。同时，这三家公司又是亚洲和欧洲最活跃的大豆进口商。虽然其中一部分贸易在企业间完成，但据估计至少有三分之一是在企业内部完成。这些贸易商通过向农民提供各种生产资源的方式来确保大豆等农产品供给，因为它们同时又是这些农产品的重要加工商。ADM、邦吉、嘉吉和路易达孚控制着巴西43%和欧洲80%的大豆压榨能力，ADM、邦吉、嘉吉和丰益国际控制着中国半数以上的大豆压榨能力。

（四）食品制造商

雀巢、百事、卡夫、可口可乐、联合利华、泰森（Tyson）、嘉吉、马斯（Mars）、ADM和达能等全球前10位食品饮料制造商拥有的世界市场份额，由2004年的14%提高到2007年的26%。虽然全球食品饮料制造业的市场集中度还不高，但是这类公司的跨国化程度最高，外商直接投资活动最为活跃。据联合国贸发会统计，食品类公司跨国化指数（TI，即跨国公司总资产、销售收入或就业人数当中本国之外部分所占份额）由1993年的53%增加至2004年的80.3%，位居所有行业跨国化指数最高位，紧跟其后的金属类公司跨国化指数为63.7%。食品类跨国公司拥有庞大的国外资产，对全球食品生产和消费具有重大影响，其资本实力远超一些国家的经济实力。2007年雀巢公司利润高达97亿美元，比世界上最穷的65个国家GDP总和还要高。

（五）食品零售商

跨国零售商和超级市场集团在全球农业食品产业链上扮演着越来越重要的角色，该领域全球最大的25家跨国公司中有11家来自欧洲、8家来自北美、3家来自日本、3家来自发展中国家。中国资源集团是发展中国家最大的跨国零售公司，但是其国外资产规模尚不及沃尔玛的十分之一。这些大型跨国零售集团从事包括食品在内的多种商品销售。相对于农民等供应商而言，它们拥有强大的买方垄断力量，不直接从事农业生产，而是通过订单农业方式向发展中国家的农业渗透。据ETC集团统计，2007年全球前十家食品零售商控制了前一百家企业食品零售总额的40%，依次是沃尔玛、家乐福、特斯克（Tesco）、施瓦茨（Schwarz）、阿尔迪（Aldi）、克鲁格（Kroger）、爱厚德（Ahold）、雷威（Rewe）、麦德龙（Metro）和爱的卡（Edeka）。零售巨头沃尔玛在许多国家开有分店、雇用200万员工，2009年销售利润高达133亿美元。

农业跨国公司的战略行为

对商业利润的追逐驱动农业跨国公

司采取两大类战略行为。一类是为了在全球寻找资源和市场而采取的各种商业竞争策略，另一类是为了争取有利于自身利益的贸易规则和政策环境而采取的政治游说策略。

（一）全球采购与销售

上世纪80年代以来的贸易自由化和结构改革，一方面减少了农产品进出口障碍、降低了贸易成本，另一方面促进了后发国家的经济增长和人均收入水平的提高。全球食品需求增长和结构升级为跨国公司带来一个巨大的全球市场。因此，发达国家的农业跨国公司开始实施全球采购和全球销售策略，而此前的跨国公司要么单纯地从殖民地种植园获取农业资源以满足工业化社会的需要（即从全球寻找资源），要么单纯地为了将工业化国家过剩的农产品销售出去而寻找海外市场。为了在全球购销过程中获取利润，跨国公司在研究全球各地资源禀赋和市场变化的基础上，开展全球布局，从事外商直接投资活动。跨国公司的全球布局和全球经营活动，彻底改变了传统农业食品体系，促成了全球农业食品体系的一体化。

（二）跨国并购

跨国兼并和收购是跨国公司进入世界各地农业和食品产业最重要的投资方式，它有助于迅速提高该公司的地区和全球市场占有率。为了实现这一目标，有些跨国公司甚至不惜牺牲短期利润。据联合国贸发会统计，2007年农业食品领域跨国并购主要以食品加工和贸易环节为主（占净并购金额的95%），农业生产领域的并购相对较少（占净并购金额的5%），而且对农业生产领域的并购主要来自食品加工类跨国公司。这意味着食品类跨国公司是农产品生产、加工和流通的主要投资者。2007年农业生产领域跨国并购66项，并购金额45亿美元，其中70%来自食品加工和服务类跨国公司。从跨国并购动态来看，1996—2000年，以发展中国家相关产业为并购目标的并购金额持续增长，但一直没有超过发达国家。2007年以后，情况发生逆转，以发达国家相关产业为并购目标的并购金额3.15亿美元，远远低于以发展中国家为并购目标的11亿美元，发展中国家成为跨国公司并购的主要目标。从2007年跨国投资的资金来源看，前20个主要资金来源国中有12个来自美国和加拿大等发达国家，中国和韩国分别处于第三和第七位。从2008年开始，发展中国家成为跨国并购资金的主要来源。

（三）跨国合资与独资经营

跨国并购可以使全球布局网点迅速扩张，但是很容易因不了解当地社会经济与文化环境而带来难以控制的风险，同时也容易引起并购对象国的警惕。因此，近年来，为了适应充满风险的市场环境，这些跨国公司在操作策略上采取了更为灵活的方式。通常是先跟当地代理商或经纪人建立贸易关系，然后逐渐地通过特许经营、长期契约或合资经营等方式进入目标市场，使得本土企业获取资源和跨国公司组织全球市场这两个优势得以充分结合，达到风险共担利润共享的效果。一些具有强大品牌效应和营销能力的跨国公司则采取直接投资、建立独资分公司形式进入新的市场。例如，嘉吉和丰益国际等跨国公司在中国大豆压榨领域的进入就采取了与中国本土榨油企业合资的方式。

（四）混合经营

虽然农业食品产业链上不同环节的跨国公司都有自己专门的经营领域，但是其投资经营范围并不局限于此，甚至不局限于农业食品领域。在进行横向并购（即在食品产业链的一个环节进行跨国并购来获取规模经济）和纵向并购（即在食品产业链的多个环节进行跨国并购以实现纵向一体化）的同时，跨国公司常常涉足金融、保险、期货、房地产、物流等其他领域，通过开展混合经营（Conglomerate integration）来分散风险和增强融资。嘉吉不仅是全球最大的谷物油料贸易商、食品加工业的巨头、化学肥料的供应商，同时也是期货与金融衍生品的重要投机商。由于既是全球最大的粮油出口商，也是粮油进口商，比其他公司乃至各国政府更能及时了解全球各地的供求变化信息，可以利用期货市场价格的剧烈波动和做多做空机制来锁定利润。通过在世界不同地区之间转移成本和利润、在期货和现货市场同时进行交易等方式，跨国公司更容易逃避政府的监管。

（五）纵向协调

为了获取数量稳定、质量可靠、成本适当的原料供应，为了确保产品销售渠道的畅通，农业食品产业链上任何环节的跨国公司都需要与上下游企业处理好交易关系。虽然大多数跨国公司可以通过纵向并购方式将链条上某些环节一体化到企业内部，但是还难以做到从农田到餐桌的完全一体化。为此，不同环节的跨国公司巨头们采取了战略联盟方式来进行纵向协调。孟山都与嘉吉之间形成的联盟集群就是一个很好的实例。孟山都利用自己在基因专利上的优势培育出适合嘉吉在粮油加工和肉类加工时所需要的粮食和饲料种子，嘉吉跟农民签订种植与销售合同，向农民提供嘉吉的化肥和孟山都的种子。从这些农民手里收购谷物和油料之后在自己的加工厂里转化成植物油和饲料。植物油直接进入市场，饲料则进入嘉吉的养殖场。这些养殖场培育的牛猪鸡继续转到嘉吉的肉类加工厂，然后进入最终消费。未来的全球农业食品体系有可能被这种由种子到餐桌的食品链联盟集群所控制。在这种纵向协调方式下，食物类相关产品虽然在形式上从一个环节到下一个环节，但是其所有权和决策地点并未发生改变。从政府颁发给生物技术公司的知识产权开始，直至最终的食品，所有权都掌控在一个跨国企业或联盟企业手里。

（六）研究与开发

不断地研究开发新产品和新工艺是跨国公司保持行业领先地位的重要战略。因此，跨国公司一直是研发投入的主体。据联合国贸发会统计，2002年美国、欧盟和亚洲等国家和地区的研发投入中企业自主投入所占份额都超过了60%。虽然整个农业食品产业属于低研发密度，食品饮料业的研发密度不足0.7%，但是上游的生物技术公司则属于高技术行业，研发密度超过5%。值得注意的是，农业跨国公司除了加强在新产品新工艺上的研发投入力度以外，还高度重视行业发展和全球政治经济环境变化等方面的研究，为跨国公司及时应对各种突发事件、防范各种风险提供预备方案。

（七）合谋

随着全球农业食品产业链条各环节市场集中度的日益提高，跨国公司的市场影响力不断增强，少数跨国公司有可能通过合谋的方式来滥用其市场优势地位，赚取高额垄断利润。最典型的例子是ADM和味之素等五家跨国公司1991—1995年在赖氨酸（一种重要的饲料和食品添加剂）国际市场上达成的固定价格卡特尔，通过谋定抬高市场价格的方式获取巨额利润。1996年美国司法部处以ADM公司1亿美元罚款，2006年欧盟法院提请欧盟委员会对ADM处以4 390万欧元罚款。由于各国反垄断法明确禁止卡特尔，跨国公司常常采取密谋的方式，从而加大了对合谋进行取证的难度。

（八）游说

为争取有利的制度和政策环境，跨国公司经常采用游说策略来影响国际机构的贸易规则制定和各国政府的政策选择。诸如频繁游说、为政治团体提供竞选资金、跨国公司高层人员在国际机构和政府部门担任要职、以资本退出来威胁发展中国家政府、引导公众舆论等。

跨国公司在农产品贸易中的作用

跨国公司一系列多地区多环节投资布局活动，加快了全球农业食品体系一体化进程，促进了农产品贸易发展。跨国公司日益增强的市场控制力则损害了贸易公平。

（一）影响国际贸易规则和政府政策制定

农业跨国公司是贸易自由化的最大

受益者，正因此，在WTO农业协议起草过程中就发挥了积极作用。随着跨国公司市场控制力的不断提高，它们迫切希望各国政府进一步放松对资本和商品在国际间自由流动的限制，从而降低贸易成本。为此，跨国公司继续通过对本国政府的游说来影响迄今尚未达成的多哈回合农业协议。

（二）扩大农产品贸易规模

跨国公司的国际投资使发展中国家农业食品产业获得了改造机会。外商直接投资减缓了农业发展中的金融抑制，新的经营管理方式和新技术促进了农业生产效率的提升，标准化生产和跨国公司的销售渠道为开拓国际市场提供了机会。农业贸易自由化以来，世界农业贸易额年平均增长4.6%。之后，农业贸易进一步迅速扩张，到2007年世界农产品出口总额达到9 422亿美元，其中食品贸易占80%。

（三）改善农产品贸易结构

农业跨国公司的全球购销和食品产业链多环节投资活动，改变了传统的农产品贸易结构。传统上的国际农产品贸易以谷物为主，而现在发展中国家农产品进口总额当中谷物所占份额不足50%，水产品和蔬菜水果等高价值产品在贸易中的地位越来越重要。1990—2000年，发展中国家谷物进口年平均仅增长1.6%，而水产品、果蔬类和饮料等进口年均增长6%～7%，其他类加工食品年平均增长率高达11.9%。同期，发达国家进口增长最快的是加工食品、果蔬类和水产品，分别为4.9%，4.6%和3.3%。从发展中国家向发达国家出口的果蔬类和加工食品等高价值产品越来越多。

（四）公司内贸易导致价格不透明

跨国公司常常采用公司内贸易的方式来规避国家法律制约和市场风险。从1914年开始，自然资源产品贸易中就出现了公司内贸易现象。到60年代，该方法被跨国公司普遍采用。据估计全球三分之一的贸易都是通过这种方式完成的。虽然该比例迄今没有大的改变，但是公司内贸易规模却随全球贸易扩展而不断增加。跨国公司通过在世界各地子公司之间内部结算和转移定价的方式逃避税收，既可以获取高额利润，又可以隐蔽价格。这种贸易方式的不透明性为各国政府监控贸易活动、制定贸易政策带来了困难。国际社会迫切需要建立一种管制机制来促使跨国公司提高经营活动透明度。

（五）控制市场导致不公平贸易

在贸易自由化背景下，国际农产品市场呈现出“公司控制”逐步替代“政府控制”的趋势。WTO贸易规则和各国的自由贸易政策理念，以比较优势原理为基础，而比较优势原理恰恰又建立在完全竞争假设基础上。因此，当各国降低关税开放市场之后，跨国公司替代政府而不断加强对市场的控制。随着全球食品产业链条各环节跨国公司控制力的增强，全球农业生产者和消费者的福利并没有随着国际贸易的扩大而实现同步增长。在少数跨国公司控制市场情况下，数量众多的小规模农业生产者不得不接受价格越来越高的种子、化肥、饲料、农药和兽药，不得不接受由买方规定标准和价格的农业订单；包括中国在内的发展中国家粮油加工企业不得不接受由跨国公司引导价格波动方向的国际市场价格；在农产品收购价格不断降低的情况下，各地消费者却不得不接受越来越高的食品零售价格。总之，跨国公司市场控制力的提高导致了贸易福利的不合理分配，跨国公司得到的份额越来越高，农业生产者和消费者的份额越来越少。在不公平贸易条件下，一些发展中国家的地方支柱产业被摧毁，甚至不得不接受跨国公司所转嫁的风险。国际社会需要加快制定国际反垄断法、建立国际反垄断机构来引导国际贸易走上公平交易的轨道。发展中国家需要加强对外资并购本土企业的监控，运用反垄断法来阻止恶意收购行为。

启 示

面对国际农产品市场呈现跨国公司控制逐步替代政府控制的大趋势，我们有必要重新审视自己的产业政策和贸易政策，在积极应对跨国公司挑战的基础上通过国际农业再分工来确保中国的粮食安全和促进农业发展。首先，在客观评估跨国公司对中国农业食品产业安全影响的基础上，调整对跨国公司的优惠政策。第二，积极参与国际竞争规则的制定，为产业发展创造良好国际环境。第三，加强农业食品产业领域竞争状况监测，积极利用反垄断法，阻止跨国公司的恶意并购。第四，积极开展与跨国公司的合作，借此提升国内农业食品企业技术水平、管理能力，开拓国际市场。第五，积极促进国内农业食品企业并购重组、提高行业集中度，改善农业食品产业组织，壮大有国际竞争力的企业集团。第六，积极学习跨国公司的经营策略，加强中国农业走出去的能力建设。

中国农产品贸易与经济发展

中国农产品贸易概况

改革开放以来，中国农产品贸易发展迅速，1978—2007 年世界农产品贸易总额、出口额、进口额的年均增长率分别为 5.65%、5.76% 和 5.55%，同期中国农产品贸易总额、出口额、进口额的年均增长率分别为 8.12%、7.75% 和 9.68%①，均大大快于世界平均水平，各项增长率水平居世界主要农产品贸易大国的前列（表 90）。在 21 世纪之交时，中国成为世界第八大农产品进口国和第九大农产品出口国②；到 2008 年，中国农产品进出口贸易总额达到 993.3 亿美元，其中进口额 587.9 亿美元、出口额 405.3 亿美元③，进一步上升为世界第三大农产品进口国和第五大农产品出口国，中国农产品进、出口额分别占世界农产品进、出口额的 6.1% 和 3.2%（附表 17）。

中国许多农产品具有重要的进出口地位。FAO2009 数据表明，2007 年中国在世界进口市场占据重要市场份额的产品有薯类（55.4%）、油籽（34.3%）、纺织纤维（34%）、毛皮（25.8%）、天然橡胶（22.4%）、食用动物内脏（14%）、动植物油（13.2%）；在世界出口市场占据重要市场份额的产品有生丝（85.3%）、花生（22.2%）、预制肉（11.36%）、水果蔬菜（7.64%）、禽肉（4.74%）。中国农产品进出口动向严重影响着世界同类商品的供求状况和价格水平。

---

① 根据 FAO 贸易统计数据计算。由于数据年份和易获得性的缘故，本文采用了不同来源的数据，但也因此存在统计口径差异导致的同一指标数值不一问题，但这些数值差异不影响对研究对象的性质判断。尽管如此，本文还是对数据来源采取了脚注说明。

② 依据 WTO 农产品统计口径，国际贸易统计 2001，表 IV.7

③ 中国海关数据库。

表 90 1978—2007 年世界农产品贸易大国平均贸易增长率

位次	国家	总额%	位次	国家	出口%	位次	国家	进口%
	世界平均	5.65		世界平均	5.76		世界平均	5.55
1	智利	11.10	1	智利	13.97	1	墨西哥	13.10
2	墨西哥	9.04	2	印度尼西亚	8.09	2	泰国	11.85
3	中国	8.12	3	印度	8.07	3	中国	9.68
4	泰国	7.73	4	中国	7.75	4	新西兰	9.62
5	印度尼西亚	7.60	5	墨西哥	7.65	5	澳大利亚	9.44
6	印度	7.59	6	泰国	7.30	6	智利	8.92
7	马拉西亚	6.93	7	德国	7.23	7	马来西亚	8.83
8	新西兰	6.66	8	巴西	6.64	8	阿根廷	7.85
9	阿根廷	6.48	9	马来西亚	6.59	9	印度尼西亚	7.63
10	巴西	6.34	10	阿根廷	6.46	10	印度	7.58
11	荷兰	5.80	11	新西兰	6.42	11	美国	6.11
12	澳大利亚	5.55	12	荷兰	6.06	12	荷兰	5.97
13	德国	5.11	13	法国	5.48	13	英国	5.29
14	法国	5.03	14	澳大利亚	4.99	14	巴西	5.16
15	英国	4.77	15	英国	4.69	15	法国	4.96
16	美国	4.53	16	美国	3.90	16	德国	4.39

注：由于俄罗斯数据从 1992 年开始，所以本表未包括俄罗斯。

数据来源：根据 FAO 2009 贸易统计数据计算。

农产品贸易与经济发展

（一）农产品贸易与宏观经济增长

人们普遍认可出口的作用，认为出口有利于推动一国的就业、收入、物价和经济增长。因此，各国非常重视通过农产品出口来保障农业就业、增加农民收入、维持农产品价格、促进农业发展乃至总体经济发展。

农产品贸易不仅在出口上发挥着促进经济增长的重要作用，在进口上也同样发挥着促进经济增长的重要作用，尤其在人均自然资源紧张的国家中，随着工业化社会经济程度的提高，进口对宏观经济增长的作用也随之不断增强。

对于人均资源紧张的国家，特别是经济处于快速发展阶段的制造业国家，农产品进口将大大支撑该国的工业发展和经济增长。众所周知，在国际市场上，中国的纺织服装业、制鞋业等产业占据着重要的市场份额，在国内市场上，中国的汽车工业正处于扩张阶段，但如果仅仅依靠国内自然资源禀赋向工业提供棉花、皮革、天然橡胶等农产品原材料是远远支撑不了这些下游产业的发展。比如2001—2008年期间，中国共净进口棉花1 356.4万吨，相当于国内生产量的27.24%，共净进口橡胶1 077.1万吨，是国内产量的2.49倍（国内自给率只为24.6%）。因此，利用国内外市场和国内外资源来发展中国经济是中国经济发展到一定阶段的战略必然选择，这也是各国经济发展到一定阶段的历史轨迹和经验，更是资源紧张国家的经济发展到一定阶段的必由之路。

中国促进经济增长的要素作用与发达国家不同，消费、投资和外贸被称为经济增长的三驾马车，在发达国家中，国内消费是最重要的增长因素，对宏观经济增长的贡献一般要达到70%，但中国国内消费对经济增长的作用大大低于发达国家，2008年消费对经济增长的贡献只有45.7%[①]，而投资和外贸发挥着重要作用，其中农产品贸易有着重要意义。从国家层面的宏观数据可以看出农产品贸易与GDP增长密切相关（图68），二者的相关系数高达0.983 8，2008年农产品贸易总额占总GDP的2.3%。在省级层面上，农产品贸易与地区GDP之间也存在密切关系（图69）。

（二）农产品贸易与农业发展

农产品贸易被视为农业领域的一个组成部分，因此，人们往往忽略农产品贸易与农业发展之间的关系。如果我们考察农产品贸易与农业发展关系的话，就能进一步认识农产品贸易的作用。

在自给自足的小农经济中，农产品贸易似乎与农业发展没什么关系；但在发达的市场经济中，农产品贸易会因改变空间市场供求关系而反馈到生产领域，从而影响农民的收入和行为，进而影响农业的发展状况。

农产品贸易对农业的直接支持作用主要表现在出口带动作用上，从理论上说，当一国出现农产品剩余时，最常用的一个方法是将农产品输出到国外，以出口缓解国内供给过剩压力，维持国内价格。更通常的情况是，出口往往能获得较为有利的价格，从而有利于农业收入的增加。如果以农产品出口与农业GDP的关系来反映农产品贸易与农业发展之间的关系的话[②]，2000—2008年中国农产品出口与农业GDP的相关系数达到0.947 4（图70）。

---

① 数据来源：《中国统计年鉴2009》。

② 这里之所以采用农产品出口额，而没有采用包含农产品进口的农产品贸易额，其原因在于农产品进口的积极作用主要体现在非农业领域，对农业本身往往存在竞争关系。

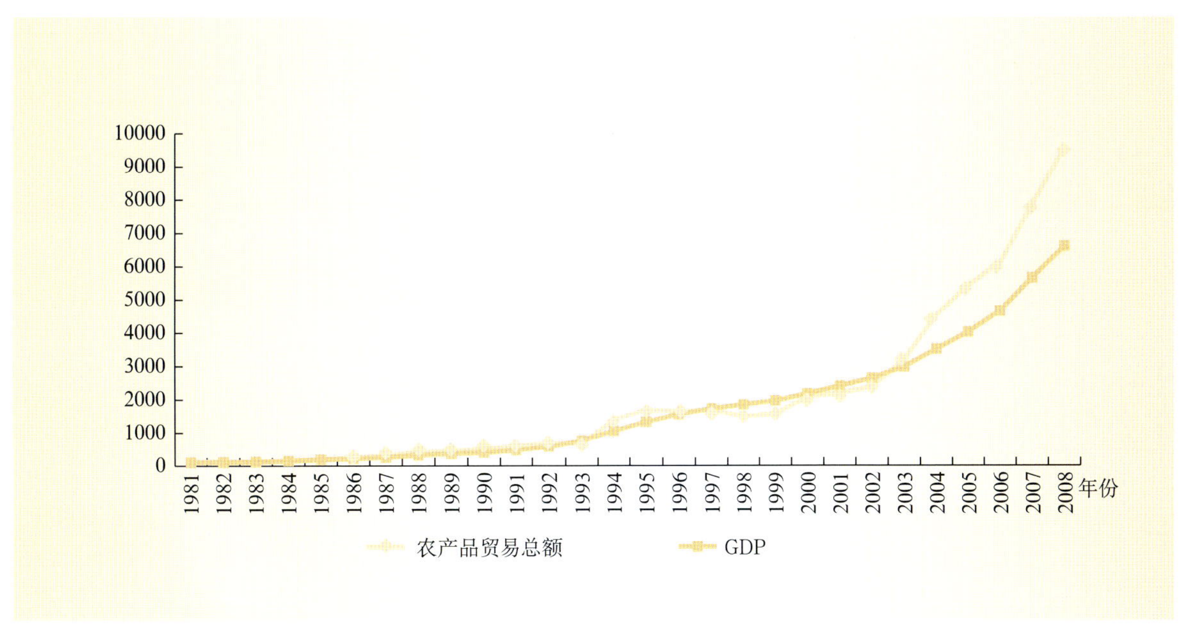

图 68　农产品贸易总额与 GDP 增长率相关性（1980＝100）

资料来源：根据历年《中国统计年鉴》数据制作。

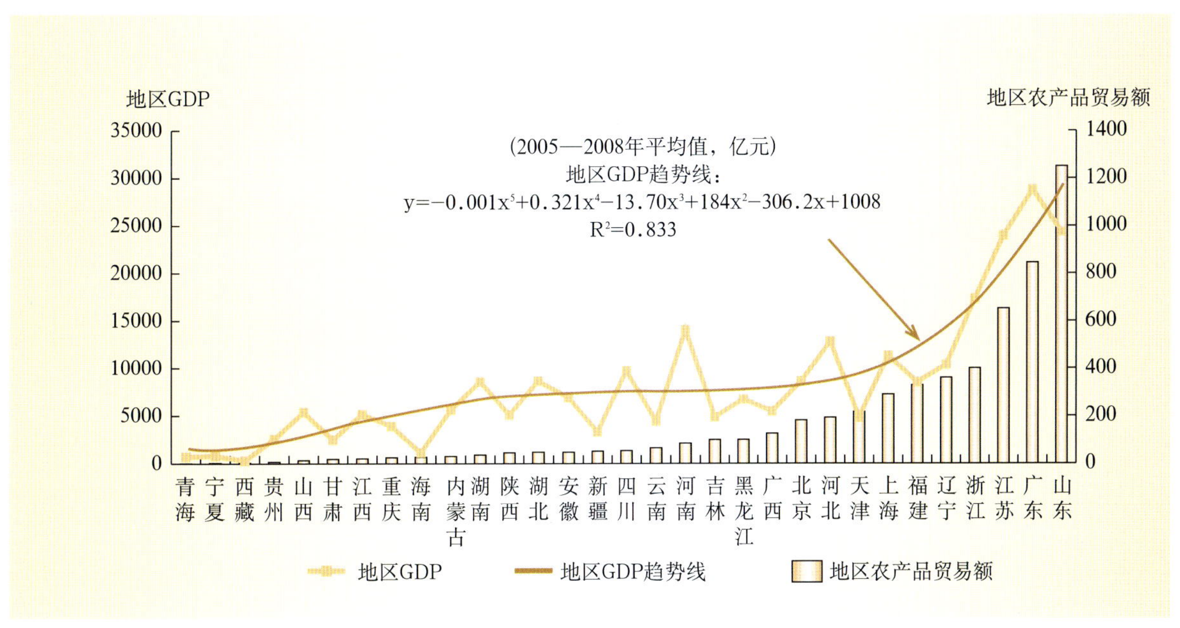

图 69　地区 GDP 和农产品贸易额相关性

数据来源：根据历年《中国统计年鉴》数据制作。

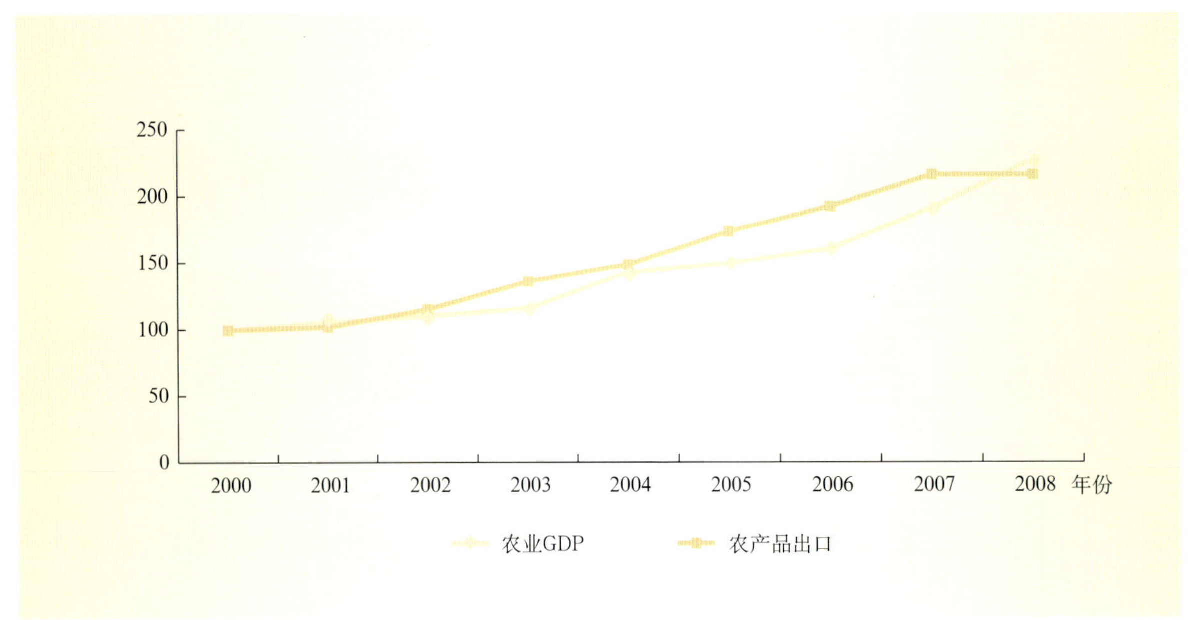

图 70　农业 GDP 与农产品出口额增长相关性（2000 年为 100）

数据来源：根据历年《中国统计年鉴》数据制作。

（三）农产品贸易与就业

对于农业国和农业就业依然重要的发达国家，农产品贸易是缓解就业压力、增加就业收入的重要途径。理论上认为，农产品贸易对就业的作用主要通过两种途径来发挥，一是贸易对农业本身的促进作用，有助于稳定农业就业；二是围绕农产品贸易发生着物流、冷藏、加工、包装、市场交易等一系列从第二产业到第三产业的就业行为。中国一些研究者的实证分析结果也表明，农产品贸易对农业和非农就业都具有一定的影响。与农业就业的影响相比，农产品贸易对农村非农就业影响远大于农业就业本身。一个明显的例证是，2008 年的金融危机中，包括农产品在内的出口锐减导致了大量农民工返乡。

（四）农产品贸易与国家粮食安全及资源环境压力

粮食安全是任何一个大国不得不重视的国家战略问题，尤其是对于中国这样的人口众多、人均自然资源紧张的国家，粮食安全更是一个容不得丝毫闪失的政治、经济和社会问题。换句话说，中国的经济发展、社会稳定和生活福利提高首先是以粮食安全为前提的。

人均自然资源紧张、经济处于快速发展阶段的国家中，由于比较利益和劳动辛苦程度的缘故，农业往往在争夺土地、资本、劳力等资源的产业竞争中落败，粮食生产更是容易成为经济竞争的牺牲者。在这种境况中，农产品贸易就成为缓解资源竞争压力的一种有效途径。以中国为例，中国已经成为农产品大进大出的国家，如果中国不利用农产品贸易来缓解资源压力，则中国的粮食安全压力会更大。表91显示的是中国2008年进口的部分农产品，如果中国不是大规模地进口这些农产品，而是改由自己生产这些进口农产品来满足需求的话，则至少需要增加3 922万公顷种植面积，以2008年1.283 9的复种指数计算，即需要增加3 055万公顷的耕地面积，换句话说，至少需要增加约25%的全国耕地面积。这里还没有包括蚕茧、羊毛、皮革、饲料、可可豆、原木、锯材、纸浆等进口产品所需的生产用地在内。在耕地大幅度减少的今天，连现有耕地面积都保持不住，更不要说增加25%的耕地了，显然，仅仅依赖中国自有的耕地资源和现有的技术水平很难全面满足自身的农产品需求。如果不进口农产品的话，势必会挤占现有粮食种植面积和抬高农产品价格，从而加大粮食安全压力和降低国民福利。

农产品进口贸易对于缓解中国的资源环境压力具有重要作用，除了耕地紧张外，水资源也是农业中十分突出的制约因素之一，随着经济增长和人民生活水平的提高，中国大多数城市成为缺水型城市，农业用水的绝对量在减少，2008年与2000年相比，农业用水量减少了120.1亿立方米，即减少了3.17%[①]。农业是一个大量使用化肥、农药、塑料薄膜和大量产生牲畜排泄物的产业，因而成为当前面源污染的主要来源之一。如果中国缺乏农产品进口贸易，无疑会大大增加中国的资源环境压力（表91）。

（五）农产品贸易与货物总贸易

农产品贸易历来是一国货物贸易的重要组成部分，在大多数国家的经济发展轨迹中，一般都经历了这样一个过程：从农产品贸易起步，随着工业化的发展，农产品贸易在贸易中的比重逐渐降低。中国也经历了这样一个演变过程，1950年中国农产品贸易占商品贸易总额的80%以上；至1980年时，农产品贸易在商品贸易中还占有30.4%；经过最近30年的发展，中国完全改变了商品贸易结构，已经转变为一个非农产品贸易居绝对地位的国家，2008年中国农产品贸易在商品贸易总额中只占到3.87%[②]，已经是世界上该比值最小的国家之一。

虽然农产品贸易在货物贸易中的比重在降低，但农产品贸易额依然在迅速增长（图71），2000—2008年期间，中国的农产品贸易额从270亿美元猛增到993亿美元，对总贸易额增长作出了贡献。货物总贸易与农产品贸易之间的密

①② 数据来源：《中国统计年鉴2009》。

切增长关系，可以从图72看出一斑，农产品贸易与货物总贸易的年际变动率非常一致，两者贸易额的相关系数达到0.992 6。

表91 2008年部分进口农产品折合耕地需求量

品　　名	净进口量（万吨）	净进口比重（%）	折合种植面积（万公顷）	折算系数（2008年水平）
棉花	287.80	29.3	221.04	单产1.302吨/公顷
天然橡胶	168.00	75.4	144.68	单产1.161 2吨/公顷
食糖	72.16	4.7	26.70	出糖率11.5%，单产23.5吨/公顷
大豆	3 695.10	65.2	2 258.63	单产1.636吨/公顷
油菜籽	130.25	10.8	70.97	单产1.835 3吨/公顷
豆油	245.17	30.0	832.55	出油率18%，单产1.636吨/公顷
菜籽油	26.98	5.8	44.55	出油率33%，单产1.835 3吨/公顷
棕榈油	528.23	100.0	322.88	按替代菜籽油折算
	小计		3 922.00	（相当于25%的现有耕地面积）

注：净进口比重=净进口量/国内总供给量×100

数据来源：作者根据多种统计资料和技术系数整理而成。

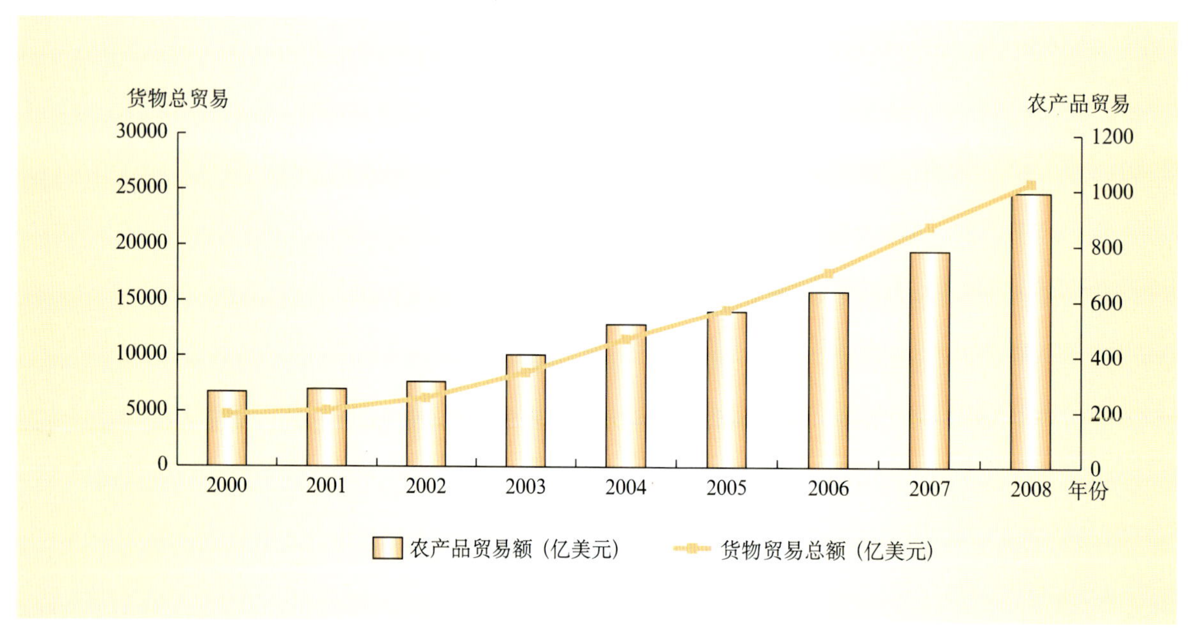

图71 农产品贸易与货物总贸易变化情况

数据来源：根据历年《中国统计年鉴》数据制作。

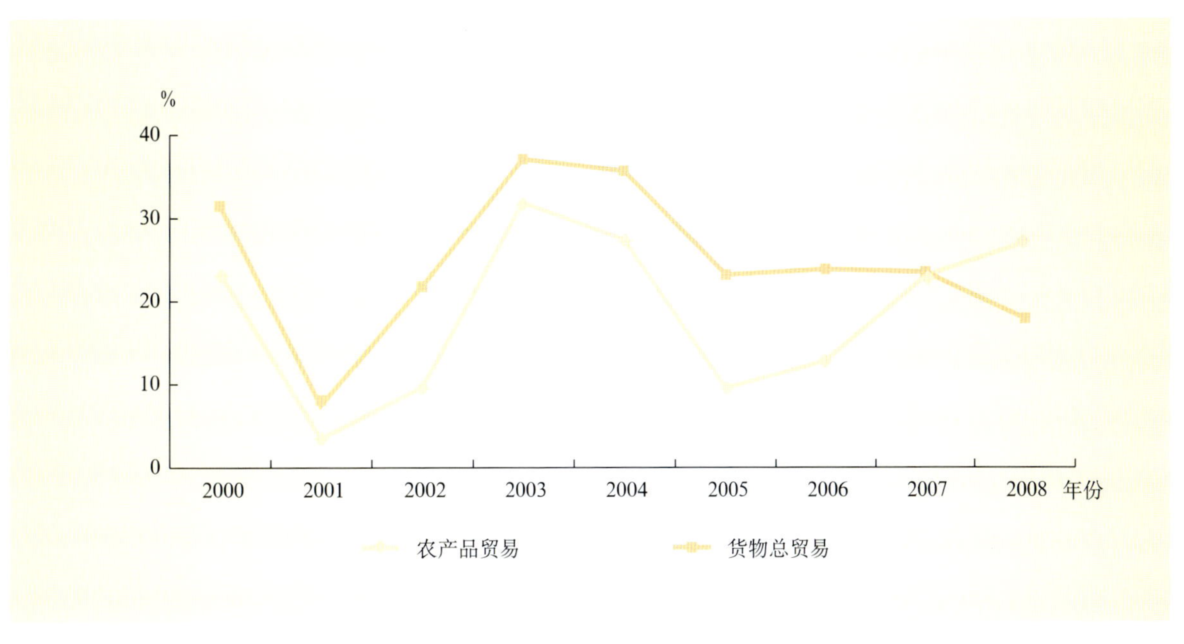

图72 农产品贸易与货物贸易年际增长率变化情况

数据来源：根据历年《中国统计年鉴》数据制作。

中国农产品贸易未来展望

(一) 农产品贸易规模将进一步扩大

当一国贸易在进、出口两方面成为大进大出的国家时（尤其是产业内贸易的增长），表明一国的国际化程度提高，经济发达的大国一般都呈现这种发展演变的轨迹，农产品方面也是如此。从这种轨迹看，中国已是一个具有大进大出特征的农产品贸易大国（表92），随着中国经济的发展、人民生活水准的提高和自然资源压力的加大，中国农产品大进大出规模还将进一步扩大。

表92 2008年世界农产品贸易大国的大进大出状况

经济体	农贸总额位次	出口位次	进口位次	进出口位次差	类型
欧盟（27国）	1	1	1	0	A
美国	2	2	2	0	A
巴西	3	3	(22)	19	B
加拿大	4	4	6	2	A
中国	5	5	3	2	A
阿根廷	6	6	(43)	37	C
印度尼西亚	7	7	13	6	A

（续）

经济体	农贸总额位次	出口位次	进口位次	进出口位次差	类型
泰国	8	8	18	10	B
马来西亚	9	9	12	3	A
澳大利亚	10	10	20	10	B
俄罗斯	11	11	5	6	A
印度	12	12	17	5	A
新西兰	13	13	（42）	29	C
墨西哥	14	14	8	6	A
智利	15	15	（36）	21	C
越南	16	16	（28）	12	B
乌克兰	17	17	（30）	13	B
土耳其	18	18	14	4	A
挪威	19	19	（25）	6	A
日本	20	20	4	16	B

数据来源：根据 WTO：国际贸易统计，2009，表 ii16 和表 ii17 整理，此排位依据 WTO 统计口径。

注：这里把世界农产品贸易总额居前 20 位的经济体视为世界农产品贸易大国；对单一经济体在世界农产品进出口的位次进行比较，进出口位次差在 10 以内的，列为大进大出型贸易国（A 类）；进出口位次差在 10 ~ 20 以内，列为中间型贸易国（B 类）；进出口位次差在 20 及以上的，列为单极型贸易国（C 类）。

（二）农产品贸易逆差将进一步扩大

对于人均自然资源紧张的国家和地区，经济发展和人民生活水平提高往往导致农产品进口增长快于出口增长，大多数国家和地区往往由农产品净出口转变为净进口，荷兰是一个典型的例外，而东亚是典型的正例。在 20 世纪 60 ~ 70 年代，美国曾经有人反对将农业技术输出到潜在的农业竞争地区，认为这样做的结果会培植起农业竞争者；但也有人认为，人均农地比例紧张的国家和地区在经济发展起来后会比以往任何时候都更需要进口农产品，无论农业生产率如何提高，这些国家和地区都会扩大对外国农产品的需求，从而给美国农产品输出创造更大的机遇。事实证明了后者的真知灼见，日本和中国台湾省的经济发展均应了后者的判断，中国大陆的经济发展同样应了后者的判断，今天，中国已经成为农产品净进口国。

所谓农产品净进口国，换个说法，也就是农产品贸易逆差国。长期以来，中国的农产品贸易基本上处于顺差状态，1980—1983 年出于调整农业结构的目的，连续出现 4 年逆差；1984—1994 年始终处于顺差状态，同期的非农产品贸易除了少数年份外基本上处于逆差状态。1992年和1994年正是依靠农产品的贸易顺差，才使整个货物贸易呈现顺差。1995年以后，中国的总贸易收支出现了明显的转变，即非农产品贸易已经稳定地进入了贸易顺差状态，而农产品贸易却落入了贸易顺差和逆差交错的阶段。对于人均自然资源紧张的国家，在经济成长过程中会逐渐成为农产品净进口国，与此同时，如果不能实现农产品生产的价值升级，则会迅速成为一个农产品逆差国。2004年起，中国变成了稳定的农产品贸易逆差国，至2008年，农产品贸易逆差已经扩大到182.6亿美元。随着中国经济的进一步发展，农业资源不足的压力会进一步加大。从长期看，今后中国农产品净进口规模会进一步扩大。尽管在经济发展的过程中会出现贸易增长方式的改变，但技术进步不足以抵消来自资源角度的压力，从而继续扩大农产品贸易逆差。

不少人认为，成为农产品净进口国或农产品贸易逆差国说明该国的农业有问题、不利于经济发展，这是一种不正确的认识。当农产品贸易目标已经不是创汇，而是就业和经济增长时，贸易顺差或逆差就不能被作为经济判断的指标，而应当随之换用就业和经济增长来作为判断指标。比如，大量的大豆进口，虽然对国内的大豆产业形成了很大威胁，对主产区农民收入带来很大影响，对使用国产大豆原料的本国大豆压榨企业形成冲击，并因此饱受非议，但进口大豆使得人民的消费水平提高，保持了较低的消费价格，保障了中国畜牧业快速增长所需要的蛋白饲料。从宏观经济看，进口原料大豆比进口成品油要好，它将就业、税收、增值留在了国内，也降低了畜牧业下游产业的生产成本，促进了中国的就业和经济增长。如果将来能进一步演变为大豆产品加工出口的话，也可能成为类似纺织服装业进口原料、出口成品的局面，从而进一步有利于中国的就业和经济增长。

（三）推动贸易增长方式转变将成为今后的一个重要努力方向

未来中国农业和农业贸易将转变增长方式，但一定会依照资源禀赋为基础的竞争优势来配置国内资源，从而强化农产品大进大出的格局。从中国未来相当长一段国情看，长期中最可能形成进口以土地集约型农产品、出口以技术集约和劳动集约型农产品的贸易格局。展望未来相当一段时期内农业领域的竞争，与发达国家相比，中国依然具有农业劳动成本方面的优势；与发展中国家相比，中国明显具有综合农业技术优势和来自其他经济部门的配套优势，因此，中国贸易农产品的技术含量会得到提升，但无论如何，中国没有来自人均土地规模方面的贸易竞争优势。

以往中国的农业贸易增长主要依靠农产品商品贸易的增长，与发达国家相比较，虽然他们的商品贸易没有中国那般强劲，但他们在服务贸易、知识产权贸易、农业对外直接投资方面发展得很快。未来的中国农业贸易中，农业服务贸易的规模将渐渐扩大，农业知识产权成为越来越重要的增长点，尤其是随着转基因农产品的发展和推广。另一个需要值得关注的方面是，中国的农业对外直接投资的规模将随中国“走出去”战略的推进和国际经验的丰富而扩大，成为农业外经外贸的重要形式之一。

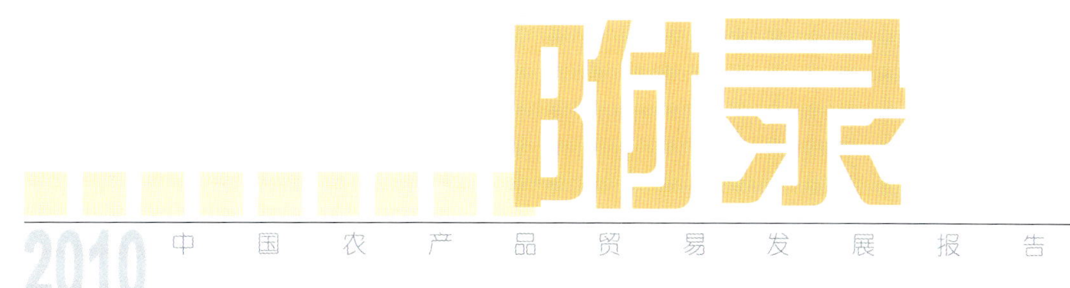

附录

农产品分类和统计口径说明

本报告根据乌拉圭回合农业协议界定农产品范围（HS 产品口径），加上水产品。

2010 年初，农业部信息中心根据中国海关数据库的调整，将农产品分类进行了相应调整。将原农产品总类包括的 15 大类产品调整为 20 大类，各大类产品涉及 HS 编码见下表：

各大类产品涉及的 4 位数 HS 编码

产品类别	产品税号	备　注
1. 谷物	1001—1008，1101—1104，1904	
小麦产品	1001，1101，1103，1904	将原粮食大类更名为谷
稻谷产品	1006，1102—1103	物类，产品不变
玉米产品	1005，1102—1104	
大麦产品	1003，1104	
2. 棉麻丝	1404，5001—5003，5201—5203，5301—5305	将原棉花大类与从其他
棉花	1404，5201—5203	农产品中剥离出的麻类
麻类	5301—5305	和蚕茧及丝合并为棉麻
蚕茧及丝	5001—5003	丝类
3. 油籽	1201—1202，1204—1208，2008	将原食用油籽大类与从
食用油籽	1201—1202，1204—1208，2008	其他农产品中剥离出的
非食用油籽	1207—1208	非食用油籽合并为油籽
4. 植物油	1507—1515	
食用植物油	1507—1512，1514—1515	维持不变
非食用植物油	1513，1515	

（续）

产品类别	产品税号	备　注
5. 糖料及糖类	1209，1212，1701—1704	将从原其他农产品中剥离出的相关产品与原食糖类合并为糖料及糖类
食糖	1701	
6. 饮品类	0901—0903，1801—1806，2101，2201—2206，2208—2209	将从原其他农产品中剥离出的可可及制品、咖啡及制品、醋、酒类、无醇饮料等与原来的茶叶合并为饮品类
茶	0902—0903，2101	
醋	2209	
咖啡及制品	0901，2101	
可可及制品	1801—1806	
酒精及酒类	2203—2206，2208	
7. 蔬菜	0701—0712，0714，0904，0910，1209，1212，2001—2005，2009，2103	大类名称不变，新增了从其他农产品中剥离的相关产品
8. 水果	0801，0803—0814，1203，2006—2009，2106，2204	同上
9. 坚果	0801—0802，0811，1212，2008	同上
10. 花卉	0601—0604	维持不变
11. 饼粕	2304—2306	维持不变
12. 干豆（不含大豆）	0713，1106	维持不变
13. 水产品	0106，0208，0210，0301—0307，0508，0511，1212，1504，1603—1605，2008，2301，2801，3913，7101	大类名称不变，新增了从其他农产品中剥离的相关产品
14. 畜产品	0101—0106，0201—0210，0401—0410，0502—0507，0510—0511，1501—1503，1505—1506，1601—1602，2301，4101—4103，4301，5101—5103	维持不变
15. 调味香料	0905—0910	新增大类，即从原其他农产品中剥离出的有关产品
16. 精油	3301	同上
17. 粮食制品	1107—1109，1902—1905	同上
18. 薯类	0714，1105	同上
19. 药材	1211	同上
20. 其他农产品	0501，0511，0602，1106，1108，1209—1214，1301—1302，1401—1404，1516—1522，1901，2008，2101—2106，2302—2303，2307—2309，2401—2403，2905，3501—3505，3809，3823，3913	大类名称不变，产品减少

农产品贸易大事记

1 月

1 日，经国务院批准，《2009 年关税实施方案》正式实施。实施方案对部分税则税目、部分产品的进出口关税进行了调整。其中涉及农产品关税调整包括对鳗鱼苗等部分出口商品实施暂定税率；降低“进口税则”中鲜草莓等 5 个税目的最惠国税率，其余税目的最惠国税率维持不变；对小麦等 8 类 45 个税目的商品实施关税配额管理，税目和税率不变。对配额外进口的一定数量棉花实施滑准税；对冻鸡等 55 种商品实施从量税、复合税；对冷冻的格陵兰庸鲽鱼等部分进口商品实施暂定税率。

1 日，《〈中华人民共和国政府和新加坡共和国政府自由贸易协定〉项下进出口货物原产地管理办法》实施。

19—21 日，中国—哥斯达黎加自贸区第一轮谈判在哥斯达黎加圣何塞举行。

2 月

6 日，国务院办公厅发布《食品安全整顿工作方案》。方案明确了整顿工作目标，即用两年左右时间集中整顿，使食品安全各环节监管责任进一步落实，食品安全标准逐步完善，食品行业自律显著加强，农产品和食品质量安全水平明显提高，人民群众食品安全得到切实保障。为达到目标，方案还部署了 7 个方面的重点任务。

21 日，《中国—巴基斯坦自由贸易区服务贸易协定》正式签署，2009 年 10 月 10 日正式生效。

25 日，美国众议院通过了 2009 年综合拨款法案。其中的“727 条款”规定：“根据本法所提供的任何拨款，不得用于制订或执行任何允许美国进口中国禽肉产品的规则”。该条款通过限制政府经费用途的方式，不允许美国相关政府部门开展自中国进口禽肉产品的解禁工作，限制中国禽肉产品对美出口。这是典型的歧视性的贸易保护主义做法，严重违反了 WTO 最惠国待遇原则和普遍取消数量限制规则。

3 月

10—12 日，中国—挪威自贸区第三轮谈判在北京举行，双方重点就如何推进农渔产品降税问题深入交换了意见。为推进谈判，双方还进行了农业贸易相关信息的交流。

13 日，中国正式取消欧洲鳗活鳗及烤鳗的出口退税。由于中国鳗鱼主要养殖品种欧洲鳗被列入《濒危野生动植物种国际贸易公约》附录，因此，国家濒危物种进出口管理办公室及海关总署于 2008 年底联合发文（2008 年第 4 号），将欧洲鳗列入中国《进出口野生动植物种商品目录》中濒危鱼类目录。依据中国“财政部，国家税务总局关于调低部分商品出口退税率的通知”（财税［2007］90 号）文件中对“濒危动物/植物及其制品取消出口退税”的规定，于 2009 年 3 月 13 日正式取消欧洲鳗活鳗（以前征 13% 退 5%）及烤鳗（以前征 17% 退 13%）的出口退税。

4 月

5 日，日本厚生劳动省决定对中国出口日本的绿茶、大粒花生加强进口检查。其中绿茶的进口检查比例提高到 50%，大粒花生的进口检查比例提高到 100%。

13 日，农业部部长孙政才会见澳大利亚农渔林业部部长伯克。双方就中澳农产品贸易、自贸区谈判、金融危机及粮食安全等问题广泛交换了意见。孙部长强调鉴于中澳双方在农业资源、发展阶段和竞争力方面存在巨大差异，在自贸区农业问题谈判中应充分考虑两国国情和产业特点，充分考虑各自关切，以利于两国经贸关系持续稳定健康发展，实现互利共赢。

13—17 日，中国—哥斯达黎加自贸区第二轮谈判在上海举行。

17 日，中国政府通过常驻 WTO 代表团致函美方，就美 2009 年综合拨款法案第 727 节（简称“727 条款”）提起 WTO 争端解决项下的磋商请求。此后，中美双方进行了磋商，但有关磋商没有解决中方关注。为此，6 月 23 日，中国政府通过常驻 WTO 代表团致函 WTO 争端解决机构主席，要求 WTO 争端解决机构设立专家组，审查美国有关限制中国禽肉进口的措施。应中国政府要求，WTO 争端解决机构于 7 月 31 日正式设立专家组，审理美国有关限制中国禽肉进口的措施。

22 日，卫生部、农业部、国家质量监督检验检疫总局等六部委联合发出公告，严禁在乳品标签、标识和广告中宣传“无抗奶”等不科学、不符合实际的内容。各乳品生产经营和餐饮企业应停止“无抗奶”生产经营活动。6月30日起，各有关监管部门开始依法查处该种生产经营行为。

27—28日，中国—瑞士自贸区第一次产业研讨会在北京举行。

28日，中国—秘鲁自由贸易协定签署。

6月

1日，《中华人民共和国食品安全法》实施。食品安全法共10章104条。该法明确规定了国务院设立食品安全委员会、国家建立食品安全风险监测和评估制度、统一制定食品安全国家标准等。法律规定对利益驱动下的违法行为除没收违法所得外，还处以最高达货值金额10倍的罚款并吊销许可证；对监管失职、渎职行为也依据不同情况设置了相应处罚措施。

1日，财政部、国家税务总局《关于进一步提高部分商品出口退税率的通知》（财税［2009］88号）开始执行。通知规定罐头、果汁、桑丝等农业深加工产品的出口退税率提高到15%，部分水产品的出口退税率提高到13%，玉米淀粉、酒精的出口退税率提高到5%。

4日，美国农业部（USDA）农产品销售局发布马铃薯进口法规修正案（/TBT/N/USA/469号通报）。

1—5日，中国—挪威自贸区第四轮谈判在挪威斯塔万格举行。

15—17日，中国—哥斯达黎加自贸区第三轮谈判在哥斯达黎加圣何塞举行。

22日，日本厚生劳动省决定对中国输日猪肉及其加工品实施瘦肉精命令检查，即批批检查。

22—24日，中国—海湾合作委员会自贸区第五轮谈判在沙特阿拉伯利雅德举行。

7月

1日，中国对部分产品的出口关税进行调整，取消小麦、大米、大豆等粮食产品的出口暂定关税。

6日，中国和意大利签署了《意大利牛精液输华检疫和卫生条件议定书》和《意大利猕猴桃输华的植物检疫要求议定书》。

8日，《中华人民共和国食品安全法实施条例》实施。

30日，美国众议院通过《2009年美国食品安全加强法案》(H. R. 2749 RFS)。该法案对现行《联邦食品、药品、化妆品法》中有关食品安全的内容进行了重大修正，涉及进出口食品领域主要有六个方面：一是强化企业登记，要求企业缴纳数额不等的规费；二是强化企业检查，凡拖延、限制、拒绝FDA检查的企业产品将被视为“掺杂食品”；三是强化第三方检验和认证，FDA有权对实验室认证机构和第三方实验室进行检查；

四是强化风险控制，所有登记的食品企业必须制定实施食品防护计划；五是强化食品召回，授权FDA无需提供任何证据即可对进口食品实施单方面扣检；六是强化原产地标注，加工食品未标注最后加工地、非加工食品未标注原产地均被视为“错误标签”食品。

8月

1日，商务部公告2009年第50号关于调整《实行进口报告管理的大宗农产品目录》实施。根据《大宗农产品进口报告和信息发布管理办法》，商务部对《实行进口报告管理的大宗农产品目录》进行调整，将鲜奶、奶粉和乳清纳入“目录”，自2009年8月1日起对上述品种实行进口报告管理。中国食品土畜进出口商会受商务部委托，负责鲜奶、奶粉和乳清进口报告信息的收集、整理、汇总、分析和核对等日常工作。

9月

1日，《进出口饲料和饲料添加剂检验检疫监督管理办法》正式实施。该《办法》要求对进口产品建立严格的把关体系，对出口产品建立“以企业自检自控为基础、以官方监控为主、出口前有针对性的抽查为辅”的检验检疫管理模式。该规定旨在充分发挥企业第一责任人的作用，调动各级检验检疫机构的积极性和主动性，着力提高检验检疫的针对性和进出口把关的有效性。

7—10日，中国—挪威自贸区第五轮谈判在厦门举行。

7—11日，中国—哥斯达黎加自贸区第四轮谈判在北京举行。

8日，澳大利亚新任首席谈判代表访华，就中澳自贸区谈判相关问题与农业部进行非正式磋商。

27日，商务部公布2009年第74、75号公告，决定即日起对原产于美国的进口白羽肉鸡产品进行反倾销反补贴调查。商务部于2009年8月14日正式收到中国畜牧业协会代表国内白羽肉鸡产业提交的双反调查申请。申请人请求对原产于美国的进口白羽肉鸡产品进行双反调查。10月13日，中国畜牧业协会代表国内白羽肉鸡产业就该调查提交了新增指控补贴项目反补贴调查申请，请求对一些新增指控补贴项目进行调查。10月19日，商务部就有关新增指控补贴项目申请事项向美国政府发出磋商邀请，并于10月29日与美方进行了磋商。11月5日商务部发布2009年第91号公告，决定在对原产于美国的进口白羽肉鸡产品反补贴调查中，对国内申请人主张的新增指控补贴项目进行调查。

10月

2日，美国商务部发布公告，对原产于中国的非冷冻苹果汁做出第四次反倾销行政复审终裁，裁定伊藤忠（中国）集团（Itochu Corporation）和莱阳伊天果汁有限公司（Laiyang Yitian Co.，Ltd.）的倾销幅度为零。

10日，中日韩三国领导人就尽快启动中日韩自贸区官产学联合研究达成共识；25日，三国商务部长一致同意落实领导人共识推动中日韩自贸区官产学联合研究。

12—14日，中国—瑞士自贸区第二次产业研讨会在瑞士伯尔尼举行。

21日，美国总统奥巴马正式签署《2010年农业拨款法案》。该法案第“743条款”对《2009年综合拨款法案》第“727条款”做出修正，规定在满足加强检验核查、增强措施透明度等要求后，允许将拨款用于进口中国来料加工禽肉制品。

11月

2—6日，中国—哥斯达黎加自贸区第五轮谈判在北京举行。

9日，国家质量监督检验检疫总局发布《关于进口油菜籽实施紧急检疫措施的公告》（总局2009年第101号公告）。由于近期出入境检验检疫机构多次从进口加拿大、澳大利亚油菜籽中截获中国进境植物检疫性有害生物——油菜茎基溃疡病菌（Leptosphaeria maculans），因此对进口油菜籽实施六项紧急检疫措施。公告规定自2009年11月15日起，贸易商签订进口油菜籽贸易合同前，应向国家质量监督检验检疫总局申请办理“进境动植物检疫许可证”。目前，获准对华出口油菜籽的国家为加拿大和澳大利亚。尚未获得油菜籽输华检疫准入资格的国家或地区，由其官方检验检疫部门向中国国家质量监督检验检疫总局提出油菜籽输华申请，并提供油菜产区油菜茎基溃疡病等有害生物发生、控制措施等技术资料，经中方专家风险评估，并确定检验检疫要求后，方可允许进口。从加拿大、澳大利亚进口本生产季节收获的油菜籽，实施过渡性检疫措施。

13日，新西兰农林部生物安全局（MAFBNZ）发布了《中国产鲜食葡萄进口卫生标准》草案。该进口卫生标准规定了中国产食用鲜食葡萄（包括浆果、果蒂和果梗）进入新西兰须满足的植物检疫要求。出口至新西兰的中国产鲜食葡萄除须满足食用鲜果蔬的一般进口要求外，还须满足草案规定的进口条件。

30日，中国—瑞士自贸区可行性研究启动。

12月

15日，欧洲委员会第1135/2009/EC号法规开始实施，该法规规定继续禁止进口以下中国产品：①专为婴幼儿而设并作特定营养用途的含奶产品、奶制品、大豆或大豆制品；②供制造食物及饲料用的碳酸氢铵；③含奶、奶制品、大豆或大豆制品的食物及饲料。上述禁止将无限期执行。

15—17日，中国—挪威自贸区第六轮谈判在挪威奥斯陆举行。

附　表

附表 1　1995—2009 年中国农产品贸易情况

单位：亿美元、%

年份	贸　易　额				比上年增长		
	进出口	出口	进口	贸易平衡*	进出口	出口	进口
1995	268.87	147.06	121.82	25.24			
1996	251.76	143.41	108.35	35.06	-6.37	-2.48	-11.05
1997	250.82	150.75	100.07	50.68	-0.37	5.12	-7.64
1998	222.75	139.09	83.66	55.44	-11.19	-7.73	-16.40
1999	218.68	136.25	82.43	53.82	-1.83	-2.04	-1.47
2000	269.66	157.00	112.66	44.34	23.31	15.23	36.67
2001	279.44	160.94	118.49	42.45	3.63	2.51	5.18
2002	306.33	181.63	124.71	56.92	9.63	12.85	5.24
2003	402.98	213.26	189.72	23.54	31.55	17.42	52.13
2004	514.41	233.94	280.48	-46.54	27.65	9.70	47.84
2005	563.76	275.97	287.79	-11.82	9.59	17.97	2.61
2006	635.97	314.22	321.75	-7.53	12.81	13.86	11.80
2007	782.05	370.14	411.91	-41.77	22.97	17.80	28.02
2008	993.26	405.34	587.93	-182.59	27.01	9.51	42.73
2009	923.31	396.29	527.02	-130.73	-7.04	-2.23	-10.36

* 正数为顺差，负数为逆差。下同。

附表 2 1995—2009 年中国谷物贸易量变化情况

单位：万吨

年份	出口量					进口量				
	谷物	其中				谷物	其中			
		小麦产品	玉米产品	稻谷产品	大麦产品		小麦产品	玉米产品	稻谷产品	大麦产品
1995	64.87	22.52	11.53	5.69	0.22	2 040.35	1 162.73	526.43	164.53	127.45
1996	124.28	56.59	23.83	27.74	0.22	1 084.01	829.86	44.69	77.45	130.86
1997	834.80	45.78	667.11	95.17	0.71	416.97	192.18	0.25	35.92	187.43
1998	889.16	27.49	469.27	375.49	0.86	388.46	154.83	25.18	25.99	151.92
1999	738.15	16.45	433.23	271.54	0.60	340.08	50.52	7.94	19.13	226.92
2000	1 381.70	18.85	1 049.83	296.20	0.11	314.82	91.87	0.30	24.86	197.42
2001	877.05	71.32	600.03	187.04	0.09	344.40	73.89	3.95	29.34	236.80
2002	1 483.83	97.66	1 167.48	199.13	0.06	285.12	63.17	0.81	23.80	190.72
2003	2 201.53	252.57	1 639.10	261.75	0.53	208.68	44.74	0.07	25.87	136.27
2004	479.35	108.79	232.36	90.90	0.35	975.37	725.87	0.24	76.63	170.72
2005	1 017.65	60.46	864.38	68.59	0.35	627.73	354.41	0.40	52.15	217.92
2006	610.19	150.94	310.27	125.29	0.58	360.25	61.28	6.54	72.99	214.81
2007	985.90	307.23	485.24	135.72	11.85	155.74	10.05	3.54	48.75	91.34
2008	186.14	30.98	27.34	97.18	1.46	154.11	4.31	5.00	32.97	107.64
2009	136.95	24.50	12.91	78.53	1.41	315.10	90.41	8.45	35.68	173.85

附表3 1995—2009年中国油籽贸易量变化情况

单位：万吨

年份	出口量					进口量				
	油籽合计	其中				油籽合计	其中			
		大豆	花生	油菜籽	芝麻		大豆	花生	油菜籽	芝麻
1995	106.88	37.58	48.96	0.13	13.05	41.70	29.78	0.08	9.19	0.43
1996	84.04	19.29	45.57	0.60	11.89	112.29	111.44	0.13	0.04	0.53
1997	56.04	18.79	28.24	0.00	4.06	296.95	288.55	0.52	5.51	1.43
1998	57.83	17.25	32.20	0.11	4.45	461.15	319.74	0.41	138.64	1.13
1999	85.22	20.65	48.04	0.02	9.68	694.19	432.02	0.15	259.53	0.10
2000	96.55	21.73	55.95	0.11	10.33	1 340.48	1 041.94	0.09	296.89	0.24
2001	115.69	26.24	70.85	0.01	6.86	1 570.78	1 393.99	0.08	172.43	0.67
2002	126.99	30.53	77.02	0.23	9.84	1 195.62	1 131.66	0.20	61.82	0.40
2003	130.65	29.47	76.17	0.29	10.44	2 099.83	2 074.36	0.09	16.67	6.56
2004	121.80	34.89	68.96	0.03	4.16	2 073.20	2 017.77	0.18	42.40	9.83
2005	142.19	41.35	77.52	0.01	5.12	2 705.84	2 659.07	0.07	29.62	15.37
2006	127.41	39.47	66.14	0.01	4.63	2 934.80	2 828.44	0.55	73.80	26.36
2007	131.90	44.84	63.76	0.08	4.68	3 193.27	3 081.83	0.37	83.32	19.44
2008	124.05	48.47	51.37	0.01	4.60	3 902.43	3 743.41	1.04	130.30	21.43
2009	115.14	35.63	56.57	0.02	3.78	4 635.28	4 254.57	0.35	328.39	31.13

附表 4　1995—2009 年中国植物油贸易量变化情况

单位：万吨

年份	出口量					进口量				
	植物油	其中				植物油	其中			
		豆油	花生油	菜籽油	玉米油		豆油	花生油	棕榈油	菜籽油
1995	54.97	6.58	1.09	17.06	0.27	373.58	148.18	1.44	139.68	63.07
1996	50.35	12.71	0.59	17.42	0.04	276.07	129.54	0.52	100.92	31.60
1997	86.06	55.58	0.86	14.13	0.01	285.79	122.52	1.07	115.65	35.06
1998	33.65	18.27	1.02	7.33	0.01	218.42	82.88	0.87	92.99	28.47
1999	12.58	5.34	1.30	2.60	0.00	223.09	80.37	0.96	119.35	6.92
2000	13.89	3.53	1.47	5.41	0.24	202.19	30.76	1.00	139.07	7.49
2001	15.90	5.95	1.36	5.40	0.18	200.98	6.99	0.86	152.02	4.94
2002	12.36	4.73	1.10	1.84	0.45	344.06	87.03	0.40	222.08	7.78
2003	8.16	1.06	2.53	0.54	1.31	574.54	188.46	0.66	332.55	15.16
2004	8.78	1.94	1.42	0.55	2.03	708.39	251.50	0.04	385.07	35.30
2005	24.83	6.30	2.02	3.06	10.16	662.34	169.44	0.04	432.00	17.76
2006	41.86	11.77	1.30	14.48	11.48	731.59	154.27	0.03	514.08	4.40
2007	18.44	6.57	1.03	2.17	5.94	897.99	282.19	1.12	509.73	37.48
2008	26.39	13.40	1.07	0.71	8.44	874.42	258.57	0.59	528.26	26.98
2009	12.68	6.92	0.98	0.91	1.70	1 028.55	239.12	2.07	644.17	46.76

附表5 1995—2009年中国棉花和食糖贸易量变化情况

单位：万吨

年份	棉花			食糖		
	出口量	进口量	净进口量	出口量	进口量	净进口量
1995	2.97	100.34	97.37	48.04	295.43	247.39
1996	1.22	75.15	73.93	66.48	125.47	58.99
1997	0.70	84.88	84.18	37.86	78.32	40.46
1998	5.17	31.04	25.87	43.57	50.76	7.19
1999	24.43	16.39	-8.04	36.74	41.67	4.93
2000	29.92	25.09	-4.83	41.48	67.50	26.02
2001	6.09	19.71	13.62	19.56	119.89	100.33
2002	15.92	24.51	8.59	32.58	118.36	85.78
2003	11.74	107.52	95.78	10.31	77.58	67.27
2004	1.19	211.30	210.11	8.51	121.49	112.98
2005	0.86	274.66	273.80	35.83	139.13	103.30
2006	1.63	398.10	396.47	15.44	137.40	121.96
2007	2.45	274.21	271.76	11.05	119.37	108.32
2008	2.38	226.42	224.04	6.24	77.98	71.74
2009	0.99	175.97	174.98	6.39	106.45	100.06

附表 6 1995—2009 年中国蔬菜贸易量额变化情况

单位：万吨、亿美元、%

年份	出口				进口				净出口量	净出口额
	出口量	比上年增长	出口额	比上年增长	进口量	比上年增长	进口额	比上年增长		
1995	214.22		21.99		2.40		0.34		211.82	21.65
1996	221.40	3.35	21.04	-4.32	3.83	59.44	0.43	25.09	217.58	20.62
1997	221.33	-0.03	19.88	-5.51	5.54	44.93	0.53	25.49	215.79	19.35
1998	256.12	15.72	19.47	-2.08	6.91	24.60	0.64	19.74	249.21	18.83
1999	283.59	10.72	19.74	1.40	9.19	33.01	0.81	27.36	274.40	18.93
2000	321.10	13.23	21.12	6.99	9.83	7.01	1.14	39.71	311.27	19.98
2001	394.98	23.01	23.71	12.24	10.04	2.08	1.07	-5.89	384.94	22.63
2002	466.83	18.19	26.61	12.24	9.89	-1.45	1.09	1.82	456.94	25.52
2003	552.15	18.28	30.89	16.10	9.58	-3.09	1.09	0.20	542.57	29.80
2004	602.81	9.17	38.38	24.25	11.51	20.05	1.36	24.28	591.30	37.03
2005	681.57	13.07	45.36	18.16	10.69	-7.07	1.28	-5.53	670.88	44.07
2006	734.08	7.70	54.82	20.86	12.41	16.05	1.48	15.06	721.67	53.34
2007	819.11	11.58	62.83	14.63	10.72	-13.62	1.67	13.01	808.39	61.17
2008	820.97	0.23	65.22	3.79	11.41	6.46	1.88	12.84	809.56	63.33
2009	803.92	-2.08	68.76	5.44	9.71	-14.87	1.81	-4.09	794.20	66.95

附表 7 1995—2009 年中国水果贸易变化情况

单位：万吨、亿美元、%

年份	出口				进口				净出口量	净出口额
	出口量	比上年增长	出口额	比上年增长	进口量	比上年增长	进口额	比上年增长		
1995	70.65		5.72		23.45		0.78		47.20	4.94
1996	78.96	11.76	5.73	0.10	65.56	179.53	1.97	151.36	13.40	3.75
1997	98.09	24.23	6.31	10.13	77.05	17.52	2.33	17.94	21.05	3.98
1998	105.62	7.67	5.92	-6.09	76.30	-0.97	2.37	1.87	29.32	3.55
1999	118.93	12.61	6.65	12.36	69.30	-9.18	2.61	10.00	49.64	4.05
2000	135.86	14.23	7.23	8.70	97.93	41.32	3.68	41.31	37.93	3.55
2001	148.54	9.34	7.95	9.94	93.01	-5.03	3.45	-6.33	55.54	4.50
2002	199.89	34.57	9.85	23.87	101.27	8.88	3.82	10.68	98.63	6.03
2003	266.95	33.55	13.73	39.35	109.50	8.13	5.02	31.39	157.46	8.71
2004	312.73	17.15	16.48	20.04	114.46	4.53	5.91	17.81	198.26	10.57
2005	365.07	16.74	20.38	23.65	122.23	6.78	6.64	12.40	242.85	13.73
2006	370.57	1.51	24.78	21.63	137.19	12.24	7.70	15.83	233.38	17.09
2007	477.68	28.90	37.51	51.36	145.49	6.05	9.68	25.83	332.19	27.83
2008	484.32	1.39	42.30	12.75	179.24	23.19	12.07	24.61	305.08	30.23
2009	525.61	8.53	38.37	-9.28	244.15	36.22	16.50	36.75	281.46	21.87

附表 8 1995—2009 年中国茶叶贸易变化情况

单位：万吨、亿美元、%

年份	出口				进口				净出口量	净出口额
	出口量	比上年增长	出口额	比上年增长	进口量	比上年增长	进口额	比上年增长		
1995	16. 75		2. 79		0. 23		0. 02		16. 52	2. 77
1996	17. 13	2. 26	2. 87	3. 02	0. 17	-28. 29	0. 01	-22. 29	16. 96	2. 86
1997	20. 43	19. 32	3. 39	17. 96	0. 10	-42. 36	0. 01	-9. 40	20. 34	3. 38
1998	21. 93	7. 32	3. 77	11. 26	0. 13	36. 07	0. 03	119. 95	21. 80	3. 74
1999	20. 15	-8. 12	3. 47	-8. 16	0. 20	52. 22	0. 04	39. 23	19. 95	3. 42
2000	23. 20	15. 12	3. 57	3. 00	0. 26	33. 13	0. 05	11. 57	22. 93	3. 52
2001	25. 51	9. 97	3. 53	-1. 17	0. 18	-30. 86	0. 04	-23. 12	25. 33	3. 49
2002	25. 60	0. 37	3. 40	-3. 62	0. 18	-2. 32	0. 03	-14. 64	25. 42	3. 37
2003	26. 20	2. 32	3. 76	10. 54	0. 30	66. 31	0. 05	57. 48	25. 90	3. 71
2004	28. 36	8. 25	4. 52	20. 18	0. 25	-15. 44	0. 07	44. 04	28. 11	4. 45
2005	29. 11	2. 64	5. 01	11. 00	0. 32	27. 25	0. 09	36. 36	28. 79	4. 92
2006	30. 43	4. 53	5. 74	14. 59	0. 38	18. 58	0. 11	19. 96	30. 05	5. 63
2007	29. 54	-2. 90	6. 38	11. 10	0. 60	58. 12	0. 19	67. 16	28. 94	6. 19
2008	30. 39	2. 87	7. 16	12. 20	0. 62	4. 11	0. 27	41. 10	29. 77	6. 90
2009	30. 89	1. 66	7. 40	3. 31	0. 47	-24. 35	0. 24	-7. 96	30. 42	7. 15

附表9 1995—2009年中国畜产品贸易变化情况

单位：亿美元、%

年份	贸易额				比上年增长		
	进出口	出口	进口	贸易平衡	进出口	出口	进口
1995	43.02	28.24	14.79	13.45			
1996	42.70	28.56	14.14	14.42	-0.76	1.15	-4.40
1997	41.15	27.38	13.76	13.62	-3.63	-4.11	-2.64
1998	37.88	24.57	13.31	11.25	-7.95	-10.29	-3.29
1999	40.97	22.47	18.51	3.96	8.17	-8.55	39.03
2000	52.43	25.90	26.53	-0.63	27.96	15.29	43.35
2001	54.54	26.69	27.86	-1.17	4.03	3.03	5.01
2002	54.47	25.70	28.77	-3.07	-0.13	-3.69	3.27
2003	60.55	27.10	33.45	-6.35	11.15	5.43	16.27
2004	72.18	31.89	40.29	-8.40	19.21	17.69	20.44
2005	78.34	36.03	42.31	-6.28	8.53	12.98	5.01
2006	82.82	37.25	45.56	-8.31	5.72	3.40	7.69
2007	105.18	40.48	64.70	-24.23	27.00	8.65	42.00
2008	121.40	44.14	77.27	-33.13	15.42	9.04	19.41
2009	105.11	39.13	65.98	-26.85	-13.42	-11.35	-14.60

附表 10 1995—2009 年中国水产品贸易变化情况

单位：亿美元、%

年份	贸易额				比上年增长		
	进出口	出口	进口	贸易平衡	进出口	出口	进口
1995	42.52	32.90	9.62	23.28			
1996	42.39	30.33	12.06	18.27	-0.31	-7.80	25.32
1997	43.62	31.47	12.15	19.32	2.92	3.77	0.77
1998	38.51	28.25	10.26	17.99	-11.71	-10.24	-15.52
1999	44.39	31.34	13.05	18.28	15.26	10.93	27.18
2000	56.72	38.24	18.48	19.77	27.78	22.05	41.56
2001	60.50	41.76	18.74	23.02	6.67	9.20	1.42
2002	69.57	46.81	22.76	24.05	14.98	12.08	21.44
2003	79.18	54.22	24.96	29.25	13.81	15.82	9.69
2004	101.93	69.54	32.39	37.15	28.73	28.26	29.75
2005	120.48	79.16	41.31	37.85	18.20	13.84	27.55
2006	136.71	93.66	43.05	50.61	13.47	18.31	4.20
2007	144.84	97.64	47.21	50.43	5.95	4.25	9.67
2008	160.93	106.78	54.15	52.63	11.10	9.36	14.71
2009	160.66	108.03	52.63	55.39	-0.17	1.17	-2.80

附表 11 2009 年中国农产品贸易情况

单位：亿美元、%

产品	出口额	比上年增长	出口额占比重	产品	进口额	比上年增长	进口额占比重
农产品	396.29	-2.23	100.00	农产品	527.02	-10.36	100.00
水产品	108.03	1.17	27.26	油籽	206.89	-9.61	39.26
蔬菜	68.76	5.44	17.35	植物油	72.59	-25.28	13.77
畜产品	39.13	-11.35	9.87	畜产品	65.98	-14.60	12.52
水果	38.37	-9.28	9.68	水产品	52.63	-2.80	9.99
饮品类	17.81	-1.89	4.49	棉麻丝	25.24	-34.82	4.79
粮食制品	12.45	-8.25	3.14	水果	16.50	36.75	3.13
油籽	11.90	-19.51	3.00	饮品类	14.69	-5.75	2.79
干豆（不含大豆）	8.17	-1.13	2.06	谷物	8.99	22.56	1.71
坚果	7.81	0.22	1.97	薯类	8.91	126.23	1.69
糖料及糖	7.72	13.74	1.95	糖料及糖	5.05	12.88	0.96
谷物	7.39	-5.81	1.86	粮食制品	4.31	31.81	0.82
饼粕	6.27	94.15	1.58	坚果	3.37	29.89	0.64
药材	4.72	6.63	1.19	蔬菜	1.81	-4.09	0.34
棉麻丝	2.90	-31.44	0.73	饼粕	1.47	-31.69	0.28
植物油	1.83	-59.18	0.46	干豆（不含大豆）	1.37	-15.89	0.26
花卉	1.82	25.50	0.46	精油	1.14	-2.72	0.22
精油	1.20	0.25	0.30	花卉	0.90	-0.56	0.17
调味香料	1.13	44.64	0.29	药材	0.33	9.54	0.06
薯类	0.17	26.20	0.04	调味香料	0.05	11.40	0.01
其他农产品	48.72	-2.15	12.29	其他农产品	34.81	1.12	6.60

附表12 2009年中国农产品分地区贸易情况

单位：亿美元、%

地 区	出口额	比上年增长	进口额	比上年增长	贸易额	排序		
						出口额	进口额	贸易额
全国合计	396.29	-2.23	527.02	-10.36	923.31			
山东	101.85	-1.66	87.58	-16.47	189.42	1	3	1
广东	48.47	6.27	102.17	-7.09	150.65	2	1	2
江苏	19.60	-1.67	96.81	-10.71	116.41	6	2	3
辽宁	29.07	-7.32	29.26	-1.19	58.34	5	6	4
福建	32.82	11.09	24.74	-8.58	57.55	3	7	5
浙江	31.33	-8.81	23.66	-26.47	54.99	4	8	6
上海	9.60	-12.32	37.31	-1.59	46.91	11	4	7
天津	7.14	-3.56	33.50	-16.13	40.65	14	5	8
河北	11.59	3.17	19.36	-23.36	30.95	8	10	9
广西	6.64	0.94	21.83	5.33	28.47	15	9	10
北京	4.41	-3.68	15.78	-13.56	20.20	20	11	11
云南	10.24	20.22	4.99	36.40	15.23	10	13	12
吉林	11.38	-10.19	3.68	75.60	15.06	9	14	13
黑龙江	11.63	-24.45	1.58	-8.17	13.21	7	19	14
河南	5.61	4.12	7.56	-25.07	13.17	16	12	15
新疆	7.60	-6.38	1.06	7.65	8.66	12	22	16
湖北	7.17	9.25	1.39	-23.96	8.55	13	20	17
安徽	5.32	5.73	2.68	24.44	8.00	19	17	18
四川	5.50	-16.20	2.23	-0.62	7.72	17	18	19
湖南	4.27	0.16	2.93	38.21	7.20	21	15	20
陕西	5.41	-21.23	1.25	7.06	6.66	18	21	21
海南	4.08	-12.03	0.82	11.43	4.90	22	24	22
重庆	1.69	-5.95	2.78	-21.29	4.47	26	16	23
内蒙	3.30	-1.46	0.91	65.22	4.21	24	23	24
江西	3.51	4.69	0.23	-27.87	3.74	23	26	25
甘肃	3.24	-9.54	0.12	19.41	3.36	25	28	26
山西	1.42	-34.38	0.60	830.44	2.02	28	25	27
贵州	1.50	34.62	0.16	-25.77	1.67	27	27	28
宁夏	0.40	-7.90	0.02	-78.58	0.43	29	29	29
西藏	0.38	17.72	0.01	10.03	0.38	30	30	30
青海	0.13	35.74	0.00	53.59	0.13	31	31	31

附表 13 2009 年中国主要农产品出口额前十位的省（自治区、直辖市）及所占比重

单位：亿美元、%

产 品	出口额前十位的省（区、市）及所占比重										前十位合计		全国出口额合计
	1	2	3	4	5	6	7	8	9	10	出口额	所占比重	
水产品	山东	广东	辽宁	福建	浙江	海南	江苏	广西	江西	湖北	104.74	96.96	108.03
	33.80	16.90	15.90	15.30	12.80	3.70	2.40	1.50	1.30	1.30			
蔬菜	山东	福建	新疆	江苏	浙江	云南	湖北	广东	天津	辽宁	55.75	81.08	68.76
	23.90	8.50	4.10	4.10	3.50	3.10	2.70	2.40	1.70	1.70			
畜产品	广东	山东	江苏	浙江	湖南	上海	河北	四川	辽宁	河南	29.82	76.22	39.13
	6.88	6.86	3.37	2.76	1.92	1.87	1.82	1.60	1.40	1.34			
水果	山东	陕西	福建	浙江	广东	新疆	辽宁	河北	广西	黑龙江	31.41	81.85	38.37
	11.03	4.45	4.23	2.82	1.92	1.61	1.46	1.40	1.36	1.13			
食用油籽	山东	黑龙江	吉林	辽宁	天津	安徽	内蒙	河北	河南	江苏	10.96	96.93	11.31
	6.26	1.37	1.15	0.73	0.45	0.38	0.25	0.15	0.14	0.08			
干豆	黑龙江	吉林	河北	辽宁	云南	山西	内蒙	天津	甘肃	陕西	7.81	95.64	8.17
	3.19	1.80	0.71	0.67	0.28	0.28	0.23	0.22	0.22	0.21			
谷物	黑龙江	吉林	辽宁	北京	广东	江西	安徽	四川	天津	内蒙	6.80	91.98	7.39
	1.61	1.16	1.07	0.85	0.64	0.53	0.27	0.24	0.21	0.20			
茶	浙江	福建	安徽	湖南	上海	广东	江西	云南	湖北	重庆	7.23	97.79	7.40
	4.03	0.89	0.63	0.48	0.28	0.27	0.24	0.22	0.10	0.10			
坚果	吉林	辽宁	黑龙江	山东	天津	河北	广东	新疆	安徽	云南	7.09	90.85	7.81
	1.48	1.23	0.90	0.79	0.75	0.70	0.44	0.40	0.20	0.19			
食用植物油	辽宁	广东	山东	吉林	江苏	新疆	黑龙江	河北	上海	安徽	1.52	96.91	1.56
	0.58	0.43	0.27	0.08	0.07	0.02	0.02	0.02	0.02	0.01			

附表14 2009年中国主要农产品进口额前十位的省（自治区、直辖市）

单位：亿美元、%

产品	进口额前十位的省（区、市）及所占比重										前十位合计		全国进口额合计
	1	2	3	4	5	6	7	8	9	10	进口额	所占比重	
油籽	江苏 46.58	山东 38.48	广东 30.38	广西 18.35	河北 14.11	福建 12.03	辽宁 11.41	天津 11.27	浙江 7.29	河南 4.51	194.41	93.97	206.89
植物油	江苏 24.32	广东 14.01	天津 12.66	山东 4.70	上海 4.26	福建 2.91	浙江 2.19	广西 1.63	河北 1.59	云南 1.28	69.55	95.82	72.59
畜产品	广东 16.25	江苏 11.34	浙江 7.52	上海 5.75	山东 5.36	天津 4.90	北京 3.14	辽宁 2.21	河北 2.14	河南 1.65	60.25	91.32	65.98
棉花	山东 11.24	江苏 3.61	上海 1.78	广东 1.07	北京 0.95	浙江 0.73	天津 0.44	河南 0.42	湖北 0.39	新疆 0.36	21.00	94.96	22.12
水产品	山东 19.23	辽宁 10.70	广东 6.83	福建 4.56	上海 2.91	天津 1.78	浙江 1.56	北京 1.41	吉林 0.88	云南 0.78	50.64	96.21	52.63
水果	广东 8.60	上海 2.25	辽宁 1.17	浙江 0.69	北京 0.55	山东 0.55	福建 0.55	天津 0.51	云南 0.31	广西 0.31	15.49	93.89	16.50
谷物	广东 4.26	辽宁 0.95	江苏 0.77	浙江 0.74	山东 0.72	北京 0.54	河北 0.29	福建 0.28	云南 0.21	上海 0.10	8.86	98.55	8.99
食糖	山东 1.15	北京 0.99	广东 0.58	辽宁 0.41	江苏 0.17	安徽 0.14	河南 0.11	广西 0.08	天津 0.06	云南 0.03	3.73	98.60	3.78
坚果	广东 2.09	吉林 0.41	山东 0.19	辽宁 0.11	上海 0.09	北京 0.09	安徽 0.09	云南 0.07	江苏 0.05	山西 0.04	3.22	95.69	3.37
饼粕	广东 0.33	北京 0.31	浙江 0.20	山东 0.19	天津 0.11	上海 0.08	广西 0.06	辽宁 0.05	江苏 0.05	河北 0.03	1.42	96.71	1.47

附表 15 2007—2008 年世界主要农产品出口价格指数

单位:%

	2005	2007	2008	增长率
食品和饮料	100	126.9	156.5	23.3
食品	100	127.3	157.0	23.3
谷物	100	158.7	222.6	40.2
小麦	100	167.4	213.8	27.7
玉米	100	165.9	226.9	36.8
大米	100	115.5	243.3	110.7
大麦	100	181.3	210.9	16.3
食用油籽	100	143.4	192.5	34.2
肉类	100	99.4	103.2	3.9
牛肉	100	99.4	102.0	2.6
羊肉	100	100.5	106.1	5.6
猪肉	100	94.1	95.5	1.5
禽肉	100	105.8	114.5	8.2
水产品	100	112.8	113.4	0.6
鱼类	100	111.9	119.3	6.7
虾	100	116.4	90.5	-22.2
食糖	100	101.7	116.6	14.6
香蕉	100	117.4	146.3	24.7
柑橘	100	113.8	131.5	15.6
饮料	100	123.3	152.0	23.3
咖啡	100	129.1	149.8	16.0
可可	100	126.8	166.6	31.4
茶	100	97.9	124.6	27.2
农业原料	100	114.2	113.3	-0.8
棉花	100	114.7	129.4	12.8
羊毛	100	143.9	137.8	-4.2

数据来源：国际货币基金组织（www. imf. org）。

附表16 2007—2008年世界农产品贸易区域结构

单位：亿美元、%

出口区域	年份	进口区域所占比重						
		欧洲	亚洲	北美	中南美	非洲	独联体	中东
欧洲	2007	80.8	5.2	4.6	0.9	2.9	3.2	2.1
	2008	80.7	5.2	3.9	0.9	3.4	3.5	2.4
亚洲	2007	16.6	55.9	13.4	1.5	4.4	2.3	5.6
	2008	15.6	55.1	12.6	1.7	5.3	2.5	7.1
北美	2007	11.7	31.3	42.1	6.8	3.8	1.2	2.8
	2008	10.8	33.0	39.6	7.7	4.2	1.5	3.3
中南美	2007	32.6	20.1	16.4	15.3	5.7	4.6	5.1
	2008	31.4	21.0	13.7	17.3	6.1	4.9	5.2
非洲	2007	48.0	16.5	4.7	0.6	20.2	1.8	4.9
	2008	48.5	16.4	5.4	0.8	20.8	2.1	5.7
独联体	2007	24.0	26.6	2.0	0.1	7.0	32.2	6.2
	2008	29.5	22.7	1.5	0.2	5.7	32.1	7.9
中东	2007	15.8	8.7	1.9	0.3	7.3	4.3	56.3
	2008	11.1	7.7	2.1	0.4	7.7	4.3	64.5
		进口区域进口额						
欧洲	2007	4 196	267	239	47	153	166	112
	2008	4 850	312	237	56	206	210	142
亚洲	2007	354	1 193	287	32	93	49	119
	2008	406	1 425	327	43	136	65	184
北美	2007	207	556	748	120	68	21	50
	2008	228	700	839	164	88	31	70
中南美	2007	408	251	205	192	72	57	64
	2008	492	330	215	272	95	76	81
非洲	2007	165	57	16	2	69	6	17
	2008	181	61	20	3	79	8	21
独联体	2007	93	103	8	0	27	124	24
	2008	139	107	7	1	27	153	37
中东	2007	30	17	4	1	14	8	108
	2008	26	18	5	1	18	10	156

数据来源：WTO：国际贸易统计（ITS）2009。

附表 17 2008 年世界主要进出口方农产品贸易情况

单位：亿美元、%

排序	出口			进口		
	出口方	出口额	比重	进口方	进口额	比重
1	欧盟（27）	5 663.2	42.2	欧盟（27）	6 117.5	43.3
2	美国	1 399.7	10.4	美国	1 159.1	8.2
3	巴西	614.0	4.6	中国	868.3	6.1
4	加拿大	540.8	4.0	日本	806.3	5.7
5	中国	422.9	3.2	俄罗斯[a]	342.7	2.4
6	阿根廷	375.0	2.8	加拿大[b]	312.4	2.2
7	印度尼西亚	328.6	2.4	韩国	263.6	1.9
8	泰国	316.6	2.4	墨西哥[b]	259.2	1.8
9	马来西亚	278.0	2.1	中国香港	165.0	1.2
10	澳大利亚	261.4	1.9	沙特阿拉伯[a]	158.6	1.1
11	俄罗斯	250.2	1.9	阿拉伯联合酋长国	146.4	1.0
12	印度	213.7	1.6	马来西亚	133.6	0.9
13	新西兰	179.0	1.3	印度尼西亚	133.1	0.9
14	墨西哥	175.6	1.3	土耳其	130.4	0.9
15	智利	156.1	1.2	中国台北	125.5	0.9
合计		11 174.8	83.3		11 121.7	78.5

注：a. 包括了秘书处估计数；b. 进口额按离岸价格计算。

数据来源：WTO：国际贸易统计（ITS）2009。

附表 18 2008 年主要农产品出口额前十位的国家（地区）及所占比重

单位：亿美元、%

产品	出口额前十位国家（地区）及所占比重										前十位合计	
	1	2	3	4	5	6	7	8	9	10	出口额	比重
玉米	美国 50.66	阿根廷 12.74	法国 8.67	巴西 5.19	匈牙利 3.57	印度 3.35	乌克兰 2.46	南非 2.13	德国 1.00	加拿大 0.99	252.84	90.75
小麦	美国 22.87	加拿大 13.48	法国 12.13	澳大利亚 6.61	俄罗斯 6.12	阿根廷 5.97	德国 5.66	哈萨克斯坦 4.61	乌克兰 3.45	英国 1.70	413.88	82.60
稻米	泰国 28.88	越南 13.50	印度 13.32	巴基斯坦 11.40	美国 10.47	意大利 3.98	阿拉伯联合酋长国 2.43	中国 2.25	乌拉圭 2.07	巴西 1.46	192.58	89.76
猪及制品	荷兰 16.35	德国 12.22	丹麦 11.72	西班牙 6.60	加拿大 6.58	意大利 6.51	美国 6.33	中国香港 5.53	中国 5.06	比利时 4.90	134.50	81.79
牛羊及制品	澳大利亚 13.33	巴西 11.05	新西兰 7.02	法国 6.74	美国 6.71	荷兰 6.59	加拿大 5.74	德国 5.66	爱尔兰 5.61	阿根廷 3.55	356.53	71.99
禽及制品	巴西 21.90	美国 16.01	荷兰 9.77	法国 6.32	德国 6.28	泰国 5.63	英国 4.38	比利时 3.88	波兰 3.45	中国 3.11	317.22	80.74
乳品	德国 14.60	法国 11.37	荷兰 10.64	新西兰 10.11	比利时 5.32	美国 4.61	丹麦 3.96	意大利 3.43	澳大利亚 3.40	爱尔兰 3.23	649.24	70.65
动物生皮	美国 31.99	澳大利亚 10.74	法国 5.66	加拿大 4.77	德国 4.59	中国香港 4.06	英国 3.72	西班牙 3.67	荷兰 3.62	新西兰 3.08	56.25	75.91
食用油籽	美国 31.37	巴西 19.91	阿根廷 9.33	加拿大 9.23	中国 3.23	法国 2.94	巴拉圭 2.93	荷兰 2.50	乌克兰 2.48	印度 1.37	472.36	85.30
植物油	马来西亚 24.98	阿根廷 11.86	荷兰 8.35	西班牙 6.50	巴西 5.03	美国 5.00	意大利 3.60	加拿大 3.42	乌克兰 3.37	德国 2.96	418.66	75.07
棉花	美国 48.93	印度 16.40	巴西 6.94	澳大利亚 3.74	希腊 3.43	马里 2.01	埃及 1.95	土耳其 1.67	巴基斯坦 1.62	哈萨克斯坦 1.28	88.89	87.97
水产品	中国 10.86	泰国 8.03	挪威 6.38	越南 5.33	美国 4.10	丹麦 4.09	加拿大 3.79	智利 3.73	西班牙 3.60	荷兰 3.42	588.60	53.32
水果	西班牙 10.92	美国 8.83	荷兰 7.25	中国 6.48	意大利 6.34	智利 4.90	比利时 4.66	巴西 4.35	德国 3.79	法国 3.62	409.12	61.14
食糖	巴西 31.00	法国 8.82	印度 8.27	泰国 8.09	德国 3.42	英国 2.76	比利时 2.65	墨西哥 2.28	阿拉伯联合酋长国 2.19	危地马拉 2.14	126.68	71.62

数据来源：联合国 COMTRADE 数据库。

附表 19 2008 年主要农产品进口额前十位的国家（地区）及所占比重

单位：亿美元、%

产品	进口额前十位国家（地区）及所占比重										前十位合计	
	1	2	3	4	5	6	7	8	9	10	进口额	比重
玉米	日本 18.70	韩国 9.48	墨西哥 8.24	西班牙 5.65	荷兰 4.04	埃及 3.31	哥伦比亚 3.14	德国 2.65	意大利 2.48	马来西亚 2.37	179.25	60.05
小麦	日本 7.18	阿尔及利亚 6.95	意大利 5.01	巴西 4.77	埃及 4.63	荷兰 3.83	巴基斯坦 3.56	摩洛哥 3.54	西班牙 3.40	土耳其 3.25	210.65	46.11
稻米	菲律宾 12.23	阿拉伯联合酋长国 9.53	马来西亚 5.14	美国 4.29	塞内加尔 4.04	英国 4.03	法国 3.50	科特迪瓦 2.93	南非 2.90	日本 2.60	81.99	51.19
猪及制品	英国 14.60	德国 14.42	中国香港 11.68	美国 6.51	法国 5.02	日本 4.72	中国 4.60	俄罗斯 4.04	比利时 3.93	荷兰 3.14	125.55	72.67
牛羊及制品	美国 12.52	意大利 10.49	俄罗斯 6.92	法国 6.75	日本 6.08	英国 5.47	德国 5.16	荷兰 4.50	墨西哥 3.59	委内瑞拉 3.45	289.91	64.93
禽及制品	英国 11.34	日本 10.29	德国 8.84	荷兰 6.31	俄罗斯 5.24	中国香港 4.74	法国 4.62	中国 4.04	比利时 3.49	墨西哥 3.09	277.79	62.02
乳品	德国 11.71	意大利 7.83	英国 6.35	比利时 6.08	法国 5.79	荷兰 5.51	西班牙 4.54	美国 2.90	俄罗斯 2.57	墨西哥 2.54	578.83	55.82
动物生皮	中国 31.00	意大利 15.67	韩国 6.74	中国香港 5.05	土耳其 3.95	泰国 3.49	德国 2.84	墨西哥 2.36	越南 2.25	日本 2.17	59.61	75.53
食用油籽	中国 36.42	日本 7.35	德国 7.28	荷兰 6.58	墨西哥 5.14	西班牙 3.53	比利时 2.41	阿根廷 2.18	土耳其 2.11	意大利 1.99	471.17	74.99
植物油	中国 14.58	美国 7.42	荷兰 6.15	德国 5.66	意大利 5.63	印度 4.62	法国 4.56	比利时 3.04	英国 2.80	巴基斯坦 2.67	380.39	57.13
棉花	中国 31.82	巴基斯坦 10.52	土耳其 9.08	泰国 6.56	墨西哥 4.93	越南 4.21	印度 3.85	韩国 3.11	俄罗斯 2.46	日本 2.06	87.08	78.61
水产品	美国 16.10	日本 13.14	西班牙 7.39	法国 5.56	意大利 5.30	中国 4.39	英国 4.05	德国 4.04	韩国 2.52	比利时 2.49	815.50	64.99
水果	美国 12.27	德国 11.07	英国 7.75	荷兰 7.59	法国 7.45	俄罗斯 5.52	加拿大 4.23	比利时 4.21	日本 3.29	意大利 2.55	474.44	65.92
食糖	美国 7.33	英国 6.58	俄罗斯 5.83	意大利 4.42	德国 3.81	西班牙 3.45	埃及 3.30	韩国 3.26	日本 2.85	加拿大 2.54	72.39	43.36

数据来源：联合国 COMTRADE 数据库。

其他参加编写工作的人员

（按姓氏笔画为序）

于　苓　马殿东　王　军　王　磊　王　颖

白国平　付志勇　江月朋　邢建平　曲国庆

闫少永　全世文　米　加　刘　岩　刘海宁

孙长光　李　鸥　佟　健　张中华　张红玲

张利宇　张晓颖　陈廷源　庞玉良　徐智琳

唐国华　黄昕炎　黄晓发　梁　勇　曾　伟

董皓星　蔡　力

图书在版编目（CIP）数据

中国农产品贸易发展报告. 2010 / 农业部农产品贸易办公室，农业部农业贸易促进中心编. —北京：中国农业出版社，2010. 10
ISBN 978-7-109-14855-0

Ⅰ. ①中… Ⅱ. ①农…②农… Ⅲ. ①农产品—国际贸易—研究报告—中国—2010 Ⅳ. ①F752. 652

中国版本图书馆 CIP 数据核字（2010）第 148638 号

中国农业出版社出版
（北京市朝阳区农展馆北路 2 号）
（邮政编码 100125）
责任编辑 赵 刚

中国农业出版社印刷厂印刷 新华书店北京发行所发行
2010 年 10 月第 1 版 2010 年 10 月北京第 1 次印刷

开本：889mm × 1194mm 1/16 印张：16. 75
字数：262 千字 印数：1 ~ 2 500 册
定价：160. 00 元